330
1.4

zu... Inhaltsverzeichnis
Verwendung
Vertrieb

S. 45
46
85
92
98 – 101
114
118 – 120
134. 135
146

Arnold Weissman/Joachim Feige · Sinnergie

Prof. Dr. Arnold Weissman
Joachim Feige

SINNERGIE

WENDEZEIT FÜR DAS MANAGEMENT

Orell Füssli Verlag

Gedruckt auf umweltfreundliches, chlorfrei gebleichtes Papier

© 1997 Orell Füssli Verlag, Zürich
Umschlagbild: Ralaf Olbinski (SIS Paris)
Druck und Bindearbeiten:
Freiburger Graphische Betriebe, Freiburg i. Brsg.
Printed in Germany

ISBN 3 280 02607 5

Die Deutsche Bibliothek – CIP Einheitsaufnahme

Weissman, Arnold:
Sinnergie : Wendezeit für das Management / Arnold Weissman ; Joachim Feige. –
Zürich : Orell Füssli, 1997
ISBN 3-280-02607-5

NE: Feige, Joachim

INHALTSÜBERSICHT

4. Immer besser: Das Prinzip Kaizen

5. Intern konzentrieren – extern differenzieren: Das Geheimnis der Evolutionsmethodik

6. Einfacher ist genialer: Komplexitätsbewältigung als Führungsaufgabe

7. Think future – act now: Die Zukunftsplattform als Gestaltungsrahmen

Einleitung

1. Die Welt ist in der Krise

Unser Planet leidet an einer ganzen Reihe von Abnutzungserscheinungen. Diese zeigen sich in Form von Krisensymptomen sowohl in der äußeren Welt als auch in der inneren Welt jedes einzelnen Menschen. Größenwahn, Rücksichtslosigkeit, Maximierung des Eigennutzes zu Lasten anderer und sicher auch eine Portion Dummheit haben den Planeten Erde in eine ernste Krise geführt, in der alles Leben bedroht ist. Die vom Menschen ausgelöste Kulturevolution hat die biologische Evolution in ihrer Entwicklungsgeschwindigkeit bei weitem überholt, und jetzt bedroht sie die Existenz des gesamten Systems «Erde».

Umweltkatastrophen, Berichte über zunehmende Vergiftung von Boden, Luft und Wasser, aber auch eine sprunghafte Zunahme der Weltbevölkerung gerade in den Armutsgebieten unserer Erde führen uns die Krise täglich vor Augen. Sie zeigt sich aber auch nach innen, in der Zunahme von psychischen Erkrankungen, steigenden Selbstmordraten vor allem in den reichen Industrieländern und in der Empfänglichkeit für sogenannte Heilslehren, wie sie von verschiedensten Sekten angeboten werden.

Die biologische Evolution hat den Menschen hervorgebracht – und jetzt bedroht gerade dieses Geschöpf mit der von ihm hervorgebrachten Kulturevolution das Überleben auf diesem Planeten.

Man müßte schon beide Augen fest verschließen, um diese Krisensymptome heute zu übersehen. Es gibt weitsichtige Menschen, die uns aber schon sehr frühzeitig gewarnt haben. Dennis Meadows, der im Auftrag des Club of Rome die Studie «Limits to growth» (bereits 1972!) publizierte, stellte in einem Interview das Verhalten der Menschen wie folgt dar:

«Die Welt rast wie ein Auto auf einen Wald zu. Auch wenn wir jetzt sofort versuchen würden anzuhalten, wäre der Bremsweg zu lang. Ein Aufprall läßt sich nicht mehr vermeiden.»

Und er fügte hinzu:

«Außerdem verhalten sich die Menschen wie Selbstmörder, und es hat keinen Sinn mehr, mit einem Selbstmörder zu argumentieren, der bereits aus dem Fenster gesprungen ist.»

In der Sprache der Naturwissenschaften befinden wir uns an einem Bifurkationspunkt, an einer entscheidenden Weggabelung. Wir entscheiden heute, wohin der Zug weiterfährt und ob es uns gelingt, den nach Meadows und anderen Wissenschaftlern unvermeidbaren Aufprall so zu gestalten, daß ein sinnvolles Überleben möglich sein wird.

Ohne Zweifel ist hierfür ein Quantensprung in unserem Bewußtsein die Voraussetzung. Wir sind überzeugt, daß der Sprung möglich ist.

«Wenn wir die Herausforderungen des 21. Jahrhunderts bestehen wollen, müssen wir vor allem anderen eines ändern: unsere Art zu denken.»
A. Einstein

Wir werden diesen Quantensprung aber nur erreichen können, wenn wir uns bewußt werden, wie es zu dieser Entwicklung kommen konnte, und wenn wir aufhören, gedankenlos Anpassungsstrategien einzusetzen, die ihre Wirkung längst eingebüßt haben. Wir müssen lernen, für die Lösung der von uns überwiegend selbst geschaffenen Probleme und Symptome neue Ansätze des Denkens und Handelns in unser Bewußtsein zu integrieren. Um das Verhalten zu ändern, muß man die Einstellung ändern – und eine Einstellungsänderung setzt immer eine Bewußtseinsänderung voraus.

Krise oder: jeder Mangel ist eine Chance

Sicher haben Sie sich schon einmal mit positivem Denken beschäftigt. Nach unserer Überzeugung gibt es für diese Art des Denkens keinen besseren Ausdruck als die Aussage «Jeder Mangel ist eine Chance». Diese uralte Weisheit hat heute nichts von ihrer Gültigkeit verloren – im Gegenteil, sie ist aktueller denn je. Im Chinesischen gibt es das Wort (respektive das Piktogramm) wei-ji, was nichts anderes bedeutet als Krise und Chance in einem. Wenn es uns gelingen würde, diese tiefe Weisheit in unser Denken zu integrieren, wäre schon viel gewonnen, für jeden einzelnen von uns. Zu sehr haben wir gelernt, Krisen wie Feinde zu bekämpfen, die es zu beseitigen gilt. So stürzen wir uns mit blindwütigem Aktionismus auf die sichtbaren Krisensymptome, ohne uns zu fragen, was denn eigentlich die Ursachen für die beobachtbaren Fehlentwicklungen sind.

Der Begriff der Krise stammt ursprünglich aus der Medizin. In einer schweren Fieberkrise entscheidet sich, ob der Patient stirbt oder gesund wird. Eine Krise ist definiert als der Zeitpunkt einer dramatischen Entwicklung, an dem sich entscheidet, in welche Richtung die Entwicklung weitergeht. Aus diesem Verständnis heraus ist eine Krise zunächst nichts Negatives.

Eine Krise ist in jedem Falle eine Chance für denjenigen, der die tieferen Ursachen der Krise erfaßt und sie richtig zu deuten versteht. Wenn dieser Bewußtseinsprozeß nicht eintritt, dann kann die Krise aber auch als der Beginn einer verhängnisvollen, endgültigen Fehlentwicklung stehen, an deren Ende das Scheitern des gesamten Systems steht. Auf dem Scheitelpunkt der Krise entscheidet es sich, ob sie zum Glücksfall oder zum Verhängnis gerät. An diesem Scheitelpunkt stehen wir heute – und von unseren Grundsatzentscheidungen hängt unser aller Schicksal ab.

Keine Wirkung ohne Ursache

Die von uns geschilderten Krisensymptome sind durch jeden von uns diagnostizierbar – also muß es zwingend Ursachen für die festgestellten Fehlentwicklungen geben. Nach unserer Überzeugung liegen die tieferen Ursachen in unserem Denken begründet – und in der Art, wie wir gelernt haben, Probleme zu lösen. All die Krisen, die unsere Gesundheit, das Wohlbefinden der Menschen und die Existenz allen Lebens auf diesem Planeten bedrohen, sind in letzter Konsequenz das Resultat einer fundamentalen geistigen Krise. Wir haben offensichtlich Ansichten über unseren Platz in der Schöpfung, über unsere lebenswichtigen Ziele und Strategien, über unsere Rechte und Pflichten, über unsere vielseitigen Vernetzungen und Abhängigkeiten entwickelt, die mit den tatsächlichen Gegebenheiten nicht mehr vereinbar sind. Es ist sicher nicht falsch, hier von einer tiefen spirituellen Krise des Menschen zu sprechen.

**Eine Veränderung des Verhaltens setzt
eine Veränderung des Bewußtseins voraus.**

Wie aber können wir Wege aus der Krise finden? Die Antwort ist nicht leicht. Wir brauchen aber unbedingt eine Antwort, denn unser Planet gibt uns keine Zeit mehr zum Warten. Hier gibt es zwei grundlegende Ansatzpunkte:

Den Weg der komplexen wissenschaftlichen Antwort und den Weg der einfachen, eher intuitiven Antwort. Beide können zu guten Ergebnissen und in letzter Konsequenz zum Ziel führen, wenn auch mit unterschiedlichen Prämissen.

Der Weg der komplexen Antwort, der seit Jahren von namhaften Wissenschaftlern eingeschlagen wurde, hat den Vorteil, daß auf diesem

Wege rational faßbare, auf konkreten Daten und Fakten aufbauende Lösungen entwickelt werden, die begründbar und logisch nachvollziehbar sind. Eigentlich bieten die vorliegenden Ansatzpunkte, wissenschaftlichen Studien und Publikationen alle Voraussetzungen, um den so dringend benötigten Wandlungsprozeß in Gang zu bringen. Warum also bewirken sie so wenig? Unserer Ansicht nach haben die meisten Ansätze, die in die Kategorie der komplexen Antwort fallen, einen gemeinsamen Nachteil: sie sind in einer Sprache verfaßt, die nur wenigen Menschen zugänglich ist.

Darüber hinaus werden sie in einem Umfeld publiziert, das die veröffentlichten Meinungen eher in den Rang einer Geheimlehre bringt – zumindest bewegen sich nur wenige Menschen in diesen Kreisen. Und noch ein weiterer Punkt verhindert die so wünschenswerte Verbreitung der Erkenntnisse: die wissenschaftlichen Publikationen dienen oft mehr der Reputation (und vielleicht auch ein bißchen der Eitelkeit) des einzelnen und werden deshalb für andere Wissenschaftler geschrieben. Wer die hier geltenden Gepflogenheiten kennt, der versteht, warum sich in den veröffentlichten Erkenntnissen so viele Schlupfwinkel verbergen, in die man sich zurückziehen kann, wenn man von einem in seiner Eitelkeit gestörten Kollegen attackiert wird. Da wird dann eine wissenschaftliche Diskussion geführt, die oft auf höchstem Niveau stattfindet, allerdings verbunden mit der Tatsache, daß sie in ihren Konsequenzen vor lauter akademischem Gehabe die Sache an sich nicht weiterbringt und so eigentlich nur einen Bruchteil dessen ausschöpft, was wirklich möglich wäre.

Der Weg der einfachen Antwort versucht unter Verzicht auf Absicherung, langwierige Diskussion und Umwege, direkt auf das Ziel loszugehen. Und dieses Ziel ist ein sofort verändertes Bewußtsein, eine andere Form der Wahrnehmung und, verbunden mit radikal veränderten Einstellungen, ein neues Denken und Handeln. Die Vorteile dieses Ansatzes liegen ebenso wie seine Nachteile auf der Hand: die Vorteile liegen in der schnellen Umsetzung, in der für viele Menschen zugänglichen sofortigen Veränderung der Wahrnehmung und damit in kurzfristigen Erfolgen, die wir so sehr benötigen.

Die Nachteile liegen in der oft verkürzten Sicht der Dinge und in einer möglicherweise unzulässigen Vereinfachung. Grundsätzlich sollte man eine Sache so einfach wie möglich machen, aber nicht einfacher. Alle großen Führer und Visionäre der Weltgeschichte hatten einfache Botschaften. Die meisten von ihnen haben uns gezeigt, welche Kraft in einfachen, klaren Botschaften liegt. Sie alle haben die Geschichte entscheidend geprägt, allerdings in sehr unterschiedlicher Qualität.

In der Qualität der Visionen und Ziele liegt der Unterschied zwischen der Anleitung zu weisem und ethisch korrektem Verhalten und der Verführung zu verbrecherischem und unvernünftigem Handeln.

Wir haben uns für den Weg der einfachen Antwort entschieden. Unser Ziel ist es, kurzfristige Veränderungen auszulösen. Ob unser Ansatz und unsere Gedanken diesem hohen ethischen Anspruch genügen, mögen andere entscheiden.

Den Weg weist uns hier die Natur mit ihren zahllosen Beispielen für intelligente Symbiosen sowie die Naturwissenschaft mit ihrem Synergie-Ansatz. Der Gedanke der Synergie, der in wissenschaftlicher Form das erste Mal bei Aristoteles in der griechischen Antike anzutreffen ist und der von Christian von Ehrenfels auf den Punkt gebracht wurde, ist die Grundlage für unser Konzept.

Synergie oder: «Das Ganze ist mehr als die Summe seiner Teile.»

Die Synergie ist die «Lehre vom Zusammenwirken der Kräfte». Unser Anliegen ist es, diesen Grundgedanken, der die ganze natürliche Evolution bestimmt, in das Bewußtsein von Unternehmern und Führungskräften zu bringen. Zugleich werden wir diesen Ansatz der Natur um eine Dimension ergänzen, die wohl nur dem Menschen zugänglich ist: der Sinn des Denkens und Handelns. Wir wollen damit einen Beitrag leisten, daß Unternehmer auf der einen Seite ausreichende Erträge und Wettbewerbsvorteile aufbauen, auf der anderen Seite aber auch Verantwortung für die Gesellschaft übernehmen, um eine lobenswerte Zukunft zu gestalten.

Die für Unternehmer entscheidende Frage lautet: Lohnt sich dieses Denken auch wirtschaftlich?

Wir werden Ihnen zeigen, wie solches, von uns «sinnergetisch» genanntes Denken und Handeln nicht nur positiv von den Mitarbeitern und der Gesellschaft bewertet wird, sondern auch, wie dadurch Kunden gewonnen und behalten werden können und wie verteidigungsfähige Wettbewerbsvorteile entstehen. Das «Werte-Schöpfen» für die sogenannten «Stakeholder» wie Mitarbeiter, Kunden, Gemeinde und die Ökologie schafft dauerhaften und verantwortungsvollen «shareholder value». Dies wird in der von finanziellen und kurzfristigen Gesichtspunkten bestimmten Diskussion um Unternehmenswerte immer wieder vergessen. Schielt man nur auf den kurzfristigen Gewinn, so sägt man sich selbst den Ast ab, auf dem man sitzt.

«Und wüßte ich, daß morgen die Welt untergeht,
so würde ich heute noch ein Apfelbäumchen pflanzen.»
M. Luther

So ist unser Denkansatz der Sinnergie entstanden – die systematische Übertragung von Erkenntnissen aus der Natur und verschiedenen Nachbardisziplinen auf die Führungskonzeption von Unternehmen.

2. Zum Aufbau des Buches

Aus einer Verknüpfung unseres kulturellen und geistesgeschichtlichen Hintergrundes mit Erkenntnissen der modernen Naturwissenschaften werden wir ein Bild von Führung entwerfen, das vielfach für richtig erachtete Thesen zum Teil massiv in Frage stellt, aber dennoch immer dem handfesten Anspruch der Umsetzbarkeit genügt. Mit anderen Worten: Wir postulieren eine radikale Veränderung unseres Denkens und vor allem unseres Führungshandelns, aber wir zeigen hierfür einen evolutionären Weg.

Auf diesem Hintergrund haben wir den folgenden Aufbau gewählt: Zunächst zeigen wir, daß viele Lebensbereiche aus dem Gleichgewicht geraten sind. Wir erleben eine Wahrnehmungs- und Bewußtseinskrise, die bei jedem einzelnen von uns ihren Ursprung hat.

Auf der Grundlage einer epistemologischen (erkenntnisgeschichtlichen) Analyse unseres Denkens werden wir zeigen, daß wir die Herausforderungen von morgen nur bewältigen können, wenn wir unsere Art zu denken verändern lernen.

In einer kurzen Darstellung der Entwicklungsgeschichte unseres Denkens wollen wir einer breiten Zahl von Menschen Zusammenhänge bewußt machen, die sonst nur in der theoretischen, schwer verständlichen Sprache der Wissenschaftler verfügbar sind.

An die Entwicklungsgeschichte unseres Denkens schließt sich unmittelbar die Betrachtung der Geschichte der Führungslehre an. Es ist schon frappierend zu erkennen, wie stark das positivistische, mechanistische Denken der Naturwissenschaften auch in der Entwicklung des *Scientific Management* seinen Niederschlag fand. In einer Spanne von knapp hundert Jahren hat die Führungslehre erhebliche Erweiterungen ihres Handlungsrahmens und ihrer theoretischen Basis vollzogen. In letzter Konsequenz sind aber alle bisherigen Ansätze im bestehenden Rahmen geblieben, den der Taylorismus gezogen hat – der Quantensprung in der Führungslehre steht (noch) aus.

Trotz aller neuen Modelle – der Quantensprung
in der Führungslehre steht noch aus.

Für das nächste Kapitel haben wir «den Blick über den Teich» gewagt, den Blick in die Erkenntnisse anderer Wissenschaftsdisziplinen. Nach dem Motto «Learning from the best» fragen wir nach den Schlüsselerkenntnissen aus den Bereichen

- der modernen theoretischen Physik
- der Chaosforschung
- der Synergetik
- der Evolutionsbiologie
- der Gehirnforschung.

Auch hier gilt unser Interesse verwertbaren, übertragbaren Erkenntnissen. Es gibt keinen Zweifel: die modernen Wissenschaften haben damit begonnen, unseren Glauben an die Determiniertheit und Beherrschbarkeit unseres Universums nachhaltig zu erschüttern.
Natürlich sind wir uns bewußt, daß eine direkte Übertragung von natürlichen Systemen auf soziale Systeme – so reizvoll dieser Ansatz auch wäre – nicht zulässig ist, aber die Analogien sind so einleuchtend, daß sie unsere Wahrnehmung und damit unser Handeln verändern können. Auch hier geht es darum, Zusammenhänge aufzuzeigen, die

sonst im Verborgenen bleiben. Wenn wir dabei bestehende Regeln der wissenschaftlichen Forschung brechen müssen, so nehmen wir dies in Kauf.

«Die Welt ist so groß wie unsere Fähigkeit, sie wahrzunehmen.»
Richard Bandler

Da jedes Kind seinen Namen braucht, haben wir auch einen Namen für unseren Ansatz gefunden: *Sinnergie*.

Sinnergie = Sinn + Synergie

eine Wortschöpfung aus «Synergie» (also der Lehre vom Zusammenwirken der Kräfte) und «Sinn»: Dieses Konzept soll eine Richtschnur für unser Denken und Handeln sein. Einen Anspruch auf Absolutheit können und wollen wir nicht erheben: zu komplex, zu vielfältig ist unsere Welt, als daß sie von einer Theorie, von einem Konzept wirklich umfassend erklärt werden könnte. So ist unser Ansatz auch – im Sinne von Georg Henrik von Wright – eher ein verstehender als ein erklärender.

Im Kern unserer Überlegungen steht das Verständnis von Unternehmen als Organismen und Energiesysteme. Auch soziale Organisationen sind lebende Systeme, die mit ihrer Umwelt vernetzt sind. Als Teil des Universums stehen sie im Austausch mit den umgebenden Systemen – nicht, um sie zu beherrschen, sondern, um durch intelligentes Zusammenwirken ein Mehr an Wohlstand für das Gesamtsystem zu erzielen. Der Grundgedanke, der Adam Smith zu seinem Ansatz «The Wealth of Nations» führte, wird hier wiederentdeckt, allerdings unter ganz anderen Prämissen.

Das Unternehmen ist ein Organismus und Energiesystem.

Unseren Ansatz der Sinnergie, der nur aus dem Zusammenwirken von verschiedensten Erkenntnisbereichen entstehen konnte, haben wir in die folgenden zehn Bereiche gegliedert:

- Koevolution: Die Kunst des gemeinsamen Wandels
- Gestalten ohne zu steuern – das Prinzip Wu-Wei
- Win-Win: Der Delphin schlägt den Hai
- Immer besser: Das Prinzip Kaizen
- Intern konzentrieren – extern differenzieren: Das Geheimnis der Evolutionsmethodik
- Einfacher ist genialer: Komplexitätsbewältigung als Führungsaufgabe
- Think future – act now: Die Zukunftsplattform als Gestaltungsrahmen
- Von einem Entweder-Oder zu einem Sowohl-Als-auch
- Eine andere Betrachtung der Zeit
- Leben heißt Probleme lösen

Den Abschluß dieses Buches bilden Überlegungen, wie Gewinn und Unternehmenserfolg mit ethischem und gesellschaftlich verantwortlichem Handeln zu verbinden sind.

Unser Ansatz ist offen, interdisziplinär und hoffentlich in keiner Phase dogmatisch. Wir laden alle konstruktiv denkenden Mitmenschen ein, die Gedanken, die wir in diesem Buch zusammengetragen haben, aufzugreifen und aus ihrer Sicht systematisch weiterzuentwickeln. Wir suchen den offenen Dialog, und gerade durch die vielen Analogien zur Natur und verwandten Disziplinen soll sich unser Konzept einem möglichst breiten Kreis öffnen.

Auf diese Art und Weise würde eine Art Sinnergie aus sich selbst heraus entstehen, ein Zusammenwirken von Kräften unterschiedlichster Herkunft, ein «global brain». Wenn wir Sie für diese Aufgabe gewinnen, vielleicht sogar ein wenig begeistern können, dann ist unser Anliegen mehr als erfüllt.

**«... und mit dem Bilde, das der denkende Mensch
von der Welt erschafft, verändert er sich auch.»
Carl Gustav Jung**

Die Zeichen mehren sich, daß wir vor einem Quantensprung des
menschlichen Bewußtseins stehen – und sei es in Form einer von
immer mehr Autoren herbeigeschriebenen «Self-fullfilling-prophecy».
Praktisches Handeln, wie es vor allem von den Machtträgern in der
Wirtschaft gefordert wird, braucht eine theoretische Fundierung. Diesen Brückenschlag zwischen theoretischer Grundlage und prakti-
schem, umsetzbarem Handeln, zwischen einer Veränderung des
Bewußtseins und der notwendigen Veränderung des Verhaltens herbeizuführen, das ist das Anliegen dieses Buches.
Unser Anliegen ist groß und bedeutend. Ob wir aber zu den wirklich
wichtigen Aufgaben, die sich heute uns allen, besonders aber den Füh-
rern von Unternehmen stellen, einen echten Beitrag leisten können?
Dies kann nur die Zukunft zeigen.

Teil 1:
Paradigmenwechsel im
Führungsdenken

1. Eine kleine Geschichte unseres Denkens

1.1 Das Dogma des analytisch-dualistischen Denkens

Es ist inzwischen schon Allgemeinwissen, daß unser menschliches Großhirn – der Neocortex – aus zwei Hirnhemisphären besteht, die unterschiedliche Prozesse unterstützen und beide unsere Existenz prägen. Obwohl von Natur aus gleichberechtigt, so hat doch die kulturelle Evolution der linken Gehirnhälfte, die für logische, analytische, strukturierte und meßbare Zusammenhänge steht, klar die Dominanz gegeben.

Die rechte Hirnhälfte, die vor allem für intuitive, ganzheitliche, emotionale Bereiche steht, wurde vor allem in der Welt der positivistisch geprägten Wissenschaft auf die Hinterbank gesetzt. Dem einseitigen (logisch-rationalen) Denken der linken Hirnhemisphäre wurde klar der Vorzug vor der rechten Hirnhemisphäre eingeräumt und damit auch der Vorzug vor dem integrierten Denken mit Hilfe beider Hirnhälften.

Die Dominanz des einseitigen, analytisch-dualistischen Denkens hat die tiefe Trennung zwischen Geist und Materie, zwischen Logik und Intuition, zwischen den Geisteswissenschaften und den Naturwissenschaften überhaupt erst möglich gemacht. Die Folgen können wir heute überall erkennen.

Doch wie kam es eigentlich zu dieser Entwicklung?

Das Wertesystem, auf dem unsere Kultur aufbaut und das in vielen Wissenschafts- und Erkenntnisbereichen auch heute noch den gültigen Rahmen darstellt, hat sich in wesentlichen Zügen im 16. und 17. Jahrhundert gebildet. In dieser Zeit der Aufklärung veränderte sich sowohl die Wahrnehmung über die Welt als auch die Art zu denken in besonderer Weise.

Dies ist um so wichtiger, als diese neue Auffassung vom Kosmos und der menschlichen Rolle unsere Kultur in den letzten drei Jahrhunderten beherrscht hat und sich erst jetzt zu ändern beginnt. Wir werden später noch zeigen, wie das Paradigma dieser Zeit auch die Entwicklung der Managementlehre bis zur Gegenwart geprägt hat.

Aber es ist notwendig, unsere kurze Geschichte der Entwicklung des menschlichen Denkens etwas früher beginnen zu lassen. Bereits bei den Vorsokratikern (insbesondere bei Pythagoras) finden wir die ersten Ansätze einer Trennung von Geist und Körper.

Man steigt niemals in denselben Fluß.
Heraklit

Natürlich gab es auch Gegner dieser Weltanschauung wie zum Beispiel Heraklit, der die Welt als einen einheitlichen, sich ununterbrochen entwickelnden Prozeß sah. Mit seiner ganzheitlichen Sichtweise war er ohne Zweifel seiner Zeit weit voraus, was sich auch in seiner berühmten Maxime «panta rhei» (alles fließt) ausdrückt. Aber wie heute so damals: es gibt immer gewisse Modeströmungen, die sich durchsetzen, und da kam Heraklit leider nicht zum Zug.

Mit dem Philosophen Platon (427–347 v. Chr.) begann die Zeit der wissenschaftlich-logischen Begründungen über die Trennung von Leib und Seele. Bei ihm finden wir eine Menge an Dialogen zu diesem Schlüsselthema, wobei er in den meisten Fällen seine Überzeugung durch die Person des zu dieser Zeit bereits verstorbenen Sokrates (469–399 v. Chr.)

ausdrücken ließ. Mit Platon bekam die Lehre von der Trennung von Geist und Materie eine erste wissenschaftlich-logische Begründung.

Aristoteles (384–322 v. Chr.), Schüler Platons, entwickelte das analytisch-dualistische Denken weiter. Mit seinem naturwissenschaftlichen Ansatz – nach den Ausführungen von Luciano de Crescenco war er wohl ein ziemlich «trockener» Mensch ohne allzuviel Humor – wuchs die Zahl und Qualität der logischen Begründungen weiter an und wurde zum beherrschenden Thema des gesamten Mittelalters. Die scholastische Philosophie und ihre großen Vertreter Augustinus (354–430), Albertus Magnus (1193–1280) und dessen Schüler Thomas von Aquin (1255–1274) übernahmen diese wissenschaftlichen Grundüberlegungen der griechischen Antike in ihr Denken.

Die Trennung von Geist und Körper diente nun auch als logische Begründung für die Trennung von Kirche und Staat. Gerade Thomas von Aquin war es, der im 13. Jahrhundert das umfassende aristotelische System der Natur mit der christlichen Theologie und Ethik verknüpfte und damit einen gedanklichen Rahmen schuf, der während des gesamten Mittelalters kaum in Frage gestellt wurde.

Die Spiritualität des Mittelalters und die gesamte Auffassung vom Kosmos änderten sich danach ebenso wie die Art des Denkens. Herrschte neben der Dichotomie von Geist und Materie noch die Vorstellung von einem organischen, lebenden und spirituellen Universum, so wurde dieses Bild jetzt radikal ersetzt durch die Vorstellung der Welt als einer riesigen Maschine.

1.2 Die wissenschaftliche Revolution (Das kartesianisch-mechanistische Paradigma)

Die wissenschaftliche Revolution begann mit Nikolaus Kopernikus, der das über tausend Jahre geltende Dogma von der Erde als Mittelpunkt des Universums von Ptolemäus zu Fall brachte. Kopernikus war

Kaufmannssohn und lebte in einer kleinen Stadt in Polen. Er war ein echter Universalgelehrter, doch am meisten interessierte er sich für die komplizierten Zusammenhänge der Astronomie.

Er war der griechischen Sprache mächtig, und so fand er in einigen griechischen Schriften Gedanken über ein heliozentrisches Weltbild. Diese Grundannahmen erwiesen sich mit seinen mathematischen Berechnungen als viel stimmiger. Aus Angst vor der Kirche veröffentlichte er sein heliozentrisches Weltbild allerdings erst in seinem Todesjahr 1543, und auch hier sprach er in seinem Werk «Sechs Bücher über die Umläufe der Himmelskörper» nur von einer Hypothese. Nach ihm folgte mit Johannes Kepler ein Wissenschaftler und Mystiker, der mit seinen empirischen Gesetzen über die Bewegung der Planeten die kopernikanische Hypothese stützte und die Gesetzmäßigkeiten der Planetenbewegungen bewies.

Einen wirklichen Durchbruch erlebte die wissenschaftliche Revolution mit Galileo Galilei. Er war der erste, der wissenschaftliche Experimente mit der Anwendung mathematischer Prinzipien verknüpfte, um die von ihm formulierten Naturgesetze zu beweisen.

Dabei mußte er allerdings auch Positionen von Aristoteles in Frage stellen, die in den westlichen Ländern Europas nach wie vor beinahe als Doktrin galten.

Gleichzeitig mit Galilei führte Bacon in England die empirische Wissenschaftsmethode ein. Er war der erste, der konsequent eine klare Theorie der induktiven Methode formulierte. Bacon war in seiner Art mutig und leidenschaftlich, insbesondere wenn es um die Bekämpfung traditioneller Denkschulen ging.

Bacon hat in seinem Buch «Novum Organum» als erster versucht, eine ideale wissenschaftliche Methode zu entwickeln. Er war aber auch aggressiv, was sich in zahlreichen seiner Formulierungen ausdrückt. Nach Bacon sollte man sich die Natur gefügig machen, sie «unter Druck setzen» und «sie auf die Folterbank spannen, bis sie ihre Geheimnisse preisgibt». Der elisabethanische Philosoph und Staatsmann wollte die Natur «peinlich befragen», bis sie die richtigen Antworten auf unsere Fragen offenbare.

Das organische Verständnis von der Erde als Nährmutter, das sich von der Antike bis ins Mittelalter erhalten hatte, wurde nun in sein Gegenteil verkehrt. Die wissenschaftliche Revolution der Aufklärung schaffte es in kurzer Zeit, die organische Anschauung durch die Metapher von der Welt als Maschine zu ersetzen. Aus unserem heutigen Geschichtsverständnis heraus sind es vor allem zwei Personen, die für diese Veränderung stehen: René Descartes und Isaac Newton.

1.3 Descartes, Newton und die Folgen

Descartes gilt im allgemeinen als Begründer der modernen Philosophie. Als brillanter Mathematiker wurden seine philosophischen Überlegungen – beinahe zweitausend Jahre nach Epikur setzte auch Descartes sich mit dem Problem von Leib und Seele auseinander – stark von den neuen Erkenntnissen in der Physik und der Astronomie geprägt. Er machte sich daran, ein völlig neues Gedankensystem zu entwerfen. Nach Bertrand Russell «war dies seit Aristoteles nicht mehr geschehen, und es ist ein Zeichen neuen Selbstvertrauens, das sich aus dem Fortschritt der Wissenschaft ergab. Sein Werk ist von einer Frische, die man bei keinem hervorragenden Philosophen seit Platon findet.»

Sein Bestreben, die Welt zu objektivieren und zu quantifizieren, führte zu einer der weitreichendsten Erfindungen, die jemals in der Wissenschaft gemacht wurden: dem kartesischen Koordinatensystem. Die kartesischen Koordinaten sind die Voraussetzung für eine Vielzahl wissenschaftlicher Errungenschaften: für die Quanten-Superstrings und die Relativitätstheorie ebenso wie für die Berechnung von Satelliten-Umlaufbahnen. Die kartesischen Koordinaten waren eine der ersten Erfindungen der neuzeitlichen Wissenschaften, und sie sind deshalb so bedeutend, weil sie alle wissenschaftlichen Revolutionen überlebt haben.

Um Descartes richtig verstehen zu können, muß man einige Worte über die Rahmenbedingungen seiner Arbeit verlieren.

René Descartes war Jesuitenschüler, der aus verschiedenen Gründen daran interessiert war, mit der Kirche nicht in zu starke Konfrontation zu kommen. Gedanken über Leib und Seele zu veröffentlichen, war zu seiner Zeit außerordentlich gefährlich. Kurz nach seiner Geburt (1600) hatte der Papst Giordano Bruno auf dem Campo dei Fiori in Rom auf dem Scheiterhaufen bei lebendigem Leib verbrennen lassen, und Galileo Galilei war vom Vatikan ein Rede- und Schreibverbot auferlegt worden, er wurde zum Widerruf seiner kopernikanischen Ideen gezwungen und dann hat man ihm ein lebenslanges Ausgehverbot angedeihen lassen. Unter diesen äußeren Rahmenbedingungen werden die vielen Kompromisse in seinen philosophischen Formulierungen verständlich, die er brauchte, um die päpstliche Druckgenehmigung zu bekommen und um seine Haut vor dem Scheiterhaufen zu retten.

Doch wenden wir uns jetzt den Erkenntnissen von Descartes zu. Im Alter von 23 Jahren hatte er die Vision einer «vollständig neuen Wissenschaft, die allgemein alle Fragen der Quantität lösen sollte, der kontinuierlichen wie der diskontinuierlichen». Auf Grundlage dieser Vision und eines ebenso visionären Traums begann Descartes, die Grundlagen für eine völlig neue wissenschaftliche Weltanschauung zu schaffen. Für Descartes war Wissenschaft gleichbedeutend mit Mathematik, und deshalb ließ er auch nur Erkenntnisse gelten, die mathematisch ableitbar waren. Er versuchte, wissenschaftliche Wahrheit zu erreichen, und so bezweifelte er alles, was überhaupt nur zu bezweifeln war. So gelangte er schließlich zu seiner berühmten Erkenntnis «cogito ergo sum» (ich denke, also bin ich).

Die kartesianische Methode ist analytisch und reduktionistisch. Seine Methodik der wissenschaftlichen Arbeit hat der modernen Wissenschaft unendlich viele wertvolle Impulse gegeben – in dieser Beziehung ist sein Einfluß auf die Gegenwart kaum zu überschätzen. Für ihn waren aber – Platon und Aristoteles lassen grüßen – Geist und

Körper getrennt und fundamental voneinander verschieden. «Der Körper enthält nichts, was dem Geist zugerechnet werden könnte, und der Geist beinhaltet nichts, was zum Körper gehörig wäre.»

Diese Unterscheidung zweier unabhängiger Bereiche, dem des Geistes (res cogitans) und dem der Materie (res extensa) hat die Wissenschaft in ihrem Verständnis stark verändert. Noch heute existiert die Trennung in Geistes- und Naturwissenschaften. Für ihn war das materielle Universum nichts als eine Maschine. Die Natur hatte keinen Sinn und keine Spiritualität, sie funktionierte nach mechanischen Gesetzen, die es zu ergründen galt. Dieses mechanische Bild wurde zum dominierenden Paradigma der Naturwissenschaften in den folgenden drei Jahrhunderten.

Descartes sprach vom Körper als einer «Maschine, aus Blut und Knochen gemacht». Die ganze mechanistische Biologie und Medizin beruft sich noch heute auf dieses Grundverständnis.

Welche Bedeutung sein Gedankengut ausgelöst hat, zeigt sich auch darin, daß hundert Jahre später der französische Arzt Lamettrie (1709–1751) das Bild von der Maschine wörtlich nahm und behauptete «L'homme est une machine».

Daß dieses Grundverständnis noch heute den Alltag in vielen Arztpraxen und Krankenhäusern prägt, kennt jeder von uns aus eigener Erfahrung. Bis zur Renaissance waren noch ganz andere Bilder vorherrschend. So wurde gemeinhin angenommen, daß machtvolle gedankliche Vorstellungsbilder dauerhafte Veränderungen der Körperstrukturen bewirken können. Nach 1612 skizzierte William Vaughan in seinen «Approved Directions for Health» diese therapeutische Methode: «Der Arzt muß ein spirituelles Festspiel ersinnen und inszenieren, um die Vorstellungskraft zu stärken und zu ermutigen, die schlecht und verdorben ist; ja, er muß danach trachten, zu täuschen und eine andere Einbildung in den Kopf des Patienten einzuprägen, sei sie töricht oder weise, und damit alle früheren Phantasiegebilde auszulöschen.»

Wir kennen inzwischen Descartes' Meinung dazu: «Der Geist ist eine

Substanz, deren ganze Wesenheit oder Natur bloß im Denken bestehe und die zu ihrem Dasein weder eines Ortes bedürfe noch von einem materiellen Ding abhänge.» Hier funktioniert der Geist nicht mehr im ständigen Wechselspiel mit dem Körper, sondern nur noch parallel zu den physiologischen Vorgängen. Die Lebensgeister begannen aus dem medizinischen Denken zu verschwinden. Der Körper wurde den Anatomen und Physiologen zugeteilt, der Geist den Philosophen und Psychologen. Die interaktive Psychophysiologie von Hippokrates und der Renaissance mit ihrem organischen, ganzheitlichen Verständnis wurde durch einen Parallelismus von Geist und Körper ersetzt, der organisch und seelisch bedingte Leiden voneinander trennte. Um die Mitte des 18. Jahrhunderts hatten die mechanistischen Konzepte die ganzheitliche Auffassung fast vollständig verdrängt, und im 19. Jahrhundert untersuchten die meisten Forscher Körper und Geist, als seien sie getrennte Bereiche.

Dieses Bild finden wir natürlich auch in ganz anderen Lebensbereichen, nicht nur in der Medizin. Der Architekt Le Corbusier (1887–1965) – jetzt rücken wir schon an die Gegenwart heran – hat ganz im Sinne Descartes den Menschen in der Mitte dieses Jahrhunderts eine Wohnmaschine angeboten. Er verkündete «une maison est une machine à habiter», ein Haus ist eine Wohnmaschine. Auch hier zeigt uns ein Blick in zahllose verschandelte Wohnbezirke, daß zu viele Bauherren und Architekten diese Idee zum Leben erweckt haben.

Descartes ging in seiner sechsten Meditation so weit, daß der Geist «durch den ich bin, was ich bin, völlig verschieden ist von meinem Körper und ohne ihn existieren kann». Der Gedanke, der in der Mystik der Vorsokratiker seinen Anfang hatte, wird hier auf das absolute Podest gehoben.

So wie sich in der Antike Heraklit diesem Gedanken widersetzt hatte, so gab es auch zur Zeit Descartes Widersacher, wie den holländischen Philosophen Baruch von Spinoza (1632–1677). Ganz im Gegensatz zu Descartes interpretierte er Geist und Materie als zwei verschiedene

Aspekte der gleichen Realität. In seiner Ethik stellte er ganz einfach fest, daß «Geist und Körper ein und dasselbe sind». Seine Gedanken weisen ihn als Denker aus, der seiner Zeit weit vorauseilte. Doch er gehörte zu einer kleinen Minderheit, die keine Akzeptanz fand. Die Tatsache, daß er auch noch jüdischen Glaubens war, erschwerte das Ganze nur noch. Seine Gedanken wurden völlig tabuisiert – zu einem nicht abschätzbaren Schaden für unsere ganze Kultur. Die Trennung von Leib und Seele, von Geist und Materie sind uns bis auf den heutigen Tag erhalten geblieben.

Es geht uns hier in keiner Form darum, wissenschaftliche Schuldzuweisungen auszusprechen. Die Leistungen von Descartes sind bahnbrechend – allerdings auch in ihren negativen Folgen. Den endgültigen Durchbruch dieses Gedankengebäudes schaffte dann aber nicht mehr Descartes selbst, sondern es blieb Sir Isaac Newton vorbehalten, dem Ganzen die Krone aufzusetzen. Newton vereinigte durch einen wissenschaftlichen Kraftakt allererster Güte die von Bacon vertretene empirisch-deduktive Methode mit der von Descartes vertretenen rational-induktiven Methode und schuf damit die Methodologie, auf der seither die Naturwissenschaften beruhen.

Newtons bahnbrechende Idee bestand darin, das Konzept von Descartes und Galilei zu ergänzen – er erfand den Newtonschen Zustandsraum. Auf der Grundlage seiner Erkenntnisse läßt sich die Bahn, auf der sich ein Körper im Universum bewegt, zu jedem Zeitpunkt bestimmen, in frühester Vergangenheit und in fernster Zukunft. So konnte ein Physiker, der den Ort und die Geschwindigkeit des Halleyschen Kometen im 18. Jahrhundert maß, mit Hilfe der Newtonschen Gesetze exakt bestimmen, wann der Komet in den kommenden Jahrhunderten wieder auftauchen würde.

Aus Newtons Sicht läuft das ganze Universum wie eine Maschine, gelenkt von unabänderlichen Gesetzen. Die mechanistische Weltanschauung ist also untrennbar verbunden mit einem strengen Determinismus. Mit anderen Worten: Die Welt ist eine kausale und völlig determinierte, kosmische Maschine. Alles, was geschieht, hat demnach eine definitive Ursache, und die Zukunft von jedem Teil des Systems könnte im Prinzip mit absoluter Sicherheit vorausgesagt werden, wenn sein Zustand zu irgendeiner Zeit in allen Einzelheiten bekannt wäre.

**Das Universum funktioniert
wie eine riesige Maschine.
frei nach J. Newton**

Diese gedanklichen Grundlagen eines neuen Wissenschaftsverständnisses waren derart gewaltig, daß sie über einen Zeitraum von mehr als drei Jahrhunderten nahezu unangetastet blieben. Auch während des 19. Jahrhunderts arbeiteten Wissenschaftler in den verschiedensten Bereichen weiter am mechanistischen Bild des Universums in der Physik, Chemie, Medizin, Biologie, Psychologie und in den Sozialwissenschaften. Hier wurde auch das Paradigma entwickelt, aus dem die moderne Managementlehre ihren Ursprung hat.

1.4 Fazit

Kurz skizziert, waren dies die Zwischenstationen, die zu dem umfassenden Weltbild geführt haben, das in vielen Bereichen noch heute unser Denken und unsere Vorstellungen prägt. Auf dem Newton-kartesianischen Paradigma baut der unerschütterliche Glaube der westlichen Gesellschaften auf, alle Probleme «mechanistisch» mit Hilfe von Analyse, Logik, Vorhersage und Kontrolle lösen zu können. Der Siegeszug der «linken» Gehirnhälfte hatte einen weiteren Höhepunkt gefunden.
Dieses Weltbild hat Pierre-Simon Laplace im 18. Jahrhundert zu der Aussage gebracht, wenn er im Augenblick der Schöpfung neben Gott gestanden hätte, dann hätte er die gesamte Zukunft des Universums vorhersagen können.

Die Trennung von Geist und Materie, die in ihren Kerngedanken bereits im 7. Jahrhundert vor Christus formuliert wurde, fand in der wissenschaftlichen Revolution der Aufklärung ihren Höhepunkt. Hier wurde das mechanistisch-kartesianische Weltbild geprägt, das in seinen verfeinerten Formen bis weit in unser Jahrhundert das geltende Paradigma darstellte.

In der Physik gelang es Albert Einstein, die Grundlagen für ein neues Weltbild zu schaffen, das dann durch die Entdeckungen der Quantentheorie durch Wissenschaftler wie Max Planck, Niels Bohr, Louis de Broglie, Erwin Schrödinger, Wolfgang Pauli, Werner Heisenberg, Paul Dirac und natürlich Albert Einstein selbst auf ein grundlegend neues Niveau gehoben wurde.

Das mechanistisch-kartesianische Paradigma mit den neuen Methoden der Wissenschaft hat uns Menschen viel Nutzen gebracht. Es hat uns geholfen, Menschen auf dem Mond landen zu lassen und die Lasertechnologie in verschiedensten Bereichen zu nutzen. Es hat aber auch dazu beigetragen, uns ein Erbe zu hinterlassen, an dem wir und noch mehr die nach uns folgenden Generationen schwer zu tragen haben werden. Es hat dazu beigetragen, daß wir uns die Erde – ganz im Sinne von Bacon – untertan gemacht haben. Wir sind dabei, den Satz aus der Genesis, die vom Beginn des Universums handelt, zu erfüllen. Dort heißt es: «Seid fruchtbar und mehret euch und erfüllet die Erde und macht sie euch untertan! Herrschet über die Fische des Meeres und über die Vögel des Himmels und über alles Getier, das sich auf Erden regt!» (1. Mose, 1,28). Wir halten uns für die Krönung der Schöpfung und rechtfertigen damit alles, was wir mit diesem Planeten anstellen. Wir haben viele erstaunliche Errungenschaften, von der Nuklearmedizin bis zum Satellitenfernsehen, das Informationen binnen Sekundenbruchteilen in alle Teile der Welt schickt, vorzuweisen, aber wir haben auch den sauren Regen, das Ozonloch, den Treibhauseffekt, die Bevölkerungsexplosion, den nach wie vor bestehenden Rüstungswahnsinn und die Verwüstung ganzer Landstriche.

In einem organischen Weltbild finden die Menschen ihren Platz in der Natur und im Einklang mit anderen Geschöpfen. Heute belehrt uns die Realität eines anderen, zumindest in den hochentwickelten Industriegesellschaften. Wir haben das organische Weltbild verloren und damit einen zunehmenden Entfremdungsprozeß zur Natur ausgelöst, den eigenen Körper eingeschlossen, zu dem wir ein wissenschaftlich-mechanistisches Verständnis haben. In dieser Welt läßt sich alles messen, berechnen und erklären – insbesondere unter dem Aspekt des Fortschritts. Hier findet auch die Wirtschaftswissenschaft ihre Grundlage: deren Ziel es ist, die Variablen zu entdecken und zu quantifizieren, die Angebot und Nachfrage bestimmen, und natürlich die mathematischen Beziehungen ihrer Veränderung zu erfassen. Es gibt also ganz im Sinne von Newton einen Zustandsraum für den Markt, in dem Kontrolle durch Konjunkturmaßnahmen und Bilanzen ausgeübt wird.

Aber es gibt auch andere Tendenzen: in vielen Bereichen der Wissenschaften findet zurzeit ein massiver Umorientierungsprozeß statt. Die Physik hat die Annahme des absoluten Determinismus fallengelassen, die Medizin akzeptiert nun die Zusammenhänge zwischen geistigem und körperlichem Befinden. Und auch die Wirtschaftswissenschaften öffnen sich – wie wir noch detailliert zeigen werden – neueren Erkenntnissen wie der systemisch-evolutionären Betrachtungsweise von Unternehmen oder auch der Sicht von Unternehmen als Organismen, deren Entwicklung man zwar gestalten, aber weder berechnen noch steuern kann.

Immer mehr Wissenschaftler stellen den absoluten Gültigkeitsanspruch der wissenschaftlichen Gesetze in Frage und sind auf der Suche nach anderen, neuen Wegen, um das Universum zu verstehen. Wir werden im folgenden Kapitel zeigen, daß die Führungslehre diesen Quantensprung noch vor sich hat.

2. Eine kurze Entwicklung der Führungslehre – vom Taylorismus bis zum Business Reengineering

«Die Fähigkeit des Erstaunens über den Gang der Welt ist Voraussetzung der Möglichkeit des Fragens nach dem Sinn.»
Max Weber

Zunehmende Komplexität und Dynamik und die damit verbundene steigende Unsicherheit unserer Umwelt haben auch vor der Führungslehre nicht halt gemacht. Als Folge hieraus entstand – bedingt durch immer kürzer werdende Lebenszyklen der einzelnen Modelle – eine Vielzahl neuer Denkansätze in der Managementlehre. Es ist deshalb wenig erstaunlich, daß viele Unternehmer irritiert, verunsichert und überfordert sind. Gerade bei den Unternehmern müssen wir aber heute ansetzen, wenn – aufgrund der bestehenden Machtverhältnisse in unserer Gesellschaft – spürbare Veränderungen ausgelöst werden sollen. Die Führungslehre steht in ihrer Gesamtheit vor einem Quantensprung – ein Paradigmenwechsel steht bevor.

Die strenge technische Rationalisierung, das Leben und Denken in geschlossenen Systemen, der Glaube an die Planbarkeit und Steuerung sozialer Systeme – sie funktionieren einfach nicht mehr. Ein komplexeres Menschenbild, Systemansätze in sozio-ökonomischen sowie in sozio-kulturellen Dimensionen sind für die Überlebensfähigkeit wichtiger denn je zuvor.

Daß ein solcher Wandel im Denken stattfindet, ist zweifelsohne zu beobachten. Ob er reicht, die bisherigen Grenzen zu überschreiten, bleibt abzuwarten. Da jedoch keine Wirkung ohne Ursache erfolgt, muß auch die Entwicklung der Führungslehre solche Ursachen haben. Werfen wir also einen kurzen Blick «back to the roots» der Managementlehre.

2.1 Der Taylorismus oder die Lehre von der «guten» Praxis

Den Stein ins Rollen brachten wahrscheinlich im wahrsten Sinne des Wortes die alten Ägypter ungefähr 2700 Jahre v. Chr., als Ptah-hotep bereits schrieb: «...solltest Du einer von denen sein, an den Petitionen herangetragen werden, so höre Dir in Ruhe an, was der Antragsteller zu sagen hat. Weise ihn nicht zurück, bevor er sich enthüllen konnte und bevor er gesagt hat, weswegen er gekommen ist. ... Es ist nicht notwendig, daß alle seine Bitten erhört werden, aber gutes Zuhören ist Balsam für sein Herz.»

Im antiken Griechenland ging man bereits so weit, daß für einzelne Arbeiter nur noch wenige Handgriffe übrigblieben und alles Darüberhinausgehende als unwürdig und nicht standesgemäß abgetan wurde. Im Mittelalter erhielt diese Form der Arbeit ihre religiöse Legitimation seitens der Klöster durch strenge hierarchische Ordnungen, das Zunftwesen trug ein übriges dazu bei: nicht was ökonomisch effizient war, galt als gut, sondern das durch die Tradition Geheiligte. Ein Trend, der sich in vielen Köpfen fort- und festsetzen sollte.

Durch die wissenschaftliche Revolution wurde auch die industrielle Revolution ausgelöst und in ihrer Entwicklung erst möglich gemacht. Die Nutzung mechanischer Gesetze, entsprechender Erfindungen und die volkswirtschaftliche Untermauerung der Vorteile einer arbeitsteiligen Wirtschaft durch Adam Smith («The Wealth of Nations») sorgten für rasante Entwicklungen.

Im arbeitsorganisatorischen Bereich trat ein Phänomen hervor, das bis heute nachhaltig unser Denken und Verständnis von unternehmerischen Gestaltungszielen prägt. In den 20er Jahren entwickelte der Ingenieur Frederick Winslow Taylor seine Idee des «scientific management», der wissenschaftlichen Form der Unternehmensführung. Er übertrug mit seinem Denkansatz konsequent die Grundideen des Newton-kartesianischen Denkens auf die Führungslehre – die (natur)wissenschaftliche Form der Unternehmensführung war geboren. Taylor entwickelte, gestützt auf seine berühmten Zeit- und Bewegungsstudien, ein wissenschaftlich begründetes Modell zur Effizienz- und Leistungssteigerung wirtschaftlicher Betriebe.

Taylor versuchte durch «Verwissenschaftlichung» von Experimenten folgende Gestaltungsprinzipien abzuleiten:

- Die Notwendigkeit der Trennung von Kopf- und Handarbeit
- Das Prinzip von Pensum und Bonus (Akkord- und Leistungslohn)
- Die Versöhnung zwischen Arbeitern und Arbeitgebern durch die Herrschaft von Experten

Seinen Vorstellungen liegt ein Menschenbild zugrunde, das sich in folgender Form manifestiert:

- Der Mensch ist von Natur aus faul und nur auf sein Vergnügen bedacht
- Glück erreicht der Mensch nur durch Konsum
- Der Mensch ist nur durch materielle Anreize zu motivieren

Wenn wir die rasch steigende Zahl von Incentive-Programmen zur Motivierung von Menschen (auch von Führungskräften) betrachten, so drängt sich der Eindruck auf, daß das tayloristische Menschenbild nach wie vor in unseren Köpfen herumspukt, allen gegenteiligen Beteuerungen zum Trotz.

Am konsequentesten wurden die Prinzipien des Taylorismus von Henry Ford mit Hilfe der Fließbandtechnik umgesetzt, der schnell die Vorteile erkannte und somit die Grundlagen für Standardisierung, Typisierung und präzise Fertigung in der industriellen Produktion legte.

**«Bei uns können Sie jeden Typ Auto bekommen,
es muß nur das T-Modell in Schwarz sein.»
Henry Ford**

Begünstigt durch die wirtschaftlichen Rahmenbedingungen (Kriegswirtschaft, Massengüter) und eine Kultur, in der Präzision und Gehorsam hochbewertete Tugenden waren, trat der Taylorismus als überlegenes, wissenschaftlich begründetes und durch Erfolge in der Unternehmenspraxis nachweislich erfolgreiches Führungssystem seinen Siegeszug an. Das mechanistische Paradigma der Führungslehre war geboren.

2.2 Die weitere Entwicklung der Führungskonzepte

In der Folge sahen sich die Unternehmer neuen Problemen ausgesetzt. Gewerkschaften und – als logische Folge der tayloristischen Arbeitsteilung – Arbeitsunlust, Drückebergerei und hohe Fluktuation unter den Arbeitskräften kamen auf. Der absolute Glaube an die mechanistische Beeinflußbarkeit und Steuerbarkeit sozialer Systeme bekam seinen ersten Knacks.

Dale Carnegie, auch heute noch einer der meistgelesenen Autoren, propagierte bereits 1926 eine neuen Typ Manager. Er schrieb: «…Takt, Lob, Bescheidenheit und ein klein wenig Heuchelei…» seien die Bausteine für Erfolg, «…Freunde zu gewinnen und Menschen zu beeinflussen…» (Dale Carnegie, «Wie man Freunde gewinnt»).

Wie schwer es ist, sich und andere zu motivieren, wissen wir alle selbst am besten. Genau an diesem Punkt standen die Manager von damals auch schon. Es wurde zunehmend klar, daß der kritische Punkt im System das Machtverhältnis zwischen Führung und Ausführenden war. Damit erkannte man, daß die Anwendung der tayloristischen Prinzipien, die in manchen Formulierungen an die Gedanken Bacons zur Beherrschung der Natur erinnern, erhebliche Nachteile mit sich brachte. Wie aber sollte eine Humanisierung der Arbeit erfolgen, wie sie zum Beispiel die berühmte Studie von Mayo und Roethlisberger in den Hawthorne-Werken forderte, ohne bestehende Machtverhältnisse in Frage zu stellen?

Es begann die große Zeit der Organisationspsychologie, die immer neue Modelle und Partizipationspraktiken entwickelte, ohne dabei jemals den Denkrahmen des mechanistischen Paradigmas wirklich zu verlassen. Schlagworte wie «Betroffene zu Beteiligten machen» oder die «aktive Gestaltung an der Entwicklung alternativer Lösungsansätze», die auch heute noch in aller Munde sind, wurden populär.

Ein kleiner Blick in die Zukunft läßt bereits erkennen, weshalb auch in der Folge so viele hochgelobte Führungskonzepte wie zum Beispiel das Harzburger Modell oder die vielen «Management by»-Ansätze zwangsläufig versagen mußten.

Erfolgreiche und sinnvolle Organisationsentwicklungskonzepte werden und können sich erst mit einem Umdenken seitens der Führungskräfte, aber auch der Mitarbeiter entwickeln und durchsetzen. Solange Modelle zweckorientierte Sozialtechniken innerhalb des bestehenden technozentrischen Weltbildes darstellen, werden sie nur an den Symptomen ansetzen, nicht aber an den wirklichen Ursachen. Wirkliche Veränderung braucht ein neues Weltbild, eine andere Art des Denkens und Wahrnehmens. Wir müssen unseren Rahmen ändern oder anders ausgedrückt: wir brauchen ein Reframing unseres Denkens.

2.3 Ein erstes Resümee

Aus den beiden Hauptströmungen in der Führungslehre – dem tayloristischen Ansatz und der Human-Resources-Bewegung – haben sich viele Konflikte und Probleme herausentwickelt. Noch heute «motivieren» wir mit mechanistischen Anreizsystemen und Incentive-Programmen, die in letzter Konsequenz eher zur inneren Kündigung führen als die gewünschten Effekte zu erzielen, bei Mitarbeitern und – Führungskräften. Betrachten wir noch einmal kurz die Rahmenbedingungen für Taylor, Max Weber (der mit seinem Bürokratieansatz versuchte, ein idealtypisches Modell für die Rationalisierung von Verwaltungen zu erzielen) und ihre Kollegen. Zu ihrer Zeit ging es darum, stabile Systeme in sich – also geschlossen – zu rationalisieren. Der Mensch war in seiner bürokratischen, administrativen Rolle fest verankert, er war auf der Suche nach effizienten Strukturen und Abläufen über die Vehikel Arbeitsteilung und Spezialisierung, die als Grundannahmen unangetastet blieben. Die Instrumente zur Steuerung waren die Bilanz, die Gewinn- und Verlustrechnung, Zeit- und Bewegungsstudien (REFA), die Plankostenrechnung und die Budgetierung. Aus diesem Grundverständnis entwickelte sich der Glaube an den One-best-way einer Unternehmung, das mechanistische Denken von der Plan- und Steuerbarkeit sozialer Systeme. Das Newtonsche Paradigma hatte mit voller Stärke die Führungslehre erreicht. Hier wurde bereits die Wurzel für die spätere Strategiegläubigkeit gelegt.

Das Grundverständnis wurde vor allem durch «naturwissenschaftliche» und volkswirtschaftliche Ansätze unterstützt und weiterentwickelt. Noch heute befindet sich die Nationalökonomie in weiten Teilen in dieser Falle, in der mit immer höherem Anspruch an die mathematische Genauigkeit Modelle konstruiert werden, die zwar durch ihre ökonometrische Ästhetik begeistern, aber immer weniger die chaotischen, floatenden Beziehungen in unseren Märkten erklären können. Was für eine Verschwendung geistiger Potentiale!

2.4 Die zunehmende Relevanz neuer Dimensionen: Von der strategischen Planung zum evolutionären Ansatz

Ein exzellenter Überblick über die relevanten Entwicklungsströmungen der Führungskonzepte in den letzten vierzig Jahren findet sich bei Servatius, 1991 (s. Abb. 1).

Wir können die neuere Entwicklung der betriebswirtschaftlichen Führungslehre als Folge von Antworten auf wechselnde Herausforderungen interpretieren

Konzepte	Autoren			
– System- und Entscheidungs- orientierter Ansatz	Simon (1967, 1960) Ulrich (1968, 1966) Kirsch (1971) Zahn (1972) Heinen (1971, 1976, 1979)			
– Strategische Planung	Ansoff (1965) Henderson (1968, 1970) Zahn (1979)			
– Strategisches Management	Ansoff (1976, 1979, 1984) Porter (1980, 1985, 1990) Henzler (1988)			
– Strategisches Marketing	McCarthy (1964) Kotter (1974) Meffert (1977, 1988) Ohmse (1985) Buzzel (1985)			
– Strategisches Technologie- Management	Pfeiffer (1982) Servatius (1985) Foster (1986) Wildemann (1987) Zahn (1988)			
– Strategisches Informations- Management	Beer (1959) Keen/Scott Morten (1978) Porte (1986) Rockart (1988) Zahn (1989)			
– Strategisches Management der Humanressourcen	McGregor (1960) Cyert/March (1963) Reddin (1977) Tichy (1983, 1984)			
– Unternehmenskultur	Peters/Watermann (1982) Deal/Kennedy (1982) Bleicher (1984) Schein (1988)			
– Innovations-Management	Burns/Stalker (61) Thorn (67) Von Hippel (73, 88) Drucker (85) Pinchot (85) Servatius (88)			
– Ganzheitlich-evolutionäre Führung	Malik (1979, 1984) Kirsch (1985) Ulrich/Probst/Gomez (1988, 1990)			
	1960	1970	1980	1990
		Zeit		

Abb. 1: Neuere Entwicklungen der Führungslehre (Servatius)

In den siebziger Jahren begann die große Zeit der strategischen Planung. Um den wachsenden Herausforderungen sinnvoll begegnen zu können, begannen vor allem Unternehmensberater, neue Modelle zu entwickeln. Im Zuge der beobachtbaren Marktveränderungen wie

- Wandel vom Verkäufer- zum Käufermarkt
- rasantes Wachstum spezifischer Geschäftsfelder

- Technologiesprünge, zum Beispiel in der Mikroelektronik
- zunehmend individualisierte und differenzierte Gesellschaft

erkannte man, daß eine vernünftige Planung nur dann stattfinden kann, wenn der Gesamtmarkt in Teile zerlegt wurde und diese getrennt betrachtet wurden. Gesucht wurden die «laws of the market place» für die einzelnen Geschäftsfelder, um daraus die jeweiligen Strategien und Erfolgsfaktoren abzuleiten. In einer groß angelegten Datenbankstudie (PIMS) erkannte man schnell den signifikanten Zusammenhang zwischen dem Return on Investment (ROI) und dem relativen Marktanteil, d.h. daß mit steigendem relativem Marktanteil auch der ROI und damit die Rentabilität wächst.

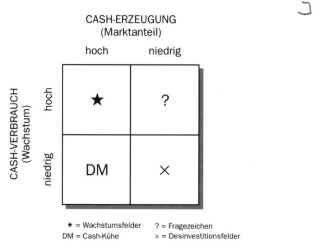

Abb. 2: BCG-Portfolio-Matrix

Die amerikanische Beratungsfirma Boston Consulting Group verband diese Betrachtung der strategischen Geschäftsfeldbearbeitung mit dem Produktlebenszyklus und entwickelte daraus die wohl bekannteste Portfolio-Betrachtung.

So hervorragend die Leistungen im einzelnen auch sein mögen: auch die Portfolio-Ansätze unterlagen dem mechanistischen Suchen nach Gesetzmäßigkeiten und versagten zunehmend, da sie zwar hervorragend zur Ex-post-Betrachtung geeignet sind, aber kaum zur Projektion in die Zukunft.

Durch Ansoff, Declerck und Hayes wurde 1976 im Sammelband «From Strategic Planning to Strategic Management» die Forderung erhoben, ein umfassendes Führungsinstrument in Form des strategischen Managements zu entwickeln. In diese Phase fällt auch das Konzept von Michael Porter, das auch einen Platz als das Credo der Managementlehre gefunden hat. Sein Ansatz verlangt eine differenzierte Betrachtung jeder einzelnen Branche mit dem Ergebnis, daß es keine guten und schlechten Branchen, sondern nur gute und schlechte Unternehmen gibt.

«Es gibt keine guten oder schlechten Branchen, sondern nur gute oder schlechte Unternehmen.»
M. Porter

Aus diesen Überlegungen leitete Porter seine drei bekannten Strategietypen ab:

- Kostenführerschaft
- Differenzierung
- Konzentration auf Schwerpunkte im Markt

Doch auch Porter fand den Stein der Weisen nicht, blieb trotz aller Kreativität seiner Ansätze im alten Denkschema verhaftet. Machen wir es kurz: Obwohl das strategische Management inzwischen eine erhebliche Verbreitung gefunden hat, so werden die Stimmen immer lauter, die Zweifel an der «mechanistischen Machbarkeitsillusion» erheben, die zumindest für einen großen Teil der amerikanisch beeinflußten Managementlehre typisch zu sein scheint.

Waren die siebziger Jahre dem strategischen Management und den damit verbundenen Marketingansätzen gewidmet, so erfolgte zu Beginn der achtziger Jahre – wiederum ausgelöst durch Entwicklungen in Unternehmensberatungen – eine deutliche Öffnung gegenüber technischen Aspekten der Unternehmensführung. Außerdem mußte ein Faktor berücksichtigt werden, der eine immer wichtigere Rolle in den Märkten zu spielen schien: der Faktor Zeit, bekannt auch unter dem Schlagwort des Time-based Competition.

Die Dramatik der Märkte verschärfte sich durch immer schnellere Strukturbrüche, die sich in wenigen Schlagworten für alle Unternehmen charakterisieren lassen:

- weltweiter Aufbau von Überkapazitäten
- zunehmende Austauschbarkeit von Produkten
- hybrides Verbraucherverhalten
- Zunahme der Marktsättigung.

2.5 Management of Change – neue Ansichten aus Fernost

Wir können feststellen, daß Umfang und Geschwindigkeit der Veränderungen in Markt und Gesellschaft, insbesondere aber auch im technologischen Wandel Dimensionen erreicht haben, die mit dem traditionellen Denken und den aktuellen Management-Instrumenten nicht mehr bewältigt werden können. Die Konsequenz lautet:
Wir müssen unseren Glauben an die Planbarkeit und an die Beherrschbarkeit der Welt aufgeben!
Offensichtlich fällt es uns schwer, bekanntes Wissen aufzugeben und den Weg zu neuen Ufern zu suchen. Die Suche nach Erfolgsmustern, die man dann am besten nur noch zu kopieren braucht (ohne sie im Zweifelsfall kapiert zu haben), ist wahrscheinlich auch für die (zeitweilige) Begeisterung für fernöstliche Managementweisheiten verantwortlich.

Ausgelöst durch den Japan-Schock vor allem in den achtziger Jahren war plötzlich alles «in», was überhaupt nur nach Fernost klang. Mit dem Buch «Die zweite Revolution in der Automobilindustrie» wurde das Lean Management zum japanisch geprägten Ziel aller unternehmerischen Bemühungen. Harte, ökonomische Gestaltungsfaktoren wie Strategien, Systeme und Strukturen wurden durch weiche Faktoren wie Stil, Selbstverständnis und Philosophie ergänzt. Diese Gedanken sind nicht neu, doch sie in einer tayloristisch geprägten Welt zu leben und umzusetzen, fällt schwer.

Was aber sind die Dinge, die wir wirklich aus diesen Ansätzen lernen können, wenn sie nicht wieder eine schnell vergessene Modeerscheinung sein sollen?

Gehen wir noch einmal zurück und schauen uns die Schwachstellen im tayloristischen Denksystem an:

- hierarchisches Management
- externe Kontrolle
- Funktionsspezialisierung
- starke horizontale und vertikale Arbeitsteilung
- mangelnde Anpassungsfähigkeit
- Optimierung des einzelnen Bereiches ohne Berücksichtigung des Umfeldes.

Da hilft auch die blinde Übernahme japanischer Modelle nicht.

Zwar wurden plötzlich Schlagworte wie «Teamarbeit», «integrative Prozesse» und «Qualifizierungsoffensiven» für Mitarbeiter in amerikanischen und europäischen Unternehmen modern. Fakt bleibt jedoch, daß der Weg zu höherer Arbeitsmotivation und selbststeuernden Prozessen seinen Einzug zuerst in den Köpfen der Führungskräfte halten muß, bevor eine generelle Umsetzung realisiert werden kann.

Wenn wir bedenken, daß wir auch mit neuen Ansätzen bislang zumindest das Gefängnis unserer alten Denkstrukturen nicht verlassen, so ist es zwingend notwendig, die Revolution in unseren Köpfen stattfinden zu lassen. Unser lineares, aus dem Zusammenhang gerissenes Denken muß sich ändern, um bestehende Herausforderungen, die ja weit über den betriebswirtschaftlichen Rahmen des einzelnen hinausgehen, meistern zu können.

2.6 Reengineering – Der Stein der Weisen oder Taylorismus des 21. Jahrhunderts?

Es ist schon faszinierend: Eigentlich sollte unser kurzer Überblick über wichtige Entwicklungen der Führungskonzepte ausreichen, um zu zeigen, daß auch hier gilt: das einzig Beständige ist der Wandel. Keines der beschriebenen Konzepte, auch nicht die Renaissance der Humanressourcen, die bereits in den sechziger Jahren unter anderem von Douglas Mc Gregor thematisiert wurde und die unter dem Schlagwort «Corporate Culture» in den achtziger Jahren wiederentdeckt wurde, kann für sich in Anspruch nehmen, ganzheitliche Lösungen anzubieten.

Auch wenn wir gerade durch die Ansätze im Rahmen der Unternehmenskultur durch Peters und Waterman (1982) und durch Deal und Kennedy (ebenfalls 1982) eine gewisse Abkehr von der Illusion der Machbarkeit erfahren haben – eine Unternehmenskultur kann man beim besten Willen nicht managen –, so bleiben diese doch nach wie vor im alten Rahmen, auch wenn Begriffe ausgetauscht wurden.

Wie aber steht es nun mit dem Business Process Reengineering, das den Unternehmen verspricht, durch eine Neugestaltung der Schlüsselprozesse im Unternehmen eine radikale Senkung der Kosten, Verkürzung der Zeiten und Steigerung der Qualität von Produkten und Dienstleistungen zu erreichen? Auch wenn gerade Führungskräfte aus Erfahrung klug sein sollten – die Zeit bis zum Auftauchen des nächsten Patentrezeptes ist in der Vergangenheit immer kürzer geworden – so wurde doch fast einhellig das Konzept des Reengineering begeistert als «der Quantensprung im Management» aufgenommen.

Im heutigen Medienzeitalter braucht man einen Code, um in die Köpfe der Menschen zu gelangen, ganz besonders in die Köpfe von Managern. In immer schnellerem Rhythmus erschienen neue Rezepte und verschwanden genauso schnell, wie sie gekommen waren. Den Innovatoren fehlt offenbar der Code, um sich und ihre Botschaft in den Köpfen der Manager zu verankern.

Das änderte sich 1992. Die wirtschaftlichen Rahmenbedingungen schufen den Rahmen und den erforderlichen Leidensdruck, die Amerikaner Michael Hammer und James Champy fanden den Code: Business Reengineering. Von da an und bis zum heutigen Tag wuchs in Tausenden von Unternehmen die «Lust am Change». Business Process Reengineering verspricht ja auch alles, was sich das Unternehmerherz wünscht:

- einfache Antworten
- schnelle Umsetzung
- radikale Umgestaltung
- wissenschaftliche Rechtfertigung zur Rationalisierung.

Reengineering bedeutet, «Geschäftsprozesse fundamental zu überdenken und radikal neu zu gestalten, um dramatische Verbesserungen an dem kritischen, aktuellen Zustand von Kosten, Qualität, Service und Zeiteinsatz zu erreichen». Die Schlüsselbegriffe im Business Process Reengineering, wie sie von Hammer und Champy selbst formuliert werden, klingen martialisch: «Fundamental», «Radikal», «Dramatisch». Der Kern des neuen Ansatzes ist die Prozeßoptimierung des Unternehmens. Die in der Vergangenheit geltende Dominanz der Funktionen wird durch die Dominanz der Schlüsselprozesse abgelöst. So hat sich in vielen technikorientierten Unternehmen das Simultaneous Engineering bewährt, das den Weg von einer vertikalen, funktionsorientierten Organisation zu einer flachen, horizontalen Struktur gewiesen hat. Dieses Grundprinzip läßt sich nun auf alle Schlüsselprozesse im Unternehmen übertragen. Ziel dieser Neugestaltung der Schlüsselprozesse ist es, die extreme Aufteilung zugunsten verschiedener Spezialisten abzubauen und zusammengehörende Prozesse wieder zusammenzufassen. Damit wird der ohne Zweifel richtige Versuch unternommen, die übertriebene tayloristische Arbeitsteilung und organisatorische Zersplitterung zu überwinden.

Der Ansatz, das Unternehmen in Schlüsselprozesse zu zerlegen, die dann im Sinne einer Optimierung von Wertschöpfungsketten nach innen wie nach außen kontinuierlich verbessert werden, ist sicherlich ein Schritt nach vorne; die unkritische Begeisterung für diesen Ansatz ist jedoch nur schwer nachzuvollziehen.

1. Zum einen muß gesehen werden, daß sich das Optimieren der Geschäftsprozesse in den meisten uns bekannten Fällen auf recht kurzfristige Perspektiven bezieht. Der Ansatz zur Verbesserung ist ohne Zweifel gut und richtig, ob damit allerdings der «Wettlauf um die Zukunft» gewonnen werden kann, muß bezweifelt werden. Faktisch werden jetzt die negativen Auswirkungen des tayloristischen Paradigmas angegangen – sie sind nicht mehr und nicht weniger als die Hausaufgaben jeder Führungskraft und kein Quantensprung.

2. In den meisten Fällen ist der Ansatz nach innen gerichtet. Unter dem Mäntelchen einer Optimierung der Wertschöpfungsketten (Value-Chain-Approach) werden Maßnahmen ergriffen, die eine kurzfristige Verbesserung der Wettbewerbsposition des Unternehmens zum Ziel haben. Dies kann durchaus stattfinden. Ein Durchbruch, wie ihn die Autoren und Protagonisten versprechen, läßt sich so aber weder für das Unternehmen noch für die Gesellschaft im Sinne einer Win-Win-Situation erreichen.

3. Bei allen gegenteiligen Beteuerungen: Business Process Reenginee-

ring versucht, die negativen Auswirkungen des tayloristischen Prinzips zu überwinden – und bleibt gedanklich doch im gleichen Rahmen. Gerade die vielen Berater, die sich jetzt mit Feuereifer auf diese neue Einnahmequelle stürzen, wenden die Prinzipien in hohem Maße mechanistisch an, ohne auf die organische Entwicklung zu achten. In Amerika werden die neuen Konzepte im Hurra- und Cowboy-Stil radikal eingesetzt – nur gut, daß Servatius hier die europäische Fahne hochhält, und zwar von revolutionären Zielen, aber einer evolutionären Vorgehensweise spricht.

4. Die Implementierung eines veränderten Prozeßdenkens stößt in der Praxis auf erhebliche Widerstände (und Umsetzungsprobleme!), wie die Beratungserfahrung zeigt. Bislang ist die Zahl der Unternehmen, die es geschafft haben, mit Hilfe von «Entrepreneurs» neue Geschäftsfelder zu erschließen, noch sehr gering. Und im allgemeinen wird der bei jeder Neueinführung bestehende Widerstand gegen Änderungen («Resistance to Change») unterschätzt.

Business Process Reengineering ist ohne Zweifel ein guter, richtiger Ansatz zur Weiterentwicklung der Führungskonzeptionen – der propagierte Durchbruch ist es nicht.

2.7 Fazit

Die zunehmende Komplexität unserer Umwelt hat uns die Schwachstellen des tayloristischen Prinzips, das trotz aller Managementansätze nach wie vor in den Unternehmen dominiert, gnadenlos bewußt gemacht. Technokratie und der Glaube an die Überlegenheit unseres Denksystems haben nicht nur Unternehmen in Existenzkrisen geführt, es hat auch der Umwelt und der gesamten Gesellschaft – neben all den positiven Aspekten des mechanistischen Paradigmas – Schäden zugefügt, die kaum zu kitten sind.

Allzu lange haben wir den Dinosaurier verehrt, der durch seine Größe alles beherrschte. Doch die Dinos verloren ihre Anpassungsfähigkeit und wurden von der Evolution selektioniert. Wenn wir diesem Schicksal entgehen wollen, müssen wir unsere Art des Denkens ändern. An die Stelle des analytischen, den Blick auf das einzelne gerichteten Denkens muß ein organisches, evolutionäres, ganzheitlich integrierendes Denken folgen.

Statt in linearen, kleinen Kausalketten mit definierbarem Anfang und Ende werden wir lernen müssen, in zirkulären Verknüpfungen ohne Anfang und Ende zu denken, ganz nach dem Muster der Natur. Statt das nicht Meßbare, nicht Quantifizierbare und nicht mathematisch Formulierbare aus unserer Rationalität zu verbannen und als unwissenschaftlich abzutun, sollten wir bewußt solche Phänomene in unseren Denkprozeß einbeziehen und, statt immer wieder aufs neue nach dem Patentrezept der «Newtonschen Weltformel» in Form von gleichbleibenden materiellen und mechanistischen Strukturen zu suchen, sollten wir unseren Blick auf die organische Rückverbindung mit unser Umwelt und der Natur richten.

Halten wir es wie Heraklit: Alles ist in Bewegung und nichts währt ewig. Unsere Welt ist voll von Gegensätzen – aber alle Gegensätze bilden zusammen eine Ganzheit!

«Als ob alles nur dann existierte,
wenn es sich mathematisch beweisen läßt.»
Goethe

3. Learning from the best: Was bieten die Nachbardisziplinen an Erkenntnissen?

3.1 Die naturwissenschaftlichen Veränderungen als Grundlagen für den Paradigmensprung

Bezugspunkt unserer Überlegungen für die Entwicklung des Führungsmanagements waren die Erkenntnisse der Naturwissenschaften vor allem im 17. und 18. Jahrhundert. Wenn nun der Ruf nach neuen Ansätzen immer lauter, immer unüberhörbarer wird, so sind es die Erkenntnisse der Naturwissenschaften selbst, die die Erneuerung des Denkens auslösten.

In der theoretischen Physik, der Königsdisziplin der modernen Naturwissenschaften, wurde das Bild von der objektiv vermeßbaren und prognostizierbaren Objektwelt durch ein Universum abgelöst, das vom menschlichen Betrachtungspunkt aus gesehen nur als die Summe der Möglichkeiten der Wahrnehmung definiert werden kann (Carl Friedrich von Weizsäcker). Die Natur entzieht sich einer objektiven Wahrnehmung schon allein deshalb, weil der Forscher selbst Teil eines interdependenten Systems von Beobachter und Beobachtungsgegenstand ist und dieses durch seine Fragen mitgestaltet.

Und noch etwas wird für unsere weitere Arbeit sehr wichtig sein: in der atomaren Teilchenforschung hat man die Betrachtung der Welt im Sinne ihres materiellen, also «greifbaren» Charakters zunehmend zugunsten einer Sicht der Welt, die aus Energie und sich permanent verändernden Prozessen besteht, aufgegeben.

Gleichzeitig mit den Entwicklungen in der theoretischen Physik hat durch die Arbeiten unter anderem von Konrad Lorenz die Verhaltensforschung die Vorstellung eines unbestechlichen Sinnesapparates aufgegeben. Sie wurde ersetzt durch die Erkenntnis, daß unsere Sinnesorgane eine Gestalt gewordene Theorie über jene Elemente unserer Umwelt sind, die für das Überleben der Art relevant sind, und daß es deshalb so viele wahrgenommene Wirklichkeiten wie Arten geben müsse (Konrad Lorenz). Wir müssen akzeptieren, daß die wahrgenommene Wirklichkeit nicht nur durch das Zusammenspiel zwischen unseren Sinnesorganen und unserem Umfeld bestimmt wird, sondern daß sie durch innere Wahrnehmungsfilter und Wirklichkeiten mitgeprägt wird. Damit findet die Naturwissenschaft zu Erkenntnissen, über die die Mystiker seit jeher berichten.

Auf dieser Grundlage ist auch die berühmte Aussage des Kommunikationsforschers Paul Watzlawick («Wie wirklich ist die Wirklichkeit?») in einem anderen Licht zu sehen. Und ein weiteres kam hinzu, was den jahrhundertealten Glauben an die Planbarkeit, Beherrschbarkeit und Determiniertheit unserer Natur ins Wanken brachte. Der Nobelpreisträger Ilya Prigogine zeigte in seiner Theorie der Selbstorganisation, daß das Verhalten einzelner Elementarteilchen auch unter identischen Bedingungen nicht vorhersehbar ist.

Mit anderen Worten: In einer Situation zunehmenden externen «Anpassungsstresses» – in der sich im Moment so viele Märkte befinden – lassen sich keine Prognosen über die zukünftige Marktgestalt machen. In einer solchen Phase gerät das System in eine Art Suchphase über die zukünftige Gestalt – und diese Gestalt ist weder determiniert noch prognostizierbar. In der Biologie wird diese Phase «Bifurkation», die Weichenstellung für die Entwicklung des Systems «Fulguration» und das Ergebnis «Attraktor» genannt.

**In turbulenten Zeiten lassen sich
kaum Prognosen über die
zukünftige Marktgestaltung machen.**

Fassen wir zusammen: Die modernen Naturwissenschaften – darunter Wissenschaftsdisziplinen, die noch ganz jung sind wie die Chaosforschung und die Synergetik – haben uns den Weg aus der engen Umklammerung der positivistischen Naturwissenschaft gezeigt. An wie vielen verschiedenen Stellen gleichzeitig weitgehend unabhängig voneinander neuere Konzepte der Betrachtung gefunden wurden, ist schon frappierend. Ohne jeden Anspruch auf Vollständigkeit lassen sich folgende wichtige Entwicklungen aufzeigen, die auf dem neueren naturwissenschaftlichen Konzept der Selbstorganisation aufbauen:

- Die Theorie der dynamischen und dissipativen Strukturen von Ilya Prigogine
- Die Entwicklung in der Biokybernetik, die uns lehrt, daß ein erfolgreiches System vom Wachstum unabhängig sein muß
- Herrmann Hakens Theorie der allgemeinen Synergetik im Sinne eines natürlichen Zusammenwirkens von Kräften
- Humberto Maturana und Francisco Varelas Arbeiten zur Autopoiese biologischer Systeme
- Die Fraktaltheorie von Benoit Mandelbrot, die das Zusammen- und Wechselspiel von Ordnung und Chaos mathematisch und in Form von Computergraphiken behandelt
- Die Theorie von Gerd Binnig über die Evolution als kreativen Prozeß, wobei er explizit von einer außermenschlichen Kreativität der Natur ausgeht
- Hollings Arbeiten zur Stabilität von Ökosystemen jenseits des Gleichgewichts, die auf dem Konzept der Koevolution basieren

Dies kann nur ein Ausschnitt dessen sein, was die Naturwissenschaft an neueren Erkenntnissen zu bieten hat. Daneben gibt es noch eine ganze Reihe interessanter Denkansätze, wie zum Beispiel die Idee von Rupert Sheldrake, der die Existenz morphogenetischer Felder beschreibt, von David Peat, der in seinem Buch «Der Stein der Weisen» aus den Erkenntnissen der modernen Physik eine neue Weltordnung, ein «sanftes Handeln für eine harmonische Welt» abzuleiten versucht, und vieler, deren Erkenntnisse uns nicht zugänglich sind.

Aber nach dem vom Schweizer Psychoanalytiker und Freud-Schüler Carl Gustav Jung entwickelten Konzept der Synchronizität, also «akausalen Verknüpfungen», können wir davon ausgehen, daß an vielen Punkten der Welt gleichzeitig und unabhängig voneinander nach Antworten für die uns allen bekannten drängenden Fragen unserer Welt gesucht wird.

Um es noch einmal zu betonen: Selbstorganisation mit Hilfe von kybernetischen Regelkreisen gibt es auch in mechanistischen Systemen. Der Unterschied liegt auf einer anderen Ebene: Mechanistische Systeme haben im allgemeinen einen starren, von außen vorgegebenen Code. Lebende Systeme haben hingegen einen sich selbst organisierenden Code, der sich selbst zu entwickeln, zu verändern und anzureichern vermag.

3.2 Und was sind die Konsequenzen für die Führungslehre?

Die modernen Naturwissenschaftler sind dabei, ein neues Weltbild zu entwickeln. Der Punkt, an dem sich das alte Weltbild aus den Angeln hebt, ist aber nicht allein die Erkenntnis von der Selbstorganisation und von der Wirksamkeit vernetzten Denkens, sondern die Annahme, daß wir Teil des Systems sind. Wir müssen die Vorstellung eines souveränen, gestaltenden menschlichen Subjekts aufgeben. Wir sind Teil des ganzen Universums und mit ihm organisch verbunden.

**Wir sind Teil des Universums
und mit ihm organisch verbunden.**

Die Versuchung ist groß, diese naturwissenschaftlichen Erkenntnisse unmittelbar auf soziale Systeme zu übertragen, um eine «Quantentheorie der Führungskonzeption» zu entwickeln. Doch dies ist nicht nur unzulässig, es geht auch per se nicht: das Universum ist zu komplex, als daß es sich mit einer umfassenden Theorie oder mit einem noch so komplexen System der wissenschaftlichen Forschung vollständig abbilden ließe.

Es geht uns auch nicht um die direkte Übertragung. Aber es zeigen sich dem unvoreingenommenen Beobachter doch Grundmuster, die Natur- und sozialwissenschaftlichen Betrachtungen gemeinsam sind und vielleicht so etwas wie Elemente eines übergeordneten, erweiterten Wirklichkeitsmodells bilden, das an die Stelle des positivistischen Paradigmas treten kann. Auch wenn beispielsweise die von Humberto Maturana und Francisco Varela entwickelte biologische Theorie der Selbstorganisation nicht direkt auf soziale Systeme übertragen werden kann, so können wir doch in Form einer analogen Betrachtung auch für die Entwicklung von Unternehmen erheblich davon profitieren.

**Vom Entweder-Oder
zu einem
Sowohl-Als-auch.**

Das Universum bietet Lebensraum und Bezugssystem für uns alle. Jeder von uns ist lebendiges Glied eines grenzenlosen, schöpferischen Prozesses. Als Kinder des Kosmos haben wir die Möglichkeiten einer ungeheuren Freiheit, aber auch die Last einer enormen Verantwortung für uns, für andere und für unsere Welt. Aus diesem Verständnis ergibt sich fast zwingend die Forderung nach einer neuen Moral, nach einem radikal anderen Grundmuster gesellschaftlichen und natürlich auch unternehmerischen Handelns. Mehr denn je sind es Unternehmer, die den gesellschaftlichen Kontext unserer Welt verändern.

Wenn wir uns selbst wieder eingebunden fühlen, werden wir vielleicht weniger danach streben, die Natur und unsere Umwelt, deren integraler Bestandteil wir sind, unseren Zwecken unterzuordnen und sie auszubeuten. Wir brauchen also eine radikale Veränderung unserer Einstellungen und andere Reaktionsmuster, wie wir sie später noch zeigen werden.

Für viele Aussagen soll an dieser Stelle der Quantenphysiker Werner Heisenberg zitiert werden: *«Früher konnte das Vorbild der Naturwissenschaften zu philosophischen Systemen führen, in denen eine bestimmte Wahrheit — etwa das berühmte ‹cogito, ergo sum› des Cartesius — den Ausgangspunkt bildete, von dem aus alle weltanschaulichen Fragen angegriffen werden sollten.*

Die Natur hat uns jetzt aber in der modernen Physik aufs deutlichste daran erinnert, daß wir nie hoffen dürfen, von einer solch festen Operationsbasis aus das ganze Land des Erkennbaren zu erschließen. Vielleicht werden wir zu jeder wesentlich neuen Erkenntnis immer wieder von neuem in die Situation des Columbus kommen müssen, der den Mut besaß, alles bis dahin bekannte Land zu verlassen in der fast wahnsinnigen Hoffnung, jenseits der Meere doch wieder Land zu finden.»

(aus «Wandlungen in den Grundlagen der Naturwissenschaft», Stuttgart: Hirzel, 1980)

3.3 Das Unternehmen als Organismus und Energiesystem

Viele Zeichen deuten daraufhin, daß auch die Management- und Führungslehre vor einem Quantensprung steht, dessen Ausmaß erst in seinen Umrissen erkennbar ist. Das bisherige Paradigma (also das herrschende Grundverständnis) ist immer noch (zumindest in seinem Kern)

- mechanistisch: Unternehmen funktionieren wie Maschinen, man kann sie durch Planung steuern, sie sind durch Kontrolle beherrschbar;
- tayloristisch: Getreu den Erkenntnissen des Ingenieurs Frederick Winslow Taylor ist nach wie vor die Arbeitsteilung (und damit verbunden die isolierte Funktionsbetrachtung), die Trennung von Kopf- und Handarbeit (betriebliches Vorschlagswesen!) und die Steuerung von Unternehmen durch hierarchische Strukturen das Vorbild; die durch diese Struktur und Denkweise entstandene Hierarchieproblematik wird im System durch ein Mehr an Kontrolle behoben.

In Zeiten stabiler Umfeldsituationen mit geringen Turbulenzen mag ein solcher Ansatz funktionieren; heute zeigt uns die Realität, daß wir mit diesem Grundverständnis in den Märkten von heute und morgen nicht überleben können. Es ist nicht geeignet, die Turbulenz und auch die Komplexität zu meistern, mit denen heute fast alle Unternehmen konfrontiert sind.

Was sind denn nun die Kerngedanken, die Grundhypothesen eines neuen Leitbildes auch für die Führungslehre?

Der eine Teil der Gemeinsamkeit eines neuen Leitbildes mit den Entwicklungen der modernen Naturwissenschaften ist das Verständnis, daß es absolute Lösungen in dieser Welt nicht geben kann. Die Absolutheit und Determiniertheit, wie sie noch zu den Zeiten von Sir Isaac Newton herrschte, die die Zeit danach so stark geprägt hat und die sehr von der Denkweise des Entweder-Oder geformt war (in der Physik stritt man sich jahrzehntelang über die Frage, ob Licht Welle oder Teilchen sei, bis man erkannte, daß dies von der Betrachtung des Beobachters abhing und demzufolge Licht sowohl Welle als auch Teilchen ist), kann nicht mehr aufrechterhalten werden.

So dringt heute die Erkenntnis durch, daß wir in vielen Bereichen die Denkweise des Entweder-Oder durch ein Sowohl-Als-auch ersetzen müssen. Allein diese Veränderung der Wahrnehmung bringt uns ganz neue Erkenntnispotentiale. So erkennen zurzeit viele Führungskräfte, daß in ihren Unternehmen eine gesunde Mischung aus Planung und Ordnung zusammen mit einer entsprechenden Chaos-Kultur (Chaos = Schöpfung aus dem Durcheinander) die besten Ergebnisse bringt.

Ein weiteres Merkmal dieses Paradigmenwechsels besteht darin, daß die Welt nicht als Maschine, sondern als lebendes System wahrgenommen wird. Dieser Wandel betrifft auch unsere Betrachtungsweise in bezug auf die Natur, den menschlichen Organismus, die Gesellschaft und damit auch das Unternehmen. Dieses Denken stellt das Unternehmen in einen Systemzusammenhang, verbunden mit der Erkenntnis, daß unsere ganze Welt ein Organismus ist, bei dem die einzelnen Systembestandteile bewußt oder unbewußt miteinander vernetzt sind.

**Es sind nicht die Umstände,
sondern die Einstellungen,
die uns zu schaffen machen.**

Die Welt, in der wir leben, besteht aus Energie. Diese Energie tritt in verschiedensten Formen auf: Pflanzen, Tiere, Menschen, Steine, Gedanken, Musik, Unternehmen. Der Unterschied ist nur die Verschiedenheit der Struktur und der Schwingung. Diese Gedanken findet man beim französischen Philosophen Teilhard de Chardin, bei Michael Challis, bei der Mystik des Mittelalters (Meister Eckardt) ebenso wie bei Albert Einstein bis hin zu Herrmann Haken (Synergetik).

Die Energie (als Urelement) bildet den Organismus der Welt. Eigentlich ist sie die Grundlage, die alles miteinander verbindet. An dieser Stelle kann man sehr gut die eher nüchternen Erkenntnisse der Naturwissenschaften mit den intuitiven Wahrnehmungen aus dem Bereich der Esoterik verbinden. Dazu einige Auszüge aus zum Teil uralten Erkenntnissen der Esoterik:

- Hermes Trismegistos (der Begründer der hermetischen Philosophie, in deren Kern die Tabula Smaragdina steht): «Aus dem Einen sind alle Dinge entstanden, alle Wesen geboren. Das Eine ist der Vater aller Wunder der Welt. Wie oben – so unten, wie innen – so außen.»
- Laotse: Alles besteht aus der Kraft (Energie).
- Indische Weisheit: «Die Einheit schläft im Stein, atmet in der Pflanze, träumt im Tier und erwacht im Menschen.»

Im Grunde besagen alle Aussagen im Kern das gleiche: Wir sind untereinander und mit allen anderen Erscheinungsformen untrennbar verbunden. Diese Energieformen wandeln sich permanent, wobei der gesamte Prozeß der Wandlung gerichtet ist, zumindest eine gerichtete Tendenz hat. Auch wenn Formen zerfallen, bauen sie wieder die Grundlage für neue Strukturen und Entwicklungsformen.

«Wenn ein Same oder ein Tier oder ein Mensch herangereift ist, muß er seinem nächsten Entwicklungsstadium entgegengehen – oder verrotten» (Stewart Edward White).

Die Energie bleibt dabei erhalten – nur Form und Struktur ändern sich. In diesem Sinne sind alle strukturierten Energieformen Entwicklungsstufen zu anderen Formen. In diesem Sinne ist das einzig Beständige der Wandel.

Wer dies auch auf der persönlichen Ebene für sich annimmt, akzeptiert, daß es Sinn und Zweck des Menschen ist, sich permanent weiterzuentwickeln, im Sinne gerichteter Energie aus der wir bestehen. Dieses Denken ist für uns der Kern der sinnergetischen Philosophie.

Alles, was im Sinne dieser Entwicklung läuft, ist positiv, aufbauend, konstruktiv oder einfach lebensrichtig. Was gegen die Energie läuft, ist negativ, zerstörend, destruktiv schlecht oder einfach falsch. Alle Verhaltensweisen, Gedanken und Handlungen lassen sich unter diesem sinnergetischen Ansatz prüfen: fördern sie lebenswichtige Energie – oder nicht. Die Ethik der Natur sagt: Erfolgreich ist, was sich bewährt. Dies ist das sinnergetische Maß für die Richtigkeit unserer Entscheidungen. Wie Bertrand Russell sagt: «In einer tiefen instinktiven Vereinigung mit der Strömung des Lebens liegt die größte aller Freuden.»

Übertragen kann man diesen Denkansatz auf viele Lebensbereiche, von der Partnerschaft bis hin zur Kunst der Unternehmensführung. Ein Unternehmen kann in diesem Grundverständnis nur dann seine Potentiale ausschöpfen bzw. seine Bestimmung erfüllen, wenn es seine Energiefelder positiv miteinander verknüpft. Wenn Sie bereit sind, Ihr Unternehmen als gerichtetes Energiesystem wahrzunehmen, in dem die einzelnen Teile (nach innen zu den Mitarbeitern und Abteilungen wie nach außen, zum Markt und den Kunden) in einem gerichteten (Wertschöpfungs)prozeß miteinander verbunden sind, dann bekommt das gerade so in Mode gekommene Denken in Wertschöpfungsketten und die Prozeßorientierung im Rahmen der Organisationsentwicklung eine ganz andere Dimension und Kraft.

Zum einen entspricht dieser Denkansatz viel mehr den Erkenntnissen der Evolutionslehre, zum anderen geht er weit über heute so gefeierte Ansätze des Business Transformation und Change Management hinaus, denn diese bleiben in der Regel nur auf der mechanistischen Ebene, operieren also am Symptom, nicht an der Ursache.

Soziale Systeme brauchen gemeinsame Ziele, Visionen. Da dies – anders als in der Natur – nicht per se gegeben ist, muß es durch Bewußtsein geschaffen werden. Nur gemeinsames Bewußtsein, Visionen und Sinn können das Auseinanderfallen der Energie (im Sinne dissipativer Strukturen) in sozialen Systemen verhindern. In letzter Konsequenz sind die Visionen und das gemeinsame Bewußtsein die Grundlage für die eigentlichen, verteidigungsfähigen Wettbewerbsvorteile von Unternehmen. Sinn (oder Visionen) bündelt die im Unternehmen vorhandene Energie und setzt die gerichtete Bewegung in Materie um. So könnte man dann auch die Wirkung des Leitbildes eines sinnergetischen Unternehmens verstehen:

1. sich selbst (das Unternehmen) als Bestandteil eines übergeordneten Energiesystems verstehen («das Ganze ist mehr als die Summe seiner Teile»)
2. prozeßorientiert (statt linear) permanente Entwicklung (nach innen und nach außen im Sinne einer lernenden Organisation oder vielleicht besser im Sinne eines lernenden Organismus) aufbauen
3. an gemeinsamen Visionen zu arbeiten (die im Kern einen egoistischen Altruismus beinhalten)
4. durch die partnerschaftliche Ausrichtung und Konzentration der gemeinsamen Energie sich selbst und den Marktpartnern den größten Nutzen schaffen – eine «Win-Win-Situation» für alle Beteiligten.

Unternehmen mit dieser Philosophie verstehen sich als integraler Bestandteil eines größeren Ganzen, mit dem sie in sinnergetischen Beziehungen stehen, leben Werte wie qualitatives Wachstum («immer besser statt immer größer») und permanente Verbesserung und bieten sich und anderen verbesserte Bedingungen für eine lebenswerte Zukunft.

Sinnergie – oder «nomen est omen»

In den vergangenen Jahren sind Führungskräfte überall auf der Welt mit einer inflationären Entwicklung neuer Management-Modelle konfrontiert worden.

Mit unserem sinnergetischen Ansatz wollen wir den bestehenden Modellen nicht noch ein weiteres hinzufügen, sondern viel eher der bestehenden Modellvielfalt einen Orientierungsrahmen geben, der mehr zur Klarheit beiträgt und der für Führungskräfte wie ein Wegweiser wirken soll. Bevor wir diesen Rahmen in Teil 2 zeigen, soll nochmals im Detail geklärt werden, was wir überhaupt unter Sinnergie verstehen.

Grundsätzlich leiten wir das Wort Sinnergie von dem Basisbegriff Synergie ab. Nach allgemein herrschendem Verständnis versteht man unter Synergie das Zusammenwirken von Kräften, ein Prinzip, wie es überall in der Natur anzutreffen ist. Als erstes von Aristoteles in die Wissenschaft eingeführt, wurde es von Christian von Ehrenfels auf den Punkt gebracht:

«Synergie = Das Ganze ist mehr als die Summe seiner Teile»

Sieht man zum Beispiel das System «Mensch» an, so stellt ein Mensch in seiner Gesamtheit eine ganz andere Dimension dar als nur die Summe seiner Körperteile. Auf die Wissenschaftsdiskussion, was denn nun dieses «Mehr» im Sinne von Emergenz wirklich bedeutet, wollen wir an dieser Stelle nicht eingehen.

In der Natur finden wir eine Vielzahl solcher Synergien oder auch Symbiosen, bei denen unterschiedliche Systeme zusammenwirken und in der Summe eine für alle beteiligten Parteien positive Wirkung zeigen. Das natürliche Zusammenwirken von unterschiedlichen, sich ergänzenden Systemen ist deshalb eine sinnvolle und lebensrichtige Form des «Miteinander».

Was in der Natur unbewußt, intuitiv und durch die Evolution in Jahrmillionen entwickelt abläuft, wird im zwischenmenschlichen Bereich durch das Bewußtsein gesteuert. Für uns Menschen handelt es sich im Rahmen der Sinnergie also um ein bewußt gesteuertes Zusammenwirken von Kräften. Unser Verhalten wird in hohem Maße von unseren Einstellungen geprägt. Und unsere Einstellungen sind das Ergebnis unseres Bewußtseins, unseres bewußten Seins.

Die Natur lehrt uns das Gesetz vom Zusammenwirken der Kräfte als der überlegenen Lebensform. Nicht die Dominanz des Eigennutzes, sondern die Ausgewogenheit und das optimale Zusammenspiel von Kräften bringen das insgesamt beste Ergebnis. Wir ergänzen diese natürlich richtige Form der Koexistenz durch das bewußte Denken und Handeln, durch den Sinn bzw. die Sinnergie.

Übertragen auf die Welt von Unternehmen bedeutet dies, die isolierte Betrachtungsweise der klassischen Volks- und Betriebswirtschaftslehre zugunsten einer ganzheitlichen, prozeßorientierten Betrachtung aufzugeben. Sinnergetisches Führen von Unternehmen bedeutet in diesem Verständnis, auf lineares, rein materiell ausgerichtetes Denken zugunsten einer prozeßorientierten, ganzheitlichen Betrachtung zu verzichten.

Häufig wird unser eigennütziges Denken für viele Probleme in der Welt verantwortlich gemacht, aber Eigennutz an sich ist nicht falsch. Es ist vielmehr völlig natürlich und demzufolge auch lebensrichtig, für das eigene Wohlergehen und Überleben zu sorgen. Im innersten Kern sind all unsere Anstrengungen ja nur der Versuch, Schmerz und Leiden zu vermeiden und nach mehr innerer Zufriedenheit zu streben. Alles, was wir tun, entstammt im tieferen Kern dem Versuch, uns besser zu fühlen. Im Grunde wollen wir einfach glücklicher sein, und dies ist – bewußt oder unbewußt – das entscheidende Kriterium für alle unsere Entscheidungen. Der Versuch, diesen Antrieb zu unterdrücken, ginge am Sinn unseres Lebens vorbei. Der Fehler liegt nicht darin, nach einem angenehmen inneren Glückszustand oder einfach Zufriedenheit zu streben, sondern in der Weise, wie wir diesen zu erreichen suchen. Es ist der materielle «Virus», der uns infiziert hat. Dies ist der Wurm, der sich in unser Denken eingenistet hat und der für einen Großteil der durch uns verursachten Fehlentwicklungen ursächlich ist.

Daß in der Summe dadurch auch jedes einzelne Unternehmen seinen Nutzen optimiert, werden wir Ihnen im Laufe dieses Buches noch zeigen. In diesem Verständnis ist ein Unternehmen Bestandteil einer Wertschöpfungskette und muß sich immer wieder aufs neue hinterfragen, wie es seine Wertschöpfung innerhalb des gesamten Systems des Marktes optimieren kann. Mit diesem Selbstverständnis konzentriert ein sinnergetisches Unternehmen alle seine Kräfte auf die wertschöpfenden Prozesse getreu dem Motto:

«Nutzen bieten – Nutzen ernten».

Die Philosophie der Sinnergie: ein neues Leitbild für das Management
Grundsätzlich sind wir davon überzeugt, daß ein Unternehmen seine

Werte definieren muß, um herausragende Leistungen erreichen zu
können. Ohne klares, gelebtes Wertesystem im Unternehmen, ohne
eine unternehmensspezifische Firmenphilosophie sind Spitzenleistungen nicht realisierbar. Hier wollen wir jedem Unternehmen Ansatzpunkte für die Formulierung und gegebenenfalls die Erweiterung des
unternehmerischen Wertesystems bieten.

Handeln nach dem Vorbild der Evolution.

Sinnergie bedeutet eine Konzeption der Unternehmensführung, bei
der alle betrieblichen Aktivitäten konsequent auf die kundenorientierte Optimierung der Wertschöpfungskette ausgerichtet sind. Der Focus
liegt dabei auf der Optimierung der wertschöpfenden Prozesse, nicht
auf der Verbesserung von Strukturen.
Sinnergetische Unternehmen entwickeln sich permanent nach innen
(Prinzip des internen Kunden) wie nach außen qualitativ weiter, getreu dem der Evolution zugrundeliegenden Verständnis des «Survival
of the fittest». Damit soll ausgedrückt werden, daß Unternehmen nur
dann überleben können, wenn sie eine entsprechend hohe Anpassungsfähigkeit haben.

Die strategische Ausrichtung
Vor allem in den 70er und 80er Jahren haben wir «gelernt», daß
strategisches Management mit exakter Planung und Steuerung das
Nonplusultra der Unternehmensführung ist. Heute zeigt die Praxis,
daß gerade in turbulenten Zeiten Unternehmensentwicklung zwar
gestaltet, aber mit Sicherheit nicht gesteuert werden kann. Zu unsicher
sind die Märkte, zu unberechenbar sind die Reaktionen der am Wertschöpfungsprozeß beteiligten Unternehmen. Seit der Aufgabe des Mythos von der Planbarkeit unternehmerischer Prozesse brauchen wir
wesentlich flexiblere Methoden und Instrumente, die an die Stelle der
alten mechanistischen Konzepte treten müssen. Wir benötigen Instru-

mente, die Unternehmen sowohl eine langfristige Ausrichtung als auch ein Höchstmaß an flexibler Anpassung geben.

Gestalten ohne zu steuern.

Die Organisationsentwicklung

Organisationsentwicklung in sich immer schneller verändernden Märkten bedeutet immer mehr das Managen von Wandlungsprozessen: Es bedeutet eine Entwicklung des Unternehmens hin zur lernenden Organisation, die in hohem Maße mit komplexen Situationen umzugehen gelernt hat. Sinnergetische Organisationsentwicklung ist in diesem Sinne nichts anderes als ein Fitnessprogramm für Unternehmen auf dem Weg, mit chaotischen Umfeldbedingungen umzugehen. Daß dies eine der wesentlichen Führungsaufgaben der Zukunft sein wird, zeigt – zumindest als Indikator – die zunehmende Zahl an Publikationen zu diesem Thema vor allem im anglo-amerikanischen Sprachraum. Nach unserer Ansicht geht es dabei vor allem um «kundenorientierte Prozeßoptimierung». Der Wandel vom hierarchisch organisierten, auf Planung und Top-Down-Steuerung ausgerichteten Unternehmen hin zum kundenorientierten, auf Prozesse statt auf Strukturen ausgerichteten Unternehmen wird der Schlüssel für die Überlebensfähigkeit von Unternehmen. Nur Unternehmen, die diese Entwicklung nachvollziehen bzw. hier sogar eine Vorreiterrolle in ihrem Markt übernehmen, werden in den Märkten von morgen bestehen können.

Die Mitarbeiterentwicklung

In Unternehmen, die die oben skizzierte Herausforderung annehmen, wird das Thema Mitarbeiterentwicklung einen ganz besonderen Stellenwert bekommen. In der Führung wird sich der Trend weg vom klassischen Management hin zum Leadership weiter verstärken. Führungskräfte werden in wesentlich stärkerem Maße zum Coach und Begleiter sinnergetisch aufgebauter Teams werden. Es wird sich zeigen, daß die Organisation von Unternehmen auf der Grundlage team-orientierter Strukturen in vielen Fällen die überlegenere Lösung gegenüber tradierten Modellen ist. Führungskräfte werden deshalb viel eher Moderations- und Begleitungsfunktionen haben als klassische Managementaufgaben.

Integration ist mehr als Motivation.

Die mangelnde Fähigkeit, die spezifische Situation der Mitarbeiter und die herrschende Kultur im Unternehmen richtig einzuschätzen, ist ja heute schon der Grund, warum so viele der mit viel Euphorie gestarteten Unternehmensentwicklungs-Projekte scheitern (sei es mit oder ohne Beratungsunterstützung). Immerhin schätzen ja selbst Insider der Beratungsbranche die Zahl der gescheiteren Business-Transformation-Projekte auf ca. 70%!

Gleichzeitig ergeben sich durch die skizzierten Veränderungen in den Organisationen auch erhebliche Anpassungs- und Veränderungsnotwendigkeiten für die Mitarbeiter. Team- und Kommunikationsfähigkeiten gilt es hier zu entwickeln, verbunden mit erheblichen Veränderungen im zwischenmenschlichen Bereich. In flach strukturierten, auf kundenorientierten Prozessen aufgebauten Unternehmensstrukturen hat der fachlich gut ausgebildete Einzelkämpfer einen schweren Stand. Bekanntlich kann man ja die Welt nur verändern, wenn man bei sich selbst beginnt. Eine evolutionäre oder teilweise sogar revolutionäre Entwicklung in Unternehmen ist demzufolge nur denkbar, wenn wir eine entsprechend hohe Veränderungsbereitschaft oder auch Veränderungsfähigkeit auf der Ebene des einzelnen erreichen.

**«Wer aufhört, besser zu werden
hat aufgehört, gut zu sein.»
Philipp Rosenthal**

Teil 2:
Sinnergie – zehn Leitlinien für das Management

Der Wertewandel ist auch im Management spürbar
Die verschiedenen Erscheinungsformen unserer Krise zwingen uns *nicht,* uns mit deren Ursachen auseinanderzusetzen. Es steht uns frei, jeden Unfall, jede ökonomische, ökologische oder soziale Katastrophe als Einzelfall abzutun und wieder zur Tagesordnung überzugehen. Sei es Massenarbeitslosigkeit, Tschernobyl, Bhopal, diverse Tankerunglükke oder das Austrocknen des Aralsees – nichts zwingt uns, hier Gemeinsamkeiten oder sogar einen Systemzusammenhang zu sehen.
Vielleicht brauchen wir sogar noch eine ganze Reihe viel größerer Katastrophen, um endlich aus unserem Dornröschenschlaf aufzuwachen. Es gibt immer mehr ernstzunehmende Stimmen, die uns eindringlich warnen. Nie zuvor in der Geschichte der Menschheit waren die Gefahren so akut, niemals stand das Wohlergehen des gesamten Systems Erde so auf dem Spiel wie jetzt.
Wir haben in Teil 1 gezeigt, daß die vielfältigen Probleme Symptome einer tieferliegenden Krise sind, einer Krise unseres Denkens, unserer Wahrnehmung und unseres Wertesystems.
Diese Krisen sind Chancen, wenn wir sie als Herausforderung verstehen. Sie fordern uns auf, zu verstehen, warum manche Dinge aus dem Lot geraten sind. So gesehen können Krisen im Rahmen einer Entwicklung eine wichtige Rolle spielen. Wenn ihre Zeichen allerdings falsch verstanden oder gar übersehen werden, dann können sie auch den Anfang vom Ende bedeuten.

**«Es sind nicht die Umstände,
sondern die Einstellungen,
die uns zu schaffen machen.»
Epiktet**

Doch es mehren sich die Anzeichen, daß es zu einem veränderten Wahrnehmen kommt. Waren es früher überwiegend esoterische Schriften, die sich mit dieser Thematik beschäftigten und die mit dem «New Age» der Sache möglicherweise mehr Schaden als Nutzen zugefügt haben, so sind es jetzt immer mehr seriöse Wissenschaftler, die auf diesen Zug aufspringen und ihm dadurch mehr Fahrt verleihen.

Angeblich beschäftigen sich mehr als die Hälfte der Menschen in den westlichen Ländern mit Fragen der Bewußtseinsentwicklung. Wie glaubwürdig und nachvollziehbar auch immer diese Zahlen sein mögen, dieser Wertewandel ist auch im Management zu spüren. Allgemein ist das Auftauchen einer neuen Art von Management zu spüren, das von veränderten Grundannahmen über das Wesen der Menschen ausgeht. Der wesentliche Punkt hierbei ist die Erkenntnis, daß Menschen von sich aus, also von innen heraus den Wunsch nach Leistung haben, den Wunsch für einen konstruktiven Beitrag artikulieren.

Das Management bewegt sich in Richtung auf einen neuen Bewußtseinszustand – eine neue Vorstellung von seiner eigenen Rolle und der des Unternehmens als Ganzes. Indem aber das Management einen grundlegenden Wertewandel erlebt, durchläuft das Unternehmen als Ganzes eine radikale Umorientierung in Richtung einer umfassenden Weltsicht. Mit anderen Worten: Der Paradigmenwechsel hat auch im Management bereits begonnen – jetzt gilt es, ihn in Schwung zu bringen.

Es ist noch nicht entschieden, ob die Spezies Mensch der globalen Herausforderung gerecht wird, die sich ihr stellt. Je mehr wir uns allerdings bewußt werden, daß diese Krise vor allem eine Herausforderung für unser eigenes spirituelles Wachstum darstellt, um so größer ist die Chance, daß wir die Herausforderungen bewältigen.

Wir haben die Verantwortung für zukünftige Generationen. Wir leben in einem Wettlauf gegen die Zeit – in einem Wettlauf um die Zukunft. So lautet auch ein neuer Buchtitel von Hamel und Prahalad «Competing for the future». Dieser Titel ist Sinnbild für die Aufgaben, die sich uns stellen, auch wenn die Autoren dieses wirklich interessanten Buches mit keiner Silbe auf die wirkliche Herausforderung eingehen und auf der rein materiellen Ebene des Unternehmenserfolges operieren.

Aber so ein Ansatz greift viel zu kurz: natürlich brauchen wir erfolgreiche Unternehmen, aber nicht für die Befriedigung rein materieller Bedürfnisse, sondern als Basis für die Lösung der sich uns stellenden Aufgaben. In diesem Sinne soll das nun folgende Leitbild, das wir in Thesenform gehalten und in einer wirklich nahezu jedermann zugänglichen Sprache geschrieben haben, das Symbol einer neuen Beziehung zu unserer Umwelt und für ein verändertes Verständnis für das Führen von Unternehmen sein. Daß wir für viele unserer Überlegungen Beispiele aus der Natur genutzt haben, die nicht als Beweis, aber doch als Unterstützung für unsere Überlegungen dienen sollen, wird niemanden überraschen.

Wir sind uns dabei voll bewußt, daß sowohl die Formulierung eines Leitbildes als auch schon allein die Auswahl der Leitsätze eine gewisse Willkür beinhalten. So geht es uns auch nicht darum, die «Supertheorie» aufzustellen, die es unserer Meinung nach sowieso nicht gibt, sondern wir wollen durch das Aufzeigen von Zusammenhängen aus der Natur und das Übertragen von Erkenntnissen aus den neueren Naturwissenschaften auf das Führen von Unternehmen die Wahrnehmung, das Bewußtsein – und als Folge daraus – das Handeln in Unternehmen verändern. Wenn uns dies gelingt, dann haben wir unser Ziel erreicht.

1. Koevolution:
Die Kunst des gemeinsamen Wandels

«Wir gleichen einem Schiff, das auf hoher See permanent im Sturm umgebaut werden muß und keiner wirklich weiß, wohin die Reise geht.»
Hans Blumenberg

1.1 Strategie oder: «Survival of the fittest»

Mehr denn je stellt sich der heutige Wettbewerb in vielen Märkten als reiner Überlebenskampf dar. Für viele Unternehmen ist die Überlebensfähigkeit zur entscheidenden Frage geworden. Und doch: im Grunde ist der Wettbewerb um das Überleben so alt wie das Leben selbst.
Die gesamte Natur ist geprägt von diesem Kampf um ausreichende Nahrung. Wenn in der Natur ausreichende Nahrung vorhanden ist, dann entwickelt sich die nachfolgende Generation rein zahlenmäßig nach oben. Bei unbegrenztem Nahrungsangebot würde das Wachstum prinzipiell ins Unendliche gehen.
Doch in der Natur wie auf den Märkten gilt das Gesetz von der Endlichkeit und Begrenztheit des Wachstums. In beiden Bereichen hat sich durch den Wettbewerb ein äußerst vielschichtiges Gefüge entwikkelt. In der Natur gibt es weit mehr als eine Million Arten, neben den Millionen, die wir wahrscheinlich noch nicht entdeckt haben. In je-

dem Moment sterben zahlreiche Arten aus und Tausende neuer Arten entstehen. Und dieser Überfluß erklärt sich vor allem durch die Vielfalt und gleichzeitig Einzigartigkeit jeder einzelnen Art.

Der Gedanke, die Gesetze der Evolution, wie sie uns heute bekannt sind, auf Unternehmen und ihre Märkte anzuwenden, ist nicht neu. Bei Wolfgang Mewes findet sich in der von ihm entwickelten *«Energo-Kybernetischen Strategie»* (EKS) bereits der Ansatz, die Gesetze der Kybernetik (also der Lehre von den Regelkreisen) auf soziale Systeme zu übertragen.

Auch Bruce D. Henderson, der Begründer der auf Strategieentwicklung spezialisierten «Boston Consulting Group», hat in zahlreichen Vorträgen und Artikeln diesen Ansatz unter dem Motto «Geht es um Strategie – schlag nach bei Darwin» populär gemacht.

Was also sind die Erkenntnisse, die Führungskräfte aus der Analogie zur Evolution ziehen können? Eine der Kernaussagen der Darwinschen Evolutionslehre lautet: *«Survival of the fittest»*.

Kaum ein Aufsatz wurde so häufig und so gravierend mißverstanden wie Darwins Abhandlung über die Grundmuster der Evolution. Die These «Survival of the *fittest*» bedeutet nämlich nicht «das Überleben des Stärksten», sondern «...des Angepaßtesten».

Der Blick in die Natur bestätigt diese Aussage: Die Natur hat zwar eine ungeheure Vielfalt von Lebewesen hervorgebracht, die sich immer differenzierter in ökologischen Nischen einzurichten wußten. Überlebt hat aber nicht der Stärkste, sondern der, der sich an seine Lebensumstände am besten anpassen konnte.

Der Schmetterling hat den Dinosaurier überlebt.

Es gibt keine vorgegebenen Größen, kein Endziel für die Entwicklung und den Wandel der Natur, an denen wir uns orientieren können. *Letztlich erkennen wir erst im nachhinein, wie gut wir uns angepaßt haben. Es heißt nicht: Wer sich anpaßt überlebt, sondern: Wer überlebt, war angepaßt.*

Die Vorstellung von einer einseitigen Anpassung an eine gegebene Umwelt stammt noch aus dem Zeitalter der mechanistischen Sichtweise, in der das Bild einer entzifferbaren objektiven Umwelt vorherrschte. Dieses Bild führte zu einem Umweltfatalismus im Management, bei dem der Markt objektiv vorhanden war und man die Wahl zwischen bedingungsloser Anpassung oder dem Ausscheiden aus dem Markt hatte.

Von der Anpassung zur Koevolution

Die Gesetze der Evolution, wie sie uns heute bekannt sind, basieren auf der Abfolge *Mutation, Selektion und Retention.* Organismen mutieren oder rekombinieren aus sich selbst heraus (selbstreferentiell) spontan oder bewußt neue Lebensformen ihrer Art. Die vielfältigen Ausprägungen müssen sich dann im Austausch mit den relevanten Umfeldern «*erfolgreich bewähren*». Gelingt ihnen der *notwendige und tragfähige Anpassungsgrad,* dann werden sie selektiert. So gelingt die *Reproduktion* ihrer Art. Das gilt für die Flossen des Fisches im Wasser wie für Notebooks der Firma Toshiba am Markt.

Toshiba hat im Sinne eines *Expeditionsmarketings* in schneller Abfolge eine Vielzahl von Notebookcomputern auf den Markt gebracht, um diese zum Teil in Eigenrivalität am Markt bewähren zu lassen. Nach dieser ersten Phase konzentrierte sich Toshiba auf die erfolgreichsten Produktlinien und bot seinen Kunden eine «hinreichende» Problemlösung an.

Varela und Thompson, zwei Neurobiologen, beschreiben die Evolution als *natürliches Driften,* bei dem zwischen Umfeld und Organismus gegenseitig Vorschläge gemacht werden, um vom jeweiligen Gegenüber selektiert zu werden.

Richard Lewontin hat dies so formuliert:

«Organismus und Umwelt sind nicht getrennt voneinander determiniert. Die Umwelt wird dem Lebewesen nicht als äußere Struktur aufgezwungen, sondern ist faktisch ihre Schöpfung. Sie ist kein autonomer Prozeß, sondern spiegelt die Biologie der Spezies wider. Wie es keinen Organismus ohne Umwelt gibt, so gibt es auch keine Umwelt ohne Organismus und Quelle.»

Erst im Austausch mit den Kunden werden hinreichend gute Problemlösungen entwickelt. Ob sie optimal sind oder nicht, läßt sich nicht erkennen, aber das, was sich bewährt, wird reproduziert und weiterentwickelt.

«Erfolgreich ist, was sich bewährt.»

Unternehmen und ihre Umfelder sind voneinander abhängig, eine evolutionäre Einheit. Unternehmen prägen den Markt und werden von ihm geprägt.
Wie sich die Blütenfarben und die Sehfähigkeit der Bienen in einer solchen strukturellen Koppelung entwickelt haben, so entwickelte sich der Walkman der Firma Sony und viele andere Produkte.
Bildlich gesprochen ist die Evolution ein Tanz, bei dem zwischen den beteiligten Partnern ständig neue Tänze erfunden werden.

«Handle stets so,
daß weitere Möglichkeiten entstehen.»

Fazit:
Koevolution ist der mittlere Weg zwischen Anpassungszwang und Zufall.
Weder Anpassungszwang noch purer Zufall bestimmen den Erfolg eines Unternehmens oder eines Organismus, sondern das bewußte oder unbewußte Herausbilden von Möglichkeiten, von vielfältigen Produkten, die sich dann im Austausch mit den Kunden bewähren müssen. In diesem Sinn wird Anpassen durch Möglichmachen ersetzt.

Wachstum durch Vielfalt

Bereits 1934 veröffentlichte der Moskauer Universitätsprofessor G. F. Gause, der «Vater der mathematischen Biologie», die Ergebnisse einer Studie, die ihn zum Prinzip der konkurrenzbedingten Ausschließlichkeit führten. Es lautet:
«Keine zwei Spezies können koexistieren, wenn sie sich auf dieselbe Art und

Weise ernähren. Differenzierung ist also das Wachstums- und Überlebensprinzip der Natur. Jedes System muß verschieden genug sein, um einen eigenen spezifischen (Wettbewerbs-)Vorteil zu besitzen. Auch wenn Wettbewerber ähnliche Leistungen anbieten, so braucht es doch Vorteile, die jeder auf sich vereinigen kann, oder er scheidet aus dem Markt aus.»

Auch nach Jack Cohen und Ian Stuart *ist es besser, verschieden zu sein.* Sie gehen davon aus, daß Geschöpfe als Bestandteile eines übergeordneten Systems miteinander wechselwirken und sich in einer Geschichte wachsender Komplexität in «ökologische Nischen» hineinentwickeln. Wir möchten den Gedanken der Vielfalt an einem Beispiel Charles Darwins erläutern, der auf den Galapagosinseln 13 Finkenarten beobachtete, die von einer Finkenart abstammen und sich in den letzten fünf Millionen Jahren entwickelt haben. Das Erstaunliche an den kleinen gefiederten Darwinfinken ist ihre Spezialisierung.

Drei Arten leben auf Bäumen, zwei auf Kakteen, vier am Boden. Daneben existiert noch ein Trillerfink, ein Mangrovenfink, ein Spechtfink und ein vegetarischer Fink. Ohne große Konkurrenz von anderen Vogelarten besetzte jede Art im Laufe der Zeit ihre Nische und bildete die dazu passende Schnabelform aus. *Wie wir sehen, ist das Konzept der Evolution nicht das blutrünstige Kämpfen verschiedener Arten, sondern ein Suchen nach alternativen Nahrungs- und Lebensnischen, um miteinander auszukommen.*

Varietas delectat – Vielfalt erfreut

Sowohl in wirtschaftlich umkämpften Märkten als auch in der Natur ist Wachstum prinzipiell nur in begrenztem Umfang möglich. Gerade hier gilt:

«Je unterschiedlicher die angebotenen Leistungen, um so größer ist die Wachstumschance.»

Viele Märkte sind in einem dramatischen Umstrukturierungsprozeß. Die Kunst der Führung in solchen Märkten, also das *«Leadership in der Metamorphose»,* braucht das Verständnis, daß sich das Unternehmen nur entwickeln kann, wenn es aufgrund seiner Individualität und seiner spezifischen Potentiale attraktive Unterschiede zu seinen Mitbewerbern aufbaut.

Je stärker dabei die Unterschiede, die das Unternehmen dem Markt gegenüber sichtbar machen kann *(= sichtbare Kernkompetenz)*, zur Erhöhung der Wertschöpfung in der gesamten Kette des Marktes beitragen, um so besser wird sich das Unternehmen entwickeln.

Andererseits führen austauschbare Leistungen auf Dauer zu einer Rendite von Null (oder sie fallen sogar in den Minusbereich). Für Unternehmen läßt sich hieraus die plakative Formel ableiten:

Anders als alle anderen!

Erfolgreiches Agieren bedeutet also nicht Kampf um Marktanteile in gleichen Märkten, sondern die Suche nach neuen Möglichkeiten der Differenzierung.

Attraktive Unterschiede zwischen verschiedenen Unternehmen in gesättigten Märkten sind die Grundlage für Erfolg.

Der Mythos Marktanteil

In diesem Zusammenhang ein kurzes Wort zu dem Streben nach einer Verbesserung von Marktanteilen. Dazu unsere Gegenthese:

«Das Streben nach Marktanteilen ist Unfug.»

Die Natur lehrt uns, daß die eigentliche Aufgabe die Suche nach speziellen Vorteilen und der Aufbau einer differenzierten, einzigartigen Position ist, verbunden mit der Fähigkeit zum Wandel. Jede Firma besitzt 100% Marktanteil. Ihr Ziel muß es sein, ihren Markt zu vergrößern. Nur wenn sie ihre Grenzen erweitert – das heißt den Bereich, in dem sie sich mit ihren Wettbewerbern in einer austauschbaren Position befindet –, kann sie Wachstum auslösen.

In diesem Sinne sind Biologen bessere Ratgeber für Unternehmer als Ökonomen. Die klassischen Wettbewerbstheorien sind von höchster mathematischer Brillanz und Ästhetik, aber ihre Annahmen sind so steril und einschränkend, daß sie das Verständnis für natürliche Wettbewerbsbeziehungen eher behindern. Ihre Theorien bauen auf Hypothesen (wie dem vollkommenen Wettbewerb) auf, die in der Realität niemals anzutreffen sein werden. Hingegen erscheint der Ansatz der «Sociobiology» (Edward O. Wilson), also der Versuch einer synthetischen Übertragung der Erkenntnisse anderer Wissenschaftsbereiche auf soziale Systeme, fruchtbarer und auch einleuchtender zu sein.

1.2 Erfolgreiche Unternehmen operieren vor dem Bedarf

«Man kann die Zukunft nicht erkennen, sondern man muß sie möglich machen.» Antoine de Saint-Exupéry
Koevolution und der Aufbau von vielfältigen Unterschieden sind die Basis für erfolgreiches Überleben. Aber da das Unternehmen Teil eines Systems ist, das sich permanent im Wandel befindet, stellt sich die Frage: Wie erkenne oder erfinde ich frühzeitig Nischen und wie verhalte ich mich im Wandel?

«Das einzig Beständige ist der Wandel»
Betrachten wir in diesem Zusammenhang noch einmal das von Heraklit entwickelte dynamische Prinzip. So wie man *«niemals in den gleichen Fluß steigt»*, so ändern sich auch die Rahmenbedingungen in den Märkten – nur eben viel schneller als in der Natur. Alles fließt, alles ist in Bewegung: das heißt doch nichts anderes als die Herausforderung an Unternehmen, in sich immer schneller wandelnden Märkten ein Höchstmaß an Evolutionsfähigkeit zu entwickeln. Wie es Eberhard von Kuehnheim, der heutige Aufsichtsratsvorsitzende der BMW AG, formulierte:
«In den Märkten von morgen gewinnen nicht mehr die Großen gegen die Kleinen, sondern die Schnellen gegen die Langsamen.»
Zur Illustration möchten wir folgende kleine Geschichte aus Ian Stuarts und Jack Cohens Buch «Chaos – Antichaos» erzählen:
«Zwei Dinosaurier, nette kleine Pflanzenfresser, knabberten an den Blättern eines kleinen Busches, als der eine plötzlich vor Schreck erstarrte.

«Eeeegh! Guck mal, was da kommt!»
Der andere schaute sich um, neugierig, worüber sich sein Freund so aufregte.
«Aaaagh! Ein Tyrannosaurus rex! Wir sind dem Tod geweiht!» Als er sich
zurückwandte, sah er den anderen Dinosaurier davoneilen. «Sei nicht blöd»,
rief der zweite Dinosaurier dem fliehenden nach. «Du bist doch nicht schnel-
ler als ein Tyrannosaurus rex!»
Der erste Dinosaurier blickte tückisch grinsend über die Schulter. «Nein!»
schrie er. «Aber schneller als du!»...

Unternehmen überleben den permanenten Wandel ihres Umfelds nur, wenn sie sich parallel selbst weiterentwickeln und so ihre Prozesse und Strukturen den veränderten Bedingungen anpassen.

Die Natur lehrt uns, daß nicht der Stärkste überlebt, sondern der Flexibelste und Anpassungsfähigste. Die Arten, die sich am besten anpassen, treten an die Stelle der übrigen. Die Evolution entscheidet darüber, wer überlebt und wer aus dem Rennen ausscheidet, das gilt im tropischen Regenwald ebenso wie im Wirtschaftsleben. Mit einem entscheidenden Unterschied: in der Natur findet der Ausleseprozeß allmählich und unbewußt statt.

Unternehmer hingegen haben die Möglichkeit, den Wandel nicht nur zu beschleunigen, sondern auch bewußt zu gestalten.

Um den Wandel zu verdeutlichen, ist es hilfreich, drei Veränderungs-zustände der Unternehmensentwicklung zu unterscheiden:

1. **Das Unternehmen verändert sich langsamer als sein Umfeld**

   Unternehmen aus dieser Kategorie werden zunehmend austausch-barer. Da aber nach den Gesetzen der Natur und des Marktes in stagnierenden Märkten austauschbare Leistungen auf Dauer zu einer negativen Entwicklung führen, ist das Ausscheiden aus dem Markt vorprogrammiert.

2. **Das Unternehmen verändert sich genauso schnell wie sein Umfeld**

   Eine zeitgleiche Veränderungsrate zwischen Unternehmen und Umfeld ist eine Grundvoraussetzung, um zu überleben. Dennoch kann ein Unternehmen aus dieser Position heraus nur reagieren, sich also den von anderen, innovativeren Anbietern gesetzten Standards anpassen. Wettbewerbsvorteile können hier nur über bessere Kopien der Originale geschaffen werden.

3. **Das Unternehmen entwickelt sich schneller als sein Markt**
Nach den Erkenntnissen der Systemtheorie verändert das flexibelste Glied in der Kette das ganze System. Langfristige und vor allem verteidigungsfähige Wettbewerbsvorteile erzielt ein Unternehmen nur, wenn es selbst die Schlüsselfaktoren seines Marktes verändert, relevante Veränderungen in die Wertschöpfungskette des Marktes, die für die Kunden echten Nutzen bieten, einbringt und dadurch dem Unternehmen selbst einen wesentlichen Vorteil bietet.

Das Beispiel der Marktführer Intel bei Mikroprozessoren und Microsoft bei Software belegen, daß der Flexibelste und Schnellste, der eine wirkliche Wertschöpfung für seinen Markt schafft, eigene Standards oder systemtheoretisch gesprochen *«Attraktoren»* für die Branche setzt und diese letztendlich bestimmt.

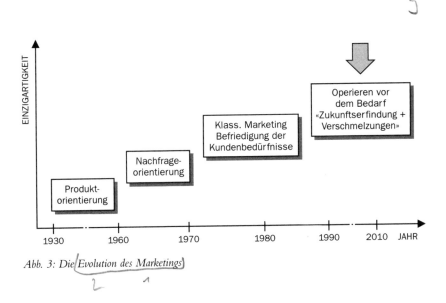

Abb. 3: Die Evolution des Marketings

Fazit:

Koevolution bedeutet, daß sich ein Unternehmen seinem Umfeld anpaßt, aber gleichzeitig auch versucht, es nach eigenen Vorstellungen und Zielsetzungen mitzugestalten.

«Survival of the fittest» heißt somit, vor dem Bedarf zu operieren, Erwartungen und Herausforderungen im Sinne einer selektiven Wahrnehmung «geistig vorwegzunehmen», um dadurch verteidigungsfähige Wettbewerbsvorteile aufzubauen.

1.3 Bausteine zur aktiven Koevolution

Kommen wir noch einmal auf unseren Ansatz «Das Unternehmen als Organismus und Energiesystem» zurück. Der Kern unserer Aussage lautet, daß das Unternehmen lebendiger Bestandteil des gesamten Systems ist, von den Kunden über die Lieferanten und Mitbewerber bis hin zur gesellschaftlich relevanten Umwelt. Wenn wir diese Überlegungen nun auf die Marktbearbeitungskonzepte von Unternehmen projizieren, dann würde dies bedeuten, gemeinsam mit den Marktpartnern die Zukunft, also die Märkte von morgen zu gestalten.

Adidas liefert dazu mit Streetball ein gutes Beispiel: Adidas hat eine neue Welt mit eigenen Produkten und Ritualen aufgebaut. – Adidas gestaltet die Events, sponsert sie und schafft damit zugleich die Grundlage für den Verkauf der Produkte.

Diese Verknüpfung zwischen Unternehmen und den Umgebungssystemen kann zu einem hohen wechselseitigen Nutzen führen. Die Erkenntnis, daß die Umgebung, welche mit Ihrem Unternehmen koevolviert, sich auch mit den anderen Marktteilnehmern entwickelt, sollte nicht abschrecken. Eher im Gegenteil, denn es gilt, daß ein egoistischer Altruismus in einer Zeit sehr sinnvoll und pragmatisch ist, in der die Systeme sich transformieren, und daß wir heute in einer solchen Zeit leben, daran gibt es keinen Zweifel. Entweder entwickelt sich das ganze System, oder jeder in ihm riskiert seine Verknöcherung oder vielleicht sein Absterben. In turbulenten Zeiten ist die erfolgreichste Strategie die *Win-Win-Strategie, der egoistische Altruismus,* bei der alle Beteiligten gewinnen.

«consumer + producer = prosumer»

Unternehmen, die die Zukunft mit ihren Kunden und anderen Partnern gestalten wollen,

- verstehen den Kunden als Koproduzenten (Prosumer)
- entwickeln das Unternehmen als Dialogforum
- schaffen gemeinsame Werte und Erlebnisse.

Der Kunde als Koproduzent

In einer Welt von austauschbaren Produkten und immer kürzer werdenden Produktlebenszyklen werden langfristig nur noch Gewinne erwirtschaftet, wenn es gelingt, die Kunden dauerhaft an sich zu binden. Durch die Beziehung, die ein Unternehmen zu seinen Kunden aufbaut, verliert es die Austauschbarkeit und hebt sich von seinen Mitbewerbern ab.

«Der Verbraucher hat alles und braucht nichts»

Früher produzierte man standardisierte Produkte für die Masse der Kunden. Heute entscheidet bei den austauschbar gewordenen Produkten *die Qualität der Beziehung* eines Unternehmens zu seinen Kunden über den Erfolg der Produkte.

Individuelle Problemlösungen durch virtuelle Produkte

Der intelligente Multi-Media-Einsatz ermöglicht es in Zukunft den Unternehmen, durch Datenbanken und persönliche Kontakte umfassende Informationen über seine Kunden anzulegen. Sie sind die

Grundlage individueller Problemlösungen und neuer Produktentwicklungen. Das Unternehmen kann seinen Kunden so *virtuelle Produkte* anbieten. Es produziert also keine fertigen Produkte, sondern stellt ein bestimmtes Spektrum an Produktvarianten zur Verfügung, aus denen in Zusammenarbeit mit dem Kunden *individuelle Problemlösungen* entwickelt werden.

Dazu zwei Beispiele aus der Praxis:

Zur erfolgreichsten Sparte der Büromöbelindustrie zählen inzwischen die Systemmöbel. Der Kunde entwickelt sein hochintegriertes Büro selbst nach seinen individuellen Bedürfnissen und läßt die einfachen Module entsprechend zusammenstellen. Systemmöbel sind *die Bausteine des virtuellen Produkts «Büroeinrichtung»*, das individuell nach den Wünschen des Endkunden gefertigt wird. Die Werndl Büromöbel AG produziert längst nicht mehr «auf Lager», sondern nur noch nach Auftrag. Aus dem klassischen Büromöbelhersteller ist ein intelligenter Montagebetrieb mit geringer Fertigungstiefe und individuellem Kundenkontakt geworden. Als Kernaufgabe der Zukunft sieht der Vorstandsvorsitzende Klaus Werndl das Beziehungsmarketing unter dem Motto *«Nur den anderen stark machen ist Hilfe»*, den Ausbau des Kundendialogs mit seinen Fachhändlern, das Bereitstellen intelligenter Serviceleistungen wie einen Montageservice und den Aufbau von Zukunftsplattformen. So gelingt es Werndl, ein Netzwerk für individuelle Problemlösungen im Markt der intelligenten Bürokonzepte aufzubauen.

Auch der Maßhemdenversand «Müller-Maßhemden» verbindet Unikate mit industrieller Fertigung. Jeder Kunde bestellt sein, mit eigenem Monogramm versehenes Maßhemd aus dem Katalog. Müller hat die Maße und Daten seiner Kunden gespeichert, hält die angebotenen Stoffe bereit, gibt nach der Bestellung nur noch die gewünschte Farbe, Kragenform und Stoffart ein. Er produziert so in Zusammenarbeit mit seinen Kunden Einzelstücke, die direkt auf die individuellen Wünsche und Bedürfnisse zugeschnitten sind.

Weitere Beispiele wie Levis mit der «für Dich gefertigten Jeans» und Panasonic-Fahrradunikate untermauern diesen Trend.

In den Märkten von morgen verkaufen Unternehmen in erster Linie individu-elle Problemlösungen, Beziehungen und Vertrauen. Die Kunden werden nicht mehr aus fertigen Produktpaletten auswählen, sondern sie werden mit hochfle-xiblen Unternehmen zusammenarbeiten, die ihnen individuelle Problemlösun-gen anbieten können. Damit wird der Kunde zum echten Partner des Unter-nehmens und zum Mitproduzent.

Das Unternehmen als Dialogforum für gemeinsame Zukünfte

In einer Welt der Wertevielfalt und der dadurch verursachten Orien-tierungslosigkeit wird das Unternehmen immer stärker in die Rolle des Wertegebers und Integrators unterschiedlicher Kulturen gedrängt. In gewisser Weise wird das Unternehmen immer mehr zum «Marktplatz der Begegnungen». Das Unternehmen der Zukunft wird zur *«zentralen Baustelle für kollektive Orientierungsmuster» (Gerhard Schulze).*

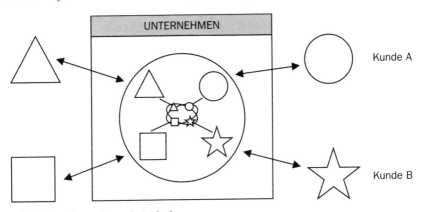

Abb. 4: Das Unternehmen als Dialogforum

Ein sinnergetisches Unternehmen betrachtet seine Kunden nicht als Fremdkörper, die es mit klassischer Werbung berieselt, sondern ver-sucht, eine enge Beziehung zu ihnen und eine gemeinsame Welt mit

ihnen aufzubauen. Grundlegend ist hier die Umstellung von der Ein-
wegkommunikation auf *feedbackorientierten Dialog.* Der Dialog ist die
Basis, auf der sich *gegenseitiges Verständnis und Vertrauen* entwickeln können.

Die Marke als Medium für Ideen

Große Markenunternehmen versuchen durch Dialogforen mit ihren
Kunden gemeinsame Orientierungsmarken («Against racsim», Drum)
und Welten aufzubauen. Beispiele sind Esprit mit der Kampagne «Was
würdest Du tun, um die Welt zu verändern» oder Peter Stuyvesant mit
der «Come together»-Kampagne, die einen Treffpunkt verschiedener
ethnischer Gruppen ermöglichen sollte.

Die Marke wird zum Medium für Ideen der Kunden und der Gesellschaft.

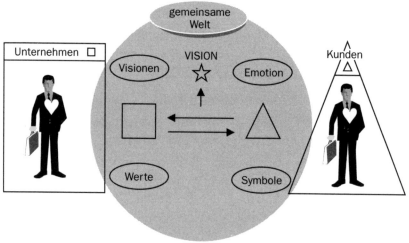

Abb. 5: Der Aufbau einer gemeinsamen Welt mit den Kunden

Fazit:
*Sinnergetische Unternehmen integrieren verschiedene Lebenswelten und schaf-
fen dabei neue gemeinsame Werte und Zukünfte. Dabei nutzen sie den hori-*

zontalen Zerfall unserer Gesellschaft in immer differenziertere Lebenswelten und Milieus.

Sie schaffen Anlässe zum Austausch aktueller Themen oder bieten ein Diskussionsforum über die Entwicklung einzelner Branchen.

Sie bieten Orientierung und Identität für eine immer offenere und differenziertere Gesellschaft.

Unternehmen werden zu Erlebnis- und Werteproduzenten

In den fünfziger und sechziger Jahren waren Sicherheit und Befriedigung von Grundbedürfnissen und in den siebziger und achtziger Jahren die Zugehörigkeit gefragt. In den vor uns liegenden Jahren werden die Fragen

- Wer bin ich?
- Was ist mir wichtig?
- Welche Rollen habe ich in welchen Umfeldern?

immer wichtiger. Unternehmen und Kunden können nur sinnvoll und effektiv miteinander kommunizieren, wenn sie weitgehend in der Vorstellung einer gemeinsamen Welt leben. Deswegen wird es immer wichtiger, auch die geistigen Bedürfnisse der Verbraucher mit zu berücksichtigen und gemeinsam zu entwickeln. Die folgende Abbildung zeigt sehr deutlich, wie sich die Grundorientierung unserer Gesellschaft in den mentalen Bereich zu verschieben beginnt.

Bei der Entwicklung von kundenorientierten Problemlösungen darf man nicht nur die Veränderung der Kundenbedürfnisse berücksichtigen, sondern muß den gesellschaftlichen Wandel umfassend mit einbeziehen. Früher konnten Kirche, Familie, Politik und Staat den notwendigen Halt gewähren. Sie gaben den Menschen Sinn, vermittelten grundlegende Werte und anregende Impulse. Inzwischen haben diese Institutionen kaum noch integrative Kraft in der Gesellschaft, sie stiften keinen Sinn mehr, können die Fragen und Bedürfnisse der Menschen nicht mehr ausreichend befriedigen.

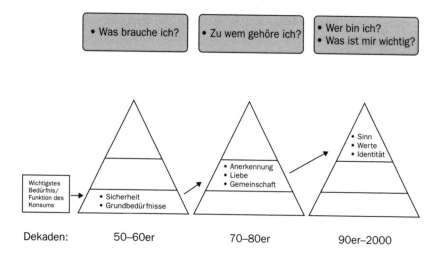

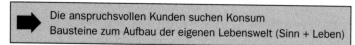

Abb. 6: Die Evolution des Verbrauchers

Das entstandene Vakuum ist durch neue Visionen und Werte zu füllen. Unternehmen, die diese Entwicklung nutzen, entwickeln zusammen mit den Kunden neue Wertekodices und bauen für sie und mit ihnen gemeinsam neue Sinn- und Lebenswelten auf. Die Kampagnen von Marlboro, Levi, Nike oder anderen Markenherstellern illustrieren das erfolgreiche *«emotional design»* der modernen Verbraucheransprache. Unternehmen wie die Kette «The Body Shop» stehen für gesellschaftlich verantwortliche Unternehmensführung, ökologisch einwandfreie Kosmetikprodukte und leben von der *«Spiritualisierung des Konsums»*.

Auf der anderen Seite entstehen integrierte Unternehmenskonzepte, wie *Transfair,* die sichern, daß die Kaffeebauern genügend Einnahmen für ihren Kaffeeanbau bekommen, um langfristig rentabel arbeiten zu können. Der Kunde kauft, genießt und tut Gutes für die Welt. Transfair erweitert sein Konzept inzwischen auch auf Schokolade, Kakao, Zucker und Honig.

Wichtig anzumerken ist noch, daß erfolgreiche ökologische Konzepte, die sich von dem moralischen und unprofessionellen Dasein der frühen Achtziger emanzipiert haben, heute hoch professionell sind und auch noch Spaß machen dürfen.

Verantwortungsvoller Konsum, der Spaß macht, gilt nicht zu Unrecht als das Wachstumssegment der Zukunft. Man sollte dies als Hersteller nicht nur als Marketingeffekt nutzen, sondern den ganzen Charakter des Unternehmens darauf ausrichten. Erst dann entstehen Glaubwürdigkeit und Wachstum.

1.4 Zusammenfassung

Von der Anpassung zur Koevolution
Sinnergetische Unternehmen sind sich der koevolutionären Verbindung mit den Kunden und anderen Umfeldern wie Lieferanten und Gesellschaft bewußt und verändern sich mit ihnen.

Wachstum durch Vielfalt
Sinnergetische Unternehmen nutzen die Erkenntnis, daß in begrenzten natürlichen Systemen Wachstum und Steigerung der Überlebensfähigkeit nur auf der Grundlage von Vielfalt und Differenzierung erreicht werden können.

Aktive Zukunftserfindung
Sinnergetische Unternehmen operieren vor dem Bedarf, übertreffen dadurch oftmals die Erwartungen ihres Marktes und schaffen nicht nur für den Markt, sondern natürlich auch für sich selbst einen echten Nutzen.

Unternehmen als Dialogforum

Da die Produkte immer austauschbarer werden, wird die Differenzierung über den gezielten Aufbau von Beziehung und Vertrauen erreicht. Sinnergetische Unternehmen werden damit potentiell zum Dialogforum, zum Marktplatz für Begegnungen.

Unternehmen als Werteproduzent

Sinnergetische Unternehmen realisieren durch Dialog mit ihren Bezugsgruppen neue Welten und werden zu Werte- und Identitätsproduzenten. Letztlich konkurrieren sie darum, das bessere Angebot zur Selbstverwirklichung und für das Selbstdesign des Kunden zu bieten.

Unternehmen als Kern einer Win-Win-Beziehung

Die Entwicklung führt vom Monolog- zum Dialogmarketing. Gemeinsam mit den Kunden werden die Ansprüche und Trends von morgen ausgeleuchtet, um die Kunden, die Gesellschaft, aber natürlich auch die Unternehmen in eine «Win-Win-Situation» zu bringen.

2. Gestalten, ohne zu steuern – das Prinzip Wu-Wei

Als Konfuzius einmal in einiger Entfernung vom Rande eines Wasserfalles stand, sah er einen alten Mann, der von den wilden Fluten mitgerissen wurde. Er rief seine Schüler herbei, und zusammen rannten sie, um den Ärmsten zu retten. Aber als sie endlich das Wasser erreicht hatten, war der Alte ans Ufer geklettert, spazierte einher und sang vor sich hin. Konfuzius eilte zu ihm hin. «Du müßtest ein Geist sein, um das zu überleben», sprach er, «was für eine Macht besitzt du?»

«Nichts im besonderen», erwiderte der Alte. «Ich habe schon in sehr jungen Jahren zu lernen begonnen und immer weiter geübt, während ich heranwuchs. Jetzt bin ich des Erfolges sicher. Ich gehe mit dem Wasser und komme mit dem Wasser wieder hoch. Ich passe mich an und vergesse mich selbst dabei. Ich überlebe, weil ich nicht gegen die Übermacht des Wassers ankämpfe. Das ist alles.»

2.1 Der Abschied von der Steuerbarkeit

Im Newton-kartesianischen Denken war es eine zentrale Hypothese, daß die Welt in all ihren Erscheinungsformen deterministisch, berechenbar und absolut kontrollierbar ist.

Planung ersetzt Zufall durch Irrtum

Auch wenn man aus eigener Erfahrung oft selbst weiß, daß diese Annahme mit der Wirklichkeit nicht oder zumindest nur selten übereinstimmt, so versuchen wir doch immer wieder, diesen Zustand aufzubauen. Das Selbstbild des Managers ist immer noch das des großen Bewegers und Machers, der durch Analyse, Planung und Kontrolle die Unternehmensmaschine und die dazugehörigen Zahnräder steuert.

Zu verlockend ist anscheinend die Hoffnung, Kontrolle und Macht zu behalten. Es ist die Sehnsucht nach Stabilität und Ordnung in unsicheren Zeiten.

Doch dieses Leitbild ist trügerisch. Viel besser wäre es, wenn wir beginnen würden, die Fata Morgana der Beherrschbarkeit und Kontrolle zu verabschieden und uns mehr mit der Wirklichkeit zu beschäftigen. Das Wissen des Managers über ein Unternehmen kann nie vollständig sein und stellt im Grunde nur Hypothesen über die Unternehmenswirklichkeit dar. Nach Christian Lutz ist sein «Wissen nur eine Hypothese über seine innere und äußere Wirklichkeit und damit unvollständige Quelle».

**«Wenn die Welt determiniert wäre,
hätte das Wort Freiheit keinen Sinn.»
F. Nietzsche**

Als Betrachtungsmuster für Unternehmen eignet sich nicht die planbare Maschine, sondern der Begriff des *komplexen Ungleichgewichtssystems*. Ein Unternehmen muß einerseits so *komplex* sein, daß es sich an Trends und Kundenwünschen *anschlußfähig* ausdifferenzieren kann und andererseits so *handlungsfähig*, daß eine effiziente Leistungserstellung und Wertschöpfung möglich ist. Dabei werden die einzelnen Schritte nicht nur geplant, sie stellen sich auch spontan selbst her.

Halten wir fest:

- *Der Manager ist Beobachter und Teil des Unternehmens zugleich.*
- *Unternehmen sind nicht planbar, sondern komplexe Ungleichgewichtssysteme.*
- *Klassische Planung und Kontrolle sind verengte Methoden, die allein der Prozeßhaftigkeit nicht gerecht werden und die Komplexität des Lebens nicht abbilden können. Diese Methoden bringen eine Scheinsicherheit, die zur Ausblendung von positiven Störungen und Ideen aus dem Umfeld der Kunden oder der Mitarbeiter führt.*

In unserem sinnergetischen Modell wollen wir der Kontrolle, Planung und hierarchischen Steuerung auf der einen Seite und dem reinen Chaos auf der anderen Seite folgenden Grundsatz entgegenstellen:
«Man kann Unternehmen gestalten, aber nicht steuern.»
Die Biologen haben uns gezeigt, daß die Selbststeuerung (Autopoiesis = Entwicklung aus sich selbst heraus) das dominante Organisationsmuster der Natur ist. Jantsch beschreibt in seinem Buch «Die Selbstorganisation des Universums», daß dieses Organisationsmuster unseren gesamten Kosmos prägt. Es ist angebracht, diese Erkenntnisse der Naturwissenschaften auch auf die Entwicklung sozialer Systeme anzuwenden.
Dabei darf Selbstorganisation auf keinen Fall mit «Laissez-faire», also fahrlässigem Geschehenlassen, gleichgesetzt werden. Vielmehr geht es uns darum, auch bei der Unternehmensentwicklung die Allmacht unseres rationalen Verstandes in Frage zu stellen.
Der folgende Exkurs ist für diejenigen, die sich intensiver mit dem Thema Selbstorganisation befassen wollen.

Was ist eigentlich Selbstorganisation?

«Die beste Ordnung stellt sich von selber her.»
Laotse

Unternehmen sind dynamische und lebende Energiesysteme, die sich im Austausch mit dem Umfeld entwickeln. Lebende Systeme laufen im Gegensatz zu trivialen Maschinen nicht durch einen extern entworfenen Konstruktionsplan, sondern bilden über den Austausch mit ihren Umfeldern, wie z. B. Kunden, Lieferanten und Gesellschaft, ein eigenes Muster, einen Code, heraus.

Diese Muster nennt man auch Selbstbeschreibung oder Identität. Aus der Vielzahl von Evolutionsmöglichkeiten bildet sich das System in und durch seine Entwicklung selbst heraus. Dieser Code findet sich in der Unternehmenskultur als *«Summe der Selbstverständlichkeiten»* und in anderen bevorzugten Denk- und Handlungsmustern wieder.

Dieser Code ist das Wissen des Unternehmens und enthält alle Hypothesen über die innere und äußere Wirklichkeit.

Mit Hilfe dieses Codes steuert sich das System selbst. Dieser Code wird entweder durch das Feedback aus dem Umfeld bestätigt und weiterentwickelt oder verändert. Niklas Luhmann nennt dieses Driften zwischen Lernen (Offenheit) und Beharrung (Geschlossenheit) *«Sinnprozessieren»,* da sich aus diesem Prozeß heraus die Einzigartigkeit und die Individualität des Systems schält. Erst dieses Wechselspiel macht Organismen entwicklungsfähig.

Das System «Unternehmen» ist folglich keine triviale Maschine, sondern es steuert sich selbst durch seine Sinnkategorien und Systemattraktoren wie Visionen, Kennzahlen und Rituale der Kommunikation.

Eine steuernde Einwirkung ist prinzipiell nur durch interne Veränderungen möglich, die die komplexen Vernetzungen zwischen den einzelnen Elementen akzeptieren und sich auf die *System-attraktoren* beziehen.

Organismen entziehen dem Umfeld Energie, um komplexe Strukturen zu schaffen

Um sich in seiner komplexen Struktur selbstzuerhalten, verbraucht das System Energie, die es in Strukturen, Prozesse und letztendlich Wertschöpfung für Kunden umwandelt.

Bei der Energiegewinnung gibt es zwei Möglichkeiten. Zum einen Veränderungen und Energie in Kooperation gemeinsam mit dem Umfeld produktiv zum Aufbau von neuen Qualitäten und Symbiosen zu nutzen. Oder zum anderen, Veränderungen herbeizuführen, die dem Umfeld Energie entziehen und andere Organismen energetisch ausbeuten, um damit im langfristigen Konflikt und Chaos zu enden.

Dynamische Systeme wie Unternehmen müssen zum Nutzen ihres Umfeldes wirtschaften, sonst sägen sie den Ast ab, auf dem sie sitzen.

Durch Selbstorganisation entsteht innere und äußere Harmonie

Wie Mihaly Csikszentmihaly in seinem Buch «Dem Sinn des Lebens eine Zukunft geben» erläutert, entsteht Harmonie durch evolutionäre Veränderungen, die zu einer *höheren Komplexität* des Organismus beitragen. Das bedeutet für Unternehmen, sowohl die *Integrationsfähigkeit* als auch die *Differenzierung* zu erhöhen.

Differenzierung beinhaltet eine hohe Vielfalt und Unterschiedlichkeit eines Gehirns, einer Person, eines Unternehmens. Integration ist die Fähigkeit, diese Vielfalt zu harmonisieren und synergetische Verbindungen herzustellen.

Eine Person ist um so differenzierter, je mehr unterschiedliche

Ziele, Interessen und Fähigkeiten sie inne hat. Aber um nicht schizophren, d. h. eine unkoordinierte gespaltene Persönlichkeit zu werden, braucht es zur harmonischen Persönlichkeit die Fähigkeit zur Integration.

Unternehmen bieten solange immer differenziertere Produkte an, bis sie wieder durch Integration eine Komplettlösung auf den Markt bringen, die die einzelnen Differenzierungen in neuer Qualität integriert. Das erklärt auch die Zunahme von Systemlösungen und «All-in-one-Konzepten» vieler differenzierter und reifer Branchen. Dezentral geführte Unternehmen und Netzwerke brauchen ein gemeinsames Band von Zukunftvorstellungen und Spielregeln, um als harmonisches Ganzes zu wirken, das mehr als ein bloßer Verbund von Kompetenzen ist. Erst dann entsteht Sinnergie.

Christian Lutz, Leiter des Gottlieb-Duttweiler-Instituts in Rüschlikon, sieht in dieser harmonischen Herausbildung von Komplexität den Sinn der Individualisierung jedes einzelnen Menschen: «*Die persönliche Biographie ist ja nichts anderes als eine ständige Auseinandersetzung mit einem Umfeld, das den Menschen prägt, aber auch von ihm, schon durch seine Wahrnehmung, geprägt wird und das sich weiterentwickelt, zum Teil ohne sein Zutun, zum Teil auch durch die Ausdifferenzierung der Lebenswelt, die in der Biographie angelegt ist. Je mehr das Innere der Persönlichkeit sich ausdifferenziert, desto offener kann sie Erwartungen des Umfeldes wahrnehmen und beantworten – im Sinn eben der verantwortlichen Lebenshaltung –, desto mehr kann sie ihr Umfeld mitgestalten und gleichzeitig auch dessen Impulse für die eigene Entfaltung entgegennehmen.*»

Halten wir fest:

- *Natürliche Systeme und Unternehmen sind operational geschlossene Systeme, die ihr eigenes Muster herausbilden.*

- *Dabei leben sie im energetischen Austausch mit ihrem Umfeld und produzieren neue Lebensformen oder entziehen der Umwelt einseitig Energie.*
- *Natürliche Systeme streben nach Komplexität und nach neuen Kopien ihrer selbst. Wobei Komplexität eine optimale Entwicklung von Differenzierung und Integration ist, um zu einer harmonischen Persönlichkeit oder einem sinnergetischen Unternehmen zu reifen, um der Evolution zu ihrem Recht zu verhelfen.*
- *Durch Selbstorganisation entsteht eine natürliche, komplexe Ordnung, in die der Mensch nicht zerstörend eingreifen sollte.*

Führen oder die Kunst des aktiven Nichthandelns

**«Wu-Wei ist die Kunst,
zum richtigen Zeitpunkt
das Richtige zu tun.»
Theo Fischer**

Lassen Sie uns einen kleinen Ausflug in die Welt des Taoismus wagen. Nach Laotse steckt in den beiden Silben «Wu-Wei» das ganze Geheimnis der Lebenskunst des Tao. Wörtlich übersetzt bedeutet es etwa «ohne Tun», «Nichthandeln». Wei-Wu-Wei hieße dann soviel wie «Handeln durch Nichthandeln». Damit wird keinesfalls Trägheit, Entschlußlosigkeit oder Lässigkeit propagiert. Die Silbe «Wei» leitet sich aus den Symbolen «greifende Hand» und «Affe» her, so daß mit dem Begriff «Wu Wei» ein Nicht-Angehen gegen die Natur der Dinge und damit kein unnötiges Eingreifen, eben kein Affentheater gemeint ist. In seinem tieferen Sinn bedeutet «wu-wei», daß wir in unseren Entscheidungen nicht kontrovers zu unserer inneren Autorität, eben dem Tao, handeln sollen.

Wu wei ist in seiner Wirkung wie Wasser, das bei seinem Lauf Steine und Felsen umfließt – es wirkt nicht auf mechanische, lineare Weise gegen die natürlichen Muster ein, sondern auf eine Weise, die aus dem Gespür für den natürlichen Rhythmus der Dinge erwächst. Nach Alan Watts ist es das höchste Ziel, *«ein Tropfen im Laufe des Wassers zu sein»* und mit den Veränderungen mitzuschwingen. In unserer Zeit des Wandels macht es Sinn, sich nicht gegen die Veränderung zu stemmen, sondern von den Taoisten das Mitfließen zu lernen.

«Wer die Kontrolle sucht,
hat sie schon verloren.»

Wir Menschen können sogar Lebensqualität empfinden, wenn wir mit den Dingen fließen, d. h. unsere inneren Empfindungen mit der äußeren Umwelt im Einklang sind. Dann versuchen wir den Augenblick nicht krampfhaft festzuhalten, sondern lassen uns von ihm tragen. Ziel dieses Prinzips ist es, die Prinzipien und Strukturen des menschlichen Daseins zu erkennen und im Umgang mit der Welt ein Minimum an Energie zu verbrauchen. Wu Wei ist also ein zutiefst *synergetisches Prinzip*, das versucht, die innere und äußere Welt in Harmonie zu bringen. Dieses Fließgleichgewicht zwischen inneren und äußeren Kräften steht in einem kreativen Wechselspiel, das aus sich heraus das Neue schafft.

Als Beispiel dafür können die japanischen Kampfsportarten wie Judo und Aikido dienen, die nicht wie beim Boxen Gegenkräfte einsetzen, sondern die Kräfte der Gegner ausnutzen, um sie zu besiegen. Um diese Fertigkeit zu erreichen, gilt für die Samuraiausbildung, daß *geistige Vollendung* und *technische Sicherheit* eine Einheit bilden sollen und gleichermaßen trainiert werden müssen. Nur so kann man die absolute Offenheit und Spontaneität gegenüber der Umwelt gewährleisten.

Daß der taoistische Ansatz auch für nicht-taoistische oder buddhistische Europäer geeignet ist, hat Mihaly Csikszentmihaly in seinem Buch «Flow – das Geheimnis des Glücks» dargelegt.

Den taoistischen Zustand des Fließens, der inneren und äußeren Harmonie nennt er «Flow»:

«Flow ist eine Empfindung – Konzentration, Selbstversunkenheit, Freude und ein Gefühl von Erfolg. Sie kann sich bei allen Gelegenheiten einstellen, vorausgesetzt, die psychische Energie wird auf harmonische Weise genutzt.»

Er definiert «Flow» als Zustand des Glücks und des hohen Bewußtseins:

«Wir genießen alles, was wir tun, und das in jedem Augenblick. Wir fühlen, wie eine Welle der Kraft unser ganzes Selbst durchströmt, wenn wir eine Aufgabe in die Hand nehmen, die komplexe Fähigkeiten verlangt und ein ehrgeiziges Ziel anstrebt.»

Er charakterisiert die Flow-Erfahrung wie folgt:

1. *Klare Ziele und sofortige Rückmeldung über Erfolg oder Mißerfolg*
2. *Fähigkeiten und gegebene Herausforderung passen zusammen*
3. *Handeln und Bewußtsein verschmelzen*
4. *Konzentration auf die anstehende Aufgabe*
5. *Ein Gefühl potentieller Kontrolle*
6. *Selbstversunkenheit und das Gefühl, mit einem größeren Ganzen zu verschmelzen*
7. *Ein verändertes und offenes Zeitgefühl*
8. *Erleben um seiner selbst willen. Achtsamkeit im Augenblick*

Die in seiner Untersuchung befragten Personen beschrieben ihre Zustände durch Aussagen wie «Ich war wie auf einer Welle getragen», «Ich schwebte», oder «Ich war nicht ganz ich selbst und nicht ganz in der Umwelt». Dieses Einssein mit sich und der Welt läßt unser Gehirn Endorphine produzieren, die uns in einen Zustand des Wohlbefindens bringen. Wir vergessen in diesen Momenten die Zeit, haben aber paradoxerweise eine intensive persönliche Zeiterfahrung. Wir kennen dieses Gefühl aus vielen Bereichen des Alltags, wenn wir unseren Hobbies nachgehen oder auch wenn wir intensiv und konzentriert arbeiten. Wir haben dabei ein intensiveres und längeres Zeitgefühl. Flow-Gefühle bereichern langfristig das Leben und stärken das Selbstbewußtsein. Es macht Menschen gesünder und zufriedener.

Flow-Gefühle stärken das Selbstbewußtsein, fördern Kreativität und sind die Basis von Spitzenleistungen. Auch für Unternehmen und deren Mitarbeiter entsteht Flow bei der Bewältigung komplexer Aufgaben. Voraussetzung ist allerdings, nicht alles beherrschen und planen zu wollen, sondern auch loszulassen, mitzufließen und Flow-Gefühle zu kultivieren.

2.2 Die Kultivierung der Intuition

«Die großen Entscheidungen wurzeln in jener Irrationalität, die das Geheimnis individueller Art zu denken und handeln bleibt.»
E. Gutenberg

«Herausragende Arbeit ist wie Zufall. Sie ist nicht nur eine meisterhafte Nachahmung des Zufälligen, eine vorgetäuschte Spontanität, in der die umsichtige Planung nicht offenbar ist. Sie liegt auf einer tieferen und natürlicheren Ebene. Die Kultur des Taoismus und des Zen schlägt vor, daß man ein Mensch werden soll, der ohne jegliche Absicht eine Quelle wunderbarer Zufälle ist.»
Alan Watts

Entscheidungen in Unternehmen, aber auch die ganz normalen Herausforderungen des Lebens versuchen wir in der Regel mit den Möglichkeiten unseres Intellekts zu lösen. Wir setzen auf Analyse, aber wir nutzen nicht die uns zugänglichen Kräfte unseres Unterbewußtseins, die unsere Probleme auf eine ganz andere Art ausloten können. In unserem naturwissenschaftlichen Paradigma heben wir die intellektuelle Seite unseres Gehirns auf das Podest und rauben uns damit die

Chance, auch die unbewußten, intuitiven Seiten unserer menschlichen Potentiale zu nutzen.

Da wir nur wahrnehmen können, wofür wir eine innere Resonanz haben, müssen wir uns von der einseitigen, logischen Rationalität lösen. Wir sollten unseren Resonanzboden auch für Emotionen und Schwingungen aus dem Inneren und Äußeren öffnen.

So ist es für Kundenberater oder ein Unternehmen unabdingbar, eine innere Resonanz für die Veränderungen der Kundenwünsche aufzubauen, um sich daraufhin im Dialog mit dieser gemeinsamen Resonanz zu entwickeln.

**«Wenn es ein Geheimnis für Erfolg gibt,
dann ist es die Fähigkeit,
sich in den anderen hineinzuversetzen.»
Henry Ford**

Den meisten Erwachsenen ist die Fähigkeit der Intuition fast abhanden gekommen durch vernunftsbetonte Lebenshaltung und den Drang, alles reflektieren zu wollen. Der Tausendfüßler fragt nicht, welcher Fuß als nächster kommt, sondern handelt intuitiv richtig. Auch erfolgreiche Sportler verhalten sich intuitiv. Sie bewegen sich in Einheit mit dem Spiel und überlegen nicht lange über Spielzüge, sondern fließen mit dem Spiel.

Intuition ist nicht der Gegensatz von Logik und Rationalität, sondern Intuition entsteht aus einem produktiven Zusammenwirken von Verstand und Gefühlen.

Am Beispiel der strategischen Planung wird die Notwendigkeit der kultivierten Intuition deutlich.

In den siebziger und achtziger Jahren populär geworden, haben nahezu alle großen Unternehmen Abteilungen oder Stäbe für strategisches Management aufgebaut. Wer hier nichts zu bieten hatte, galt als hoffnungslos veraltet. Da wurden am Reißbrett für Unternehmen langfristige Pläne und Konzeptionen erarbeitet, die von hoher intellektueller Brillanz waren.

Im Rückblick erwiesen sich die Ergebnisse aber meist als enttäuschend. Und in Marktsituationen, die immer mehr chaotische Züge annehmen, erweist sich die Überbetonung der Planung und des strategischen Managements geradezu als kontraproduktiv.

Wir müssen lernen zu akzeptieren, daß wir als Führungskräfte zwar die Möglichkeit haben, den Gestaltungsrahmen zu setzen. Gerade bei Fragen der Unternehmensentwicklung aber werden wir lernen müssen, loszulassen, auch wenn es uns schwer fällt. Es wäre schon eine große Hilfe, wenn es uns gelingen würde, mit unseren Überlegungen den Glauben an die zahllosen Management-by-Konzepte zu erschüttern, die mit schöner Regelmäßigkeit in immer neuer Form auftauchen und die neben der Tatsache, daß sie in aller Regel nicht funktionieren, doch nur den Glauben an die Beherrschbarkeit und Steuerbarkeit von Unternehmen am Leben erhalten.

Die Führungskraft zwischen Kontrolle und Loslassen

Die Vielschichtigkeit des Führungsprozesses läßt sich vielleicht durch folgendes Bild darstellen: Die Führungskraft sitzt in einem Boot auf einem reißenden Fluß, wird getrieben und gezwungen mitzufließen. Andererseits besteht die Möglichkeit, den Kurs des Bootes zu verändern und gegen die Strömung zu rudern. Gleichzeitig kann man auch noch den Flußlauf durch Dämme etwas gestalten.

Die Führungskräfte der Zukunft müssen lernen, zwischen diesen verschiedenen Zuständen virtuos zu springen und dabei zu wissen, daß sie eigentlich nur Rahmenbedingungen setzen und als Katalysator Veränderungen verlangsamen und beschleunigen können.

All dieses ist nur möglich, wenn man sich in Unsicherheit sicher fühlt, im Sinne des Wu-Wei Widersprüche in sich integriert und dabei den Veränderungsprozeß für das eigene Flow-Gefühl und für das Unternehmen nutzt.

Die Voraussetzung hierfür ist das Denken jenseits von allgemeingültigen Rezepten und Wahrheiten, das Verstehen und Einnehmen verschiedener Perspektiven und die Akzeptanz von Andersartigkeit.

2.3 Visualisierung der Unternehmensentwicklung

«Das Universum ist so groß wie die Fähigkeit, es wahrzunehmen.»
R. Bandler
Über die Kraft innerer Bilder und Vorstellungen gibt es inzwischen umfangreiche Literatur. Nachdem in der positivistisch geprägten Ära der Wissenschaften die kausale Realität innerer Bilder hartnäckig negiert und geradezu angefeindet wurde, so hat sich hier in den letzten Jahren ein dramatischer Wandel auch in der Managementliteratur vollzogen. Ein Schlüsselbuch hierzu war sicher die Studie von Peters und Waterman «In Search of Excellence». Hier stellten die beiden ehemaligen McKinsey-Berater fest, daß es im wesentlichen die weichen Kriterien wie Visionen, Werte und die Unternehmensphilosophie waren, die exzellente Unternehmen vom Durchschnitt ihrer Mitbewerber unterschieden.
Wir wissen heute aus den Ergebnissen der modernen Gehirnforschung, daß wir keinen Handgriff ausführen können, wenn unser Gehirn ihn nicht visualisieren kann. Jeder Mensch konstruiert auf diese Weise seine eigene Wirklichkeit zuerst im Kopf, die sich im Laufe seines Lebens dann erweitert und verändert.
Jeder von uns baut sein Leben auf inneren Bildern auf. Wir gehen an dieser Stelle noch einen Schritt weiter und stellen die Hypothese auf, daß wir ohne innere Vorstellungen überhaupt nicht existenzfähig sind. Diese Erkenntnis gilt für jeden einzelnen von uns, und man kann diese Erkenntnis analog auf die Unternehmensentwicklung übertragen:
Die eigentliche Aufgabenstellung im Unternehmen lautet hier, die Wahrnehmung zu erweitern und mit Mitarbeitern sowie Kunden gemeinsame Vorstellungen zu schaffen.

Im Rahmen der sinnergetischen Unternehmensentwicklung ist es eine der wichtigsten Führungsaufgaben überhaupt, das gesamte Zukunftskonzept in gemeinsamen Bildern zu visualisieren.

**Wer das «warum» kennt,
erträgt fast jedes «wie».
F. Nietzsche**

Unsere Aufgabe ist es, Unternehmen zu organischen Einheiten zu entwickeln, um ihre Überlebensfähigkeit zu ihrem eigenen und zum Nutzen der Allgemeinheit zu verbessern.
Insbesondere die auf Strategie spezialisierten Unternehmensberatungen haben sich deshalb dieser Aufgabe, der Umgestaltung von Unternehmen, angenommen. In letzter Zeit sind allerdings einige Zahlen bekanntgeworden, die die oft euphorisch dargestellten Veränderungsergebnisse wesentlich kritischer betrachten. Nach einer Studie von Wildemann erreichen in über 70 % aller Fälle die Unternehmen bei Change-Management-Projekten nicht die angestrebten Ergebnisse.
Wie ist eine so hohe Zahl an Fehlschlägen zu erklären und, noch wichtiger, wie kann sie in Zukunft verbessert werden?
Natürlich ist es unmöglich, hier pauschale Antworten für das generelle Scheitern von so vielen Organisationsentwicklungsprojekten zu geben. Aus unserer eigenen Beratungspraxis heraus hat sich jedoch ein Aspekt als besonders wichtig erwiesen. In den meisten Fällen, die nicht zum gewünschten Ergebnis führten, wurde nur auf Analyse und Konzept der harten Faktoren geachtet, nicht aber auf die im Unternehmen herrschende Unternehmenskultur.

**«Unternehmenskultur ist die Summe
der in einem Unternehmen
herrschenden Selbstverständlichkeiten.»**

Für jeden Veränderungsprozeß ist es entscheidend, diese Selbstverständlichkeiten zu berücksichtigen. In den meisten Fällen hat man bei Transformationsprozessen mit dem Problem des «Resistance to Change» zu kämpfen. Irgendwie scheinen wir alle einen mehr oder weniger stark ausgeprägten Widerstand gegen Veränderungen zu haben.

Der Versuch, diese Widerstände auf rein analytischer Ebene zu lösen, ist in aller Regel von vornherein zum Scheitern verurteilt.

Wie sagte doch schon Antoine de Saint-Exupéry: *«Wenn du ein Schiff bauen willst, so lehre deine Männer nicht den Umgang mit Hammer, Nägeln und Säge, sondern lehre sie die Sehnsucht nach dem großen weiten Meer.»*

Es gehört sicher Mut dazu, einen solchen Prozeß zu gestalten und dann nicht in die Steuerung einzugreifen, aber unsere Erfahrung zeigt: *Es ist der bessere Weg.*

2.4 Zusammenfassung

Unternehmen sind komplexe Systeme

Auch wenn es vielen von uns zur liebgewonnenen Gewohnheit geworden ist: wir müssen den Glauben an die Planbarkeit und auch an die Beherrschbarkeit unserer Unternehmen aufgeben. Weder komplexe Berechnungsmethoden noch die Weiterentwicklung des Controlling-Instrumentariums werden daran etwas ändern.

Führungskräfte pendeln zwischen Kontrolle und Loslassen

Im Sinne des Wu-Wei müssen Führungskräfte lernen, mit dem Fluß der Dinge mitzufließen, das Boot im Fluß zu steuern oder versuchen, den Fluß umzugestalten. Die Fähigkeit, zwischen diesen widersprüchlichen Ebenen zu wechseln, entscheidet über die Überlebensfähigkeit in komplexen Märkten.

Unternehmen sind eigensinnige Systeme

Unternehmen sind soziale Systeme, die sich aus sich selbst heraus steuern und organisch in ihre Umwelt eingebunden sind. Statt Beherrschung und Steuerung sind Gestaltung und Empathie Schlüsselfaktoren für Führungskräfte. Die gemeinsame Entwicklung erstrebenswerter Zukunftsbilder wird wichtiger als technokratische Analysekonzepte, die nicht die Kraft zur Umsetzung haben.

Gemeinsame Zukunftsbilder schaffen Veränderung

Wer es sich zur Aufgabe macht, Unternehmen zu transformieren, um sie für den Wettbewerb der Zukunft fit zu machen, wird sich viel stärker mit den weichen Gestaltungsfaktoren auseinandersetzen müssen. Wem es gelingt, gemeinsam mit seinen Mitarbeitern erstrebenswerte Zukunftsvisionen aufzubauen, die das Unternehmen und seine Umwelt in eine Win-Win-Position bringen, baut sich das Potential für verteidigungsfähige Wettbewerbsvorteile auf.

3. Win-Win: Der Delphin schlägt den Hai

*«Das sinnvollste Ergebnis für die Gruppe ist immer auch das sinnvollste Er-
gebnis für jeden einzelnen.»*
Dudley Lynch

3.1 Lebensrichtig oder lebensfalsch?

Die Welt mit all ihren Formen und Farben besteht aus Energie. Wir sind
untereinander und mit allen anderen Erscheinungsformen untrennbar
verbunden. Diese Energieformen wandeln sich permanent, wobei der
gesamte Prozeß der Wandlung gerichtet ist, zumindest eine gerichtete
Tendenz hat. Auch wenn Formen zerfallen, stellen sie sofort wieder die
Grundlage für neue Strukturen und Entwicklungsformen dar. Die
Energie bleibt dabei erhalten – nur Form und Struktur ändern sich. So
sind alle Energieformen Entwicklungsstufen zu anderen Formen. Um
mit Konfuzius zu sprechen ist «das einzig Beständige der Wandel».
Werfen wir einmal einen Blick auf die Prinzipien der Evolution.
Nach vielen Naturwissenschaftlern ist es lebensrichtig bzw. natürlich,
neue Vielfalt und Komplexität entstehen zu lassen. Die Evolution ist
nach Erwin Lazslo *«eine Bewegung der Innovation hin zu höherer Komplexität».* Vom Einzeller zum Menschen und vom Dorf zum «Global
Village».

Je komplexer ein Organismus, desto besser kann er Information und Energie sinnvoll verarbeiten. Ein Wachstum an Komplexität ist gleichzeitig ein qualitatives Wachstum in Richtung feinerer Energiezustände. Halten wir also fest: *Ein gesundes Wachstum an Komplexität ist lebensrichtig.*

Natürliche und soziale Systeme entstehen aus dem Zusammenspiel von Zerfall und Schöpfung.

Evolution ist ein permanenter Prozeß, in dem Organismen entweder überleben und sich reproduzieren oder in geringere Energiezustände zerfallen.

Alle Systeme benötigen brauchbare Energie, um zu überleben, um sich zu reproduzieren und ihren eigenen dynamischen Gleichgewichtszustand aufrechtzuerhalten. Menschen brauchen, um zu überleben, Nahrung und Sauerstoff und Unternehmen Kapital und Mitarbeiter, um Wert zu schöpfen. Ein anderer Prozeß ist der der bewußten und unbewußten Schöpfung von Ideen, Pflanzen, Tierarten, aber auch sozialen Strukturen und Unternehmen. Es ist also die Erschaffung von Vielfalt und Komplexität und somit die Grundlage des schöpferischen Lebens.

Henry Bergson nennt diese Bewegung des Lebens «Elan Vital».

«Der Elan Vital ist der Weg, den das Leben bei seiner Entfaltung einschlägt. Es verzweigt sich wie die Äste eines Baumes, und doch entspringen diese Verzweigungen einer einzigen Wurzel, die ihr Pendant in der vielästigen, aber wieder eine Einheit bildenden Krone des ausgewachsenen Baumes findet. Sie ist die Lebenskraft, die das Materielle durchströmt, um sich in ihm zu verästeln und zu verkörpern. So scheidet sich die stets weiterdrängende Lebenskraft in Flora und Fauna, das Tier wiederum in Instinkt und Intelligenz, der Instinkt in verschiedene Richtungen, die zu unterschiedlichen Tierarten führen, während sich die Intelligenz in den Dimensionen des Geistigen verkörpert.»

Fassen wir zusammen: Evolution ist das Zusammenspiel von Schöpfung und Zerfall von Komplexität. Jedes System ist von der Energiezufuhr von außen abhängig und darauf angewiesen, sich zu schützen und immer bessere Methoden zu entwickeln, die Energie aus dem Umfeld für sich umzuwandeln. Niemand existiert für sich allein, sondern nur in Relation zu seinen Umfeldern.

Daraus folgt: Es ist für jedes System lebensrichtig, so zu handeln, daß es mit seinem Umfeld in Symbiose, also in einem synergetischen Zustand lebt, der für beide am wenigsten Entropie produziert und eine Plattform für qualitatives Wachstum bietet.

Für Unternehmen ist die Mitentwicklung von Märkten, Lieferanten und Kunden die Plattform, der Rahmen und die Basis für den erfolgreichen Verkauf ihrer Produkte. Unternehmen fördern die Welt, in der sie tätig sind.

Gewinn durch ethisches Handeln

Die Kooperation und der egoistische Altruismus sind die lebensrichtige Ethik der Natur und nicht der Wettkampf und das einseitige Abziehen von Energie mit rein egoistischen Motiven.

Wer also zukunfts- und gesellschaftsverantwortlich wirtschaften will, muß zum Wohle aller Beteiligten wirtschaften und nicht nur seinen Gewinninteressen folgen.

Das Unternehmen als gerichtetes Energiesystem

Wenn Sie bereit sind, Ihr Unternehmen als gerichtetes Energiesystem wahrzunehmen, in dem die einzelnen Teile nach innen, zu den Mitarbeitern und Abteilungen, wie nach außen, zum Markt und den Kunden, in einem gerichteten (Wertschöpfungs-)Prozeß miteinander verbunden sind, dann bekommen das Denken in Wertschöpfungsketten und die Prozeßorientierung eine ganz andere Dimension. Es ist nicht nur eine Modeerscheinung im Management, sondern ein Prinzip der Natur.

Zum einen entspricht dieser Denkansatz den Erkenntnissen der Evolutionslehre, zum anderen geht er weit über heute so gefeierte Ansätze des Business Transformation und Change Management hinaus, denn diese bleiben ja in der Regel auch nur auf der analytischen Ebene, operieren also am Symptom, nicht an der Ursache.

Energetische Systeme brauchen gemeinsame Ziele und Visionen

Nur gemeinsames Bewußtsein, Visionen und Sinn kann das Auseinanderfallen (im Sinne dissipativer Strukturen) verhindern.

In letzter Konsequenz sind die Visionen und das gemeinsame Bewußtsein die Grundlage für die eigentlichen, verteidigungsfähigen Wettbewerbsvorteile von Unternehmen.

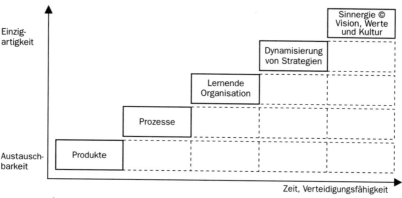

Abb. 7: Die Hierarchie von Wettbewerbsvorteilen

So könnte man das Leitbild eines sinnergetischen Unternehmens beschreiben: Sich selbst (das Unternehmen) als Bestandteil eines übergeordneten Energiesystems zu verstehen, prozeßorientierte (statt lineare) permanente Entwicklung (nach innen und nach außen im Sinne eines lernenden Organismus) aufzubauen, an gemeinsamen Visionen zu arbeiten und durch die Ausrichtung und Konzentration der gemeinsamen Energie sich selbst und den Marktpartnern den größten Nutzen zu schaffen, so daß eine «Win-Win»-Situation für alle Beteiligten entsteht.

114

Unternehmen mit dieser Philosophie verstehen sich als integraler Bestandteil eines größeren Ganzen, mit dem sie in sinnergetischen Beziehungen stehen und Werte wie qualitatives Wachstum sowie permanente Verbesserung leben. Sie bieten sich und anderen Bedingungen für eine lebenswerte Zukunft.

3.2 Delphin, Hai, Karpfen oder PEK?

Eine der pfiffigsten Publikationen der Managementliteratur der letzten Jahre ist ohne Zweifel das Buch «Delphin-Strategien» von Lynch und Kordis. Neben vielen guten Ideen, die mehr oder weniger schmunzelnd präsentiert werden, hat uns am besten die Unterteilung der Menschen in Delphine, Haie, Karpfen und – als besonderes Schmankerl – in pseudo-erleuchtete Karpfen gefallen.
Was symbolisieren diese Tiere?

Der Delphin
Delphine sind nicht nur wegen ihres possierlichen Aussehens sympathisch, sie gehören auch zum Intelligentesten, was das Tierreich zu bieten hat. Delphine lernen ungewöhnlich schnell, sie zeichnen sich durch eine ausgeprägte Kooperationsfähigkeit aus – und das Wichtigste ist, sie spielen Gewinn-Gewinn-Spiele.
Menschen mit delphinischen Zügen spielen ebenfalls Win-Win-Spiele. Nach dem von der Spieltheorie empfohlenen Prinzip «Tit for tat», also «wie du mir, so ich dir», bieten sie Kooperation und Zusammenarbeit an, haben aber auch die Fähigkeit, sich zu wehren und ihre Interessen bei Bedarf durchzusetzen. Im Kern wird hier versucht, den Teich für alle größer werden zu lassen.
Delphine versuchen, den Gesamtnutzen zu erhöhen. Sie tragen durch ihr Verhalten zur Mehrung des Wohlstands aller bei.

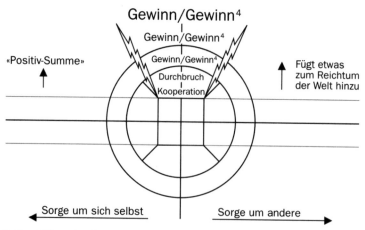

Abb. 8: Der Teich wird größer (aus: Delphin-Strategien, Lynch/Kordis)

Der Hai

Anders als die Delphine spielen Haie Nullsummenspiele. Ein solches Spiel bedeutet, daß nach einem «Spiel» die Gesamtsumme wieder gleich groß ist wie am Anfang. Es ist durchaus in der Praxis so, daß Haie ihren persönlichen Nutzen zu Lasten anderer optimieren – für das Ganze ist die Optimierung der Eigeninteressen ohne Wert, z. T. sogar schädlich.

Haie zeichnen sich durch aggressives, egoistisches Verhalten aus und gehen für ihren Vorteil «über Leichen». Welchen Schaden sie damit anrichten – zum Beispiel den Stau auf der Autobahn, ausgelöst durch rücksichtsloses Verhalten einzelner – interessiert sie nicht. Der Hai maximiert seinen Eigennutzen zu Lasten der Gemeinschaft.

Natürlich läßt sich für den einzelnen jedes Verhalten im Nachhinein rechtfertigen, für uns alle sind Haie eher Schädlinge, denen allerdings ihre mangelnde Kooperationsfähigkeit oft auch selbst (zumindest über einen längeren Zeitraum) zum Nachteil gereicht.

Der Karpfen

Besonders armselig dran sind die Karpfen unter uns. Durchsetzungsschwach, ohne eigene Ideen und oft auch ohne Mumm spielen Karpfen nur allzu oft «Loose-loose-Spiele». Haie stellen den Jäger dar, Karpfen sind die Opfer, die sich zu allem Unglück auch noch oft mit ihrer Rolle anfreunden.

Menschen mit dieser Grundstruktur sind zu bedauern. Sie geben anderen Energie durch ihre freiwillige Unterordnung. Faktisch machen sie den anderen erst stark, geben ihm Macht über sich. Selbst Strafen werden ergeben hingenommen, weil sie auch als Zeichen der Zuwendung – wenn auch einer negativen Zuwendung – verstanden werden. Karpfen sorgen nicht für Fortschritt, Entwicklung und Wohlstand; im ungünstigen Fall behindern sie sogar positive Entwicklungen.

Dies gilt für das berufliche Umfeld mit Sicherheit genauso wie für das persönliche Umfeld von jedem einzelnen von uns.

Der pseudo-erleuchtete Karpfen (PEK)

Der PEK ist eine Spezies ganz besonderer Art. Während der Karpfen sich in sein Schicksal ergibt, gibt sich der PEK eine Art «Heiligenschein», einen geistigen Rahmen. Er hält sich für erleuchtet, weil er sich aus der materiellen Welt zurückgezogen hat, um sich mit den «wahren Werten» des Lebens zu beschäftigen. Diese durchaus wünschenswerte geistige Entwicklung ist nicht das Ergebnis seiner Stärke, der PEK flüchtet sich in seine Schneckenposition aus Schwäche, er geht nicht aus einer frei bestimmten Position seines Lebens heraus, sondern aus Mangel an Überlebensfähigkeit.

Seine Pseudo-Geistigkeit macht ihn eher gefährlich. Denn wie lehrt uns die russische Philosophin Ayn Rand? Nach ihrer Auffassung gibt es nur zwei wirkliche Sünden, die Menschen begehen können:

1. Zu wünschen ohne zu handeln
2. Zu handeln ohne Ziel

Beide Sünden begeht der PEK.

Nur Delphine schaffen es, Wünsche und Ziele mit ihren Handlungen zu verbinden und damit noch den Nutzen für die Gesamtheit zu erhöhen. Wenn also in unserem Jahrhundert bislang als *Totemtier* der Hai oder der Dinosaurier (als Symbol der Größe) galt, so wäre es wünschenswert, daß diese Position schnell durch den Delphin übernommen wird.

**Der Delphin sollte das Vorbild
unserer Gesellschaft werden.**

Der Win-Win-Spieler als neue Leitfigur

Im Sinne der Transaktionsanalyse und mit dem Orientierungsschema von S. Covey über gelebte Verhaltens- und Spielformen lassen sich die Tiere und damit die Verhaltensweisen einem Vier-Quadranten-Schema zuordnen.

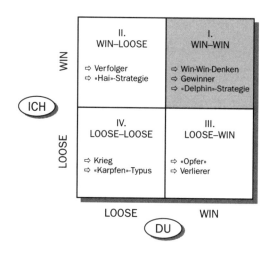

Abb. 9: Mögliche Verhaltensmuster

**Ich werde erfolgreich,
wenn ich auch meine Partner
und meine Umwelt erfolgreich mache.**

I. Win-Win

Win-Win ist keine Technik, sondern eine Einstellung, bei der alle Beteiligten einen Vorteil und einen Mehrwert aus der Zusammenarbeit ziehen und es keine «Verlierer» gibt. Win-Win-Spieler sehen das Leben als *kooperatives Feld* und nicht als Arena des Wettstreits. Sie denken nicht in Gegensätzen, sondern setzen auf Kooperation.

II. Win-Loose

Menschen, die in einem kurzsichtigen Gewinn-Verlust-Schema denken, befinden sich in einem ständigen Wettkampf. Sie sind bereit, ihre Macht und ihre Besitztümer auf Kosten anderer zu steigern, der Niedergang ihres Umfelds befriedigt sie.

III. Loose-Win

Die Menschen mit einer Verlust-Gewinn-Einstellung sind die natürlichen Opfer. Sie leben nach dem Motto: «Ich verliere, du gewinnst. Ich war schon immer ein Verlierer, trample ruhig auf mir rum. Das tun alle.»

IV. Loose-Loose

Dies ist eine zutiefst negative Lebenseinstellung, die auf Dauer nur therapeutisch zu behandeln ist. Der einzelne und die Gemeinschaft verlieren bei dieser Grundposition.

Vier Verhaltensmaximen für Win-Win-Spieler und Delphine

Der Win-Win-Spieler strebt nach Vergrößerung der Lebens- und Wahlmöglichkeiten aller Beteiligten und handelt deshalb nach folgenden Grundgedanken:

1. Kooperation

Um anderen Menschen Nutzen bieten zu können, muß ich mit ihnen kooperieren, gemeinsame Ziele erläutern und neue Wege für ihre Umsetzung finden.

2. Kreativität

Nur wenn ich meinen alten Rahmen verlasse und bereit bin, mich auch auf bisher Unbekanntes einzulassen, finde ich tatsächlich neue Wege und Lösungen.

3. Erreiche mehr gemeinsam
   Dieser Gedanke basiert auf den Grundlagen der Sinnergie. Durch das Zusammenwirken zweier kooperierender Partner entsteht etwas Drittes und Höheres, als es jeder für sich alleine hätte realisieren können.
4. Tit for tat – Wie du mir, so ich dir
   Im Gegensatz zum Karpfen kann der Delphin auch austeilen, wenn auf sein Kooperationsangebot nicht eingegangen wurde und er z. B. von einem Hai «über den Tische gezogen» wurde. Aber danach bietet er erneut die Kooperation an.

Der Delphin, die Metapher des Win-Win-Spielers, sollte den Hai, den egoistischen Sieger, als Totemtier ablösen. Die Orientierung am Symbol des Delphins bietet den geeigneten Rahmen für die Verbindung von persönlichem und gesellschaftlichem Erfolg.

3.3 Symbiose als natürliche Form der Koexistenz

In seinem Buch «Was Manager von der Natur lernen können» beschreibt der österreichische Autor Kurt Fred an zahlreichen Beispielen, daß die Symbiose, also der Aufbau einer intelligenten Zweckgemeinschaft zum gegenseitigen Nutzen, das dominierende Prinzip der Koexistenz in der Natur ist. Eines der faszinierendsten Beispiele ist das Zusammenspiel zwischen Krokodil und Krokodilswächter, einem kleinen Vogel, der dem Krokodil hilft, seine Fleischreste aus den Zähnen zu entfernen. Beide ziehen ihren Vorteil aus der Zusammenarbeit, es gibt keinen Verlierer. Natürlich zeigt die Natur in vielen Facetten auch grausame Züge, aber es bleibt doch festzuhalten, daß sie zahlreiche Beispiele für «Win-Win-Beziehungen» entwickelt hat.

Im Grunde ist die Bereitschaft zu einer intelligenten Partnerschaft für ein Unternehmen nichts anderes als eine weiterentwickelte Form des *«egoistischen Altruismus»*. Purer Altruismus, also selbstlose Aufopferung für den anderen, eignet sich als Kerngedanke eines unternehmerischen Leitbildes nicht.
Solche Vorbilder lassen sich zumindest nach unserem Erkenntnisstand, auch in der Natur nicht finden.
Ein egoistischer Altruismus steht unter dem Motto:
«Nichts macht erfolgreicher als andere erfolgreich zu machen.»

- Win-Win-Denken ist die Basis für eine *langfristige Kundenbindung,* denn nur wenn mein Kunde sich auch als mein Partner versteht und durch seine Zusammenarbeit mit mir langfristig Nutzen und Vorteile ziehen kann, wird er sich dauerhaft an mich binden.
- Die Entwicklung von *strategischen Netzwerken* setzt eine kooperative und offene Einstellung bei allen Beteiligten voraus. Keine Zusammenarbeit hat langfristig Zukunft, wenn sie nicht für alle gewinnbringend ist.
- Das Win-Win-Denken ist auch zentraler Aspekt der *Mitarbeiterentwicklung.* Vor allem in unserer modernen Informations- und Dienstleistungsgesellschaft, in der der Erfolg eines Unternehmens maßgeblich von der Kompetenz und Motivation seiner Mitarbeiter abhängt, kann ein Unternehmer seinen eigenen Nutzen nur maximieren, wenn er im Gegenzug auch seine Mitarbeiter fördert, sie unterstützt und langfristig an sich binden kann.

Das Win-Win-Denken ist Grundlage und Voraussetzung der entscheidenden Erfolgsfaktoren der Zukunft:
- *Kundenbindung*
- *Kooperation*
- *Mitarbeiterentwicklung*

Eine Führungskraft mit dieser Einstellung fördert im Sinn von «Sinnergie» Partner, um dadurch selbst Nutzen zu ziehen und die eigene Wettbewerbsfähigkeit zu erhöhen. Wenn sich ein Unternehmen diese Philosophie zu eigen macht, dann ist ein entscheidender Durchbruch im Wettbewerbsverhalten möglich.

3.4 Beispiele erfolgreicher Delphin-Strategien

Natürlich werden viele jetzt sagen: diese Ideen mögen in einer idealistisch geprägten Welt schön klingen, im harten Wirtschaftsleben haben sie keine Existenzberechtigung. Management bedeutet Krieg und in solchen Situationen ist Rücksichtnahme Schwäche, die vom Feind gnadenlos ausgenutzt wird. Es gibt eine Reihe von Publikationen, die diese «Management Wargames» propagieren.
Warum springen nicht mehr Unternehmer über den eigenen Schatten und schaffen mittels sinnergetischer Kooperationen mit Lieferanten, Kunden und Mitbewerbern einen echten Mehrwert?
Aus unserer Sicht sind es vor allem die folgenden Gründe:

- Übertriebene Angst vor Know-how-Verlust
- Unrealistische Bewertung der eigenen Leistungsfähigkeit
- Überschätzung der eigenen Marktposition
- Angst vor dem Verlust der Selbständigkeit
- Angst vor Machteinbußen
- Unsicherheit in der Durchführung von Kooperationsverhandlungen
- Ausgeprägtes Konkurrenzdenken
- Starke Innenorientierung des Unternehmens
- Der Glaube, Krisen aus eigener Kraft bewältigen zu können
- Mangelndes Bewußtsein für die Notwendigkeit flexibler Kooperationsnetze

Es sind überwiegend Positionen der Schwäche, der Angst oder auch pure Unkenntnis, die sinnvolle Kooperationen verhindern.

Aber es gibt auch Beispiele, die Mut machen. Der Möbelspediteur Siegmann hat seine austauschbare Grundposition zugunsten einer intelligenten neuen Lösung in der Wertschöpfungskette verändert. Als *«Logistikarchitekt»* kooperiert er heute mit der Möbelindustrie, deren Möbelverteilung er von seinem neuen Verteilerzentrum aus übernimmt, arbeitet Hand in Hand mit dem Möbelhandel in Form eines gemeinsamen Warenwirtschaftssystems und geht soweit, auch gleich die Endmontage mit anzubieten. Durch diese Kooperation spart der Hersteller bis zu 50% seiner Logistikkosten, der Handel kann sich auf seine Kernfunktion konzentrieren, der Endkunde bekommt die Waren schneller, kostengünstiger und im Schnitt mit weniger Transportschäden. Daß auch Siegmann erheblich von diesem Mehr an Wertschöpfung profitiert, ist nur gerecht.

Einen ähnlichen Ansatz geht die Viernheimer Log Sped. Mit Hilfe von «Warenhotels» (Zentralläger) werden die Industriepartner nicht nur von Kommissionierungs-, Verpackungs- und Versandaufgaben entlastet; Log Sped übernimmt auch vorbereitende Wertschöpfungsschritte wie zum Beispiel die Komplettierung von Fahrzeugscheiben.

Auch bei der Walldorfer Software-Firma SAP wurden Grundsätze über Bord geworfen. Bei der Entwicklung neuer Datenbanksysteme kooperiert man jetzt mit Oracle, einem der wichtigen Wettbewerber in der Standard-Software.

Immer mehr Unternehmen beginnen in Wertschöpfungsketten ihrer Märkte zu denken. Und da der einzelne Anbieter in aller Regel zu schwach ist, um die Gesetze des Marktes zu verändern, braucht er Partner auf allen Ebenen der Wertschöpfungskette, von der Forschung und Entwicklung über Produktion, Vertrieb, Service, Montage bis zum Personalaustausch.

Wenn erst einmal die «Wahrnehmung» für Kooperationen aufgebaut wurde, dann geht die Zahl der möglichen Partnerschaften schnell weit über die Zahl der realisierbaren hinaus. Wo früher jeder allein für sich gearbeitet hat, sucht man heute den Anschluß an Partner. Natürlich sind es überwiegend der Zwang der Flexibilisierung, der Kostendruck oder auch Größenvorteile, die zu dieser Veränderung geführt haben, aber der Ansatz ist tragfähig.

Hier findet eine revolutionäre Entwicklung statt. Viele Unternehmen stehen an einem Punkt, an dem die eigene Wertschöpfungskette völlig neu überdacht werden muß. Künftig werden gleichberechtigte Systempartner gemeinsam komplette Wertschöpfungsschritte zu einer Gesamtleistung zusammenführen. An diesem Prozeß werden Lieferanten genauso mitwirken wie Kunden.
Auf diese Weise entstehen Wertschöpfungsnetze, in denen jeder Partner seine Kernkompetenz optimal in verschiedene Wertschöpfungsstufen anderer Unternehmen einbringt. Im Beraterdeutsch würde man dies «Kapitalisierung von Kompetenzen durch Multiplikation» nennen, in der Natur einfach nur Symbiose.

Sicherlich ist die Veränderung der Denkstrukturen in einer rasch zunehmenden Zahl von Unternehmen oft aus der Not heraus geboren, ohne wirkliche Bewußtseinsveränderung. Aber wenn es gelingt, auf dieser Ebene erste Schritte im Win-Win-Denken zu gehen, dann macht dies Mut für mögliche größere Veränderungen.

3.5 Eine neue Richtlinie: Die Evolutionsfähigkeit des Unternehmens

Die Evolutionstheorie hat sich nicht nur ihren Platz in der Geistesgeschichte erobert, indem sie unsere Auffassung vom Platz des Menschen in der Natur revolutioniert hat, sondern sie dominiert heute auch unser Denken.
Die Erkenntnisse der Evolutionstheorie haben entscheidende Verände-

rungen in vielen Disziplinen ausgelöst. Wir können diese Auswirkungen heute in vielen Bereichen spüren. Aber die Evolutionstheorie hat uns nicht nur viele Veränderungen gebracht, die sie durchaus in einen Rang mit der Kopernikanischen Wende stellen, sie hat auch unser Denken über Veränderungen verändert.

Anstelle der griechischen, teleologischen Sicht der Dinge, die zu dem werden, was sie werden sollen, und anstelle der mechanistischen Sichtweise Newtons von den Wirkungen, die zwingend aus Ursachen folgen, haben wir gelernt, in Begriffen einer komplexen Dynamik zu denken, die aus der zufälligen Veränderung und Selektion durch die Umwelt besteht. Nichts geschieht, weil es so am besten ist. Die Evolutionstheorie erkennt das Chaos, die Unordnung und die Zufälligkeit an und besagt dann: Was auch immer sich aus der Unordnung heraus entwickelt – und sich weiterhin daraus entwickeln wird – entsteht, weil es sich gemeinsam mit anderen Teilen der Unordnung entwickeln konnte.

Es ist also eine Art des Denkens, bei der nicht lineare Sequenzen mit Ursache und Wirkung, sondern eher systematische Beziehungen, welche die Dinge mit ihrer jeweiligen Umwelt in Beziehung setzen, im Mittelpunkt stehen. Diese Betrachtungsweise ist eher holistisch und relational als linear und mechanistisch.

Führungskräfte, die mit dieser Art des Denkens operieren, öffnen ihre Perspektive und ihre Wahrnehmung erheblich. So erkennen sie beispielsweise den Überlebenswert der Kooperation zwischen sich miteinander entwickelnden Systemen in symbiotischen Beziehungen. Sie betrachten die Dinge im Zusammenhang: ihr Unternehmen ist eine Spezies, die sich an eine ökologische Nische anpaßt, ihre Produkte sind Antworten auf unerfüllte Bedürfnisse.

Ihre Perspektive ist dynamisch, holistisch und auf die Umwelt bezogen. Diese Rundumsicht führt dazu, daß die Perspektive der Betrachtung der Dinge erweitert wird, über die Erklärungsmuster einfacher Ursache-Wirkungs-Beziehungen hinaus. Wem dies bewußt wird, der weiß auch, daß er in sozialen Systemen Veränderungsprozesse zwar initiieren, aber eben nicht steuern kann.

Unternehmer haben heute vielfach die Möglichkeit, durch ihr Handeln massive Veränderungen auszulösen. Sinnergetische Unternehmer erkennen darin aber nicht nur die Fähigkeit und auch Macht, die Dinge zum eigenen Nutzen zu gestalten, sondern sie erkennen auch die Verantwortung, im gemeinsamen menschlichen, sozialen und ökologischen Interesse zu handeln. Machen wir es noch einmal deutlich: entweder schließen sich weitsichtige Unternehmer der Sache der Gesellschaft und der Umwelt an, oder es wird in absehbarer Zeit keine lebensfähige Gesellschaft und Umwelt mehr geben – und damit auch keine lebensfähigen Unternehmen. Was uns hoffen läßt, ist die wachsende Zahl derer, die sich diesem Denken und der damit verbundenen Verantwortung gegenüber öffnen.

In diesem Sinne ist dieser Abschnitt ein Plädoyer für ein «evolutionäres Benchmarking». Wir sollten nach Kenngrößen suchen, die nicht nur die Verbesserung des Unternehmens im Vergleich mit den besten Unternehmen innerhalb und außerhalb ihrer Branche zum Gegenstand haben, sondern eine Kenngröße für die Evolutionsfähigkeit des Unternehmens. So wie es heute bereits «Ethic Rankings», also Rangskalen für das ethische Verhalten von Unternehmen (zumindest in den USA) gibt, so sollte es in Zukunft «Evolutions-Rankings» geben. Diese Skalen würden dann zeigen, welchen Beitrag das Unternehmen zum Ganzen leistet, was also der Beitrag des Unternehmens für eine lebensfähige Gesellschaft und Umwelt ist.

Unsere konkrete Utopie ist es, daß in Zukunft Unternehmen an ihrem Beitrag für eine lebensfähige Umwelt und Gesellschaft gemessen werden und daß die eigene Überlebensfähigkeit zu einem erheblichen Teil an diese Kenngröße gekoppelt ist.

126

3.6 Zusammenfassung

Harmonie entsteht durch Komplexität

Evolution ist das Zusammenspiel von Schöpfung und Zerfall von Komplexität. Jedes System ist von der Energiezufuhr von außen abhängig und darauf angewiesen, sich zu schützen und immer bessere Methoden zu entwickeln, die Energie aus dem Umfeld für sich umzuwandeln. Innerhalb dieses Prozesses strebt die Natur nach innerer und äußerer Harmonie im Sinne eines dynamischen Gleichgewichtszustandes.

Symbiose ist langfristig erfolgreicher als der Wettkampf

Die Natur lehrt uns, daß das dominierende Prinzip der Koexistenz die Symbiose ist. Im Sinne eines egoistischen Altruismus läßt sich das natürliche Zusammenwirken mit großem Erfolg auf strategische Kooperationen im Unternehmensbereich übertragen.

Win-Win-Spiele sind die erfolgreichsten Spiele

Delphine spielen Win-Win-Spiele, die dazu beitragen, die Wertschöpfung für alle Beteiligten zu erhöhen. Win-Win-Spieler setzen dabei auf Kreativität, Kooperation, Synergie und «Tit for tat».

Der Delphin als Totemtier

Der Delphin, die Metapher des Win-Win-Spielers, sollte den Hai, den egoistischen Sieger, als Totemtier ablösen. Die Orientierung an dem Symbol des Delphins bietet den geeigneten Rahmen für die Verbindung von persönlichem und gesellschaftlichem Erfolg.

4. Immer besser: Das Prinzip Kaizen

**«Der Weg ist das Ziel,
und der Weg entsteht durch das Gehen.»
Zen-Weisheit**

Seit Meadows Studie «Die Grenzen des Wachstums» ist der Glaube an ein quantitatives «Mehr» erschüttert und Wachstum als Selbstzweck in Frage gestellt. Nicht nur die Naturwissenschaften, sondern auch der gesunde Menschenverstand zeigen uns, daß ein dauerndes Wirtschaftswachstum und der dazugehörige Verbrauch an Ressourcen uns langfristig den Lebensraum nehmen.

Wir brauchen *qualitatives Wachstum*, das sich an den Prinzipien der Natur orientiert. Nicht die Quantität ist entscheidend, sondern die Qualität, der Geist, die Intelligenz des Unternehmens und jedes einzelnen bestimmen seine Entwicklung. Die Fähigkeit zu lernen, sich zu wandeln ist die entscheidende Komponente und nicht das Wachsen um jeden Preis.

Dieser qualitative Wachstumsprozeß kennt zwei Dimensionen:

Der Wandel 1. Ordnung

Der Wandel 1. Ordnung ist die permanente Verbesserung im bestehenden Rahmen, z.B. durch die Anpassung der Schnabelformen der Finken an die Notwendigkeiten der Futtersuche. In Unternehmen entspricht dies der Optimierung von Leistungen durch Weglassen un-

129

nötiger, nicht wertschöpfender Tätigkeiten, wie z. B. Kontrollen und Liegezeiten.

Der Wandel 2. Ordnung

Der Wandel 2. Ordnung ist der sogenannte «Quantensprung», bei dem ein System seine alten Strukturen verläßt und sich auf einer anderen Ebene weiterentwickelt. Es ist z. B. die Übergangsphase von einer Raupe zum Schmetterling oder vom hierarchischen zum dezentralen Unternehmen. Es entstehen Strukturen und Muster anderer Zusammensetzungen.

Durch das Zusammenspiel der kleinen, oft unbemerkten Evolutionen und der strukturellen, epochalen Revolutionen entsteht das natürliche Wachstum von Organismen, aber auch von sozialen Systemen. In der Natur geht es nicht um Wachstum um seiner selbst willen, sondern um die *Zunahme der Überlebensfähigkeit* bei gleichzeitiger Optimierung des Energiebedarfs. Erinnern Sie sich an das Prinzip der Selbstorganisation mit seinem Ziel, bei innerer und äußerer Harmonie möglichst wenig Energien zu verbrauchen?

Analog hierzu haben sich in der Managementlehre zwei Ansätze zum Management von Veränderungen herausgebildet. Das japanische Kaizen und das radikale, revolutionäre Reengineering. Anhand dieser beiden Ansätze möchten wir nun unseren Leitgedanken *«Immer besser»* illustrieren.

4.1 Kaizen – kapieren, nicht kopieren

Unter den zahlreichen asiatischen Konzepten, die in den letzten Jahren, insbesondere aus Japan, in den europäischen und amerikanischen Managementbereich gekommen sind, ist der «Kaizen»-Ansatz von herausragender Bedeutung. Uns erschließt sich seine Bedeutung allerdings erst dann wirklich, wenn wir uns mit der Übersetzung dieses zusammengesetzten Wortes beschäftigen.

Das Wort Kaizen bedeutet soviel wie «Wende zum Besseren». Es macht Sinn, sich diese Übersetzung genauer anzuschauen. Würde es «Wende zum Guten» bedeuten, so hieße das, daß die Situation vor der Verbesserung schlecht war und jetzt eben gut ist. Verbesserungsansätze werden bei uns vor allem dort gesucht, wo es offenkundige Mißstände gibt. Das bedeutet auch, daß es sich bei der Verbesserung um einen einmaligen Vorgang handelt, der durch die Wende zum Guten seinen Abschluß gefunden hat.

Ganz anders stellt sich die Situation für uns jedoch dar, wenn wir von einer «Wende zum Besseren» sprechen. Jede Situation kann Grundlage für Verbesserungen werden, egal, ob sie im Moment gut oder schlecht ist. Hier schwingt die Einstellung mit, daß es auf dieser Welt nichts gibt, was sich nicht verbessern ließe.

Und noch etwas verdeutlicht den Unterschied. Wende zum Guten ist der Ausdruck für einen linearen Vorgang mit definiertem Anfang und Ende. Kaizen hingegen macht schon durch die gebrauchte Ausdrucksform deutlich, daß es sich um einen unbegrenzten Prozeß handelt. Wir haben ja bereits festgestellt, daß die Natur sich in kybernetischen Kreisläufen ohne Anfang und Ende organisiert. Wenn wir uns also in diesem Sinne sinnergetisch verhalten wollen, müssen wir in unseren Unternehmen die Leidenschaft zur Verbesserung wieder zum Leben erwecken.

Die Wirkungen von Kaizen sprechen natürlich auch in der nüchternen Sprache der Vergleichsstatistik Bände. Die folgende Abbildung zeigt einen Vergleich zwischen Toyota und Daimler-Benz.

Einfallsreiche Japaner **Produktivität des betrieblichen Vorschlagwesens**			
	Deutschland	Japan	Faktor – J/D
Verbesserungsvorschläge pro Mitarbeiter	14	3235	231
Durchschnittsprämie pro Vorschlag in DM	861	4	0,004
Gesamtprämie pro Mitarbeiter in DM	120,54	129,40	1,07
Umsetzungsquote	39%	87%	2,23
Umgesetzte Vorschläge pro 100 Mitarbeiter	5,5	2815	514
Netto-Ersparnis pro umgesetztem Vorschlag/DM	3792	209	0,055
Netto-Ersparnis pro 100 Mitarbeiter	20856	588 200	28
Netto-Ersparnis pro Mitarbeiter in DM	208,56	5882	28
Quelle: Manager Magazin 2/93			

Abb. 10: Einfallsreiche Japaner

Der mit Abstand größte Unterschied liegt bei der Zahl der Verbesserungsvorschläge pro Mitarbeiter! Offensichtlich gelingt es den Führungskräften bei Toyota in ganz anderer Dimension als den Kollegen bei Daimler-Benz, die Bereitschaft der Mitarbeiter für Verbesserungen im Unternehmen zu wecken.

Doch wir brauchen nicht bis Japan zu schauen. Von Philipp Rosenthal stammt der Satz:

«Wer aufhört, besser zu werden, hat aufgehört, gut zu sein.»

Order from Noise oder künstlich Chaos produzieren

Kaizen bedeutet also die Verbesserung der Überlebensfähigkeit eines Unternehmens. So verstanden macht es durchaus Sinn, künstlich Zustände hervorzurufen, die Veränderungen fordern. Wenn beispielsweise die Strategie des Unternehmens zu Stagnation, sinkender Rentabilität oder sogar zu einem Verlust der Wettbewerbsfähigkeit führt und wenn in der Führungsmannschaft keine neuen Ideen auftauchen, wie dieser Zustand zu verändern sei, dann macht es Sinn, einen Zustand des «Kreativen Chaos» künstlich auszulösen.

Dieser früher als kreative Zerstörung bezeichnete Vorgang ist nichts anderes als die zweckgerichtete Auslösung von Instabilität in einer Organisation. Das sinnergetische Prinzip nutzt diese Erkenntnis und Technik, um so eine zweckgerichtete, verantwortungsbewußte Verbesserung der Lebensbedingungen zu erreichen.

Kaizen ist die Philosophie, Gutes besser zu machen und permanent an sich zu arbeiten. Kaizen arbeitet mit kleinen Schritten, ist also der Wandel 1. Ordnung und wird tagtäglich praktiziert.

4.2 Prozeßoptimierung als Führungsaufgabe

Die Natur ist als System von miteinander vernetzten Prozessen organisiert, mit dem Ziel, Entwicklung im Sinne der Evolution zu erreichen. Übertragen wir diesen Ansatz auf das Verhalten in Organisationen, so ist es eine wesentliche Aufgabe, unser Unternehmen in Schlüsselprozesse zu zerlegen und permanent zu verbessern. Ziel ist es, Energieverschwendung zu vermeiden.

Dies ist ja auch der Kerngedanke des «Business Process Reengineering», bei dem die hierarchischen Strukturen im Unternehmen zugunsten einer prozeßorientierten Betrachtung in den Hintergrund treten. Typischerweise gelten hier als Schlüsselprozesse die

- Auftragsabwicklung
- Akquisition
- Qualitätssicherung
- Produktentwicklung
- Marketingkommunikation
- Kundenentwicklung

Uns geht es an dieser Stelle nicht um den tiefen Einstieg in die Prozeßoptimierung, sondern darum, das Bewußtsein zu fördern, daß eine permanente Optimierung des Unternehmens unter prozeßorientiertem Blickwinkel eine zwingende und «natürliche» Führungsaufgabe darstellt, an der kein Unternehmen vorbeikommt. Dann kann Wandel 2. Ordnung entstehen und die Überlebensfähigkeit gesichert werden.

4.3 Die lernende Organisation

Das Zusammenspiel der beiden gerade dargestellten Ansätze, die permanente Verbesserung in kleinen Schritten (Kaizen) und die Optimierung von wichtigen Unternehmensprozessen, ergeben die Basis der

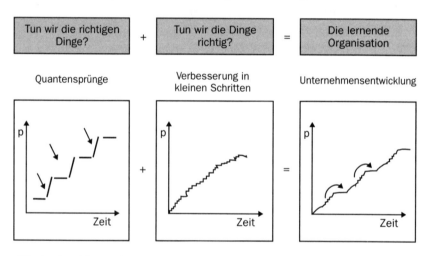

Abb. 11: Grundelemente der lernenden Organisation

lernenden Organisation.

Eine lernende Organisation arbeitet wie ein Organismus, der permanent versucht, aus dem Umfeld neue Impulse zu integrieren und dabei sich intern wie extern qualitativ weiterzuentwickeln. (Zu diesem The-ma möchten wir Ihnen hier das Grundlagenwerk von Peter Senge «The fifth discipline» zur Lektüre ans Herz legen.)

Die lernende Organisation ist natürlich mehr als die Kombination obiger Ansätze; sie ist eine Grundphilosophie der Unternehmensfüh-rung und Organisationsentwicklung. Wir haben für Sie zehn zentrale Leitsätze zum Aufbau und zur Entwicklung einer lernenden Organi-sation entwickelt.

1. Die Konzentration auf den Kundenmehrwert

Lernende Organisationen stellen sich permanent die Frage, welche Werte sie für externe und interne Kunden schaffen, und versuchen alle Unternehmensprozesse auf diese Wertschöpfungsmerkmale auszurichten.

2. Konsequente Vermeidung von Verschwendung

In regelmäßigen Abständen untersucht man den Ressourcen-verbrauch wie Material, Energie, Lagerflächen auf seine Verwen-dung.

3. Teamarbeit und Eigenverantwortung der Mitarbeiter

Lernende Organisationen sind in Teams aufgebaut, diesen Teams werden eigene Ziele zugeordnet.

4. Offene Informationspolitik

Es ist notwendig, die Mitarbeiter mit Informationen und Kompe-tenzen auszustatten, daß sie oder das Team sich ihr eigenes Bild vom Sinn und dem Hintergrund ihrer Tätigkeit machen können.

«Gib deinen Mitarbeitern jegliche Information und du kannst nicht verhindern, daß sie Verantwortung übernehmen.»

5. Visualisierte Ziele

Visualisierte Ziele erleichtern es den Teams, selbständig «Soll» und «Ist» zu vergleichen. Dabei wird für sie der Fortschritt der eigenen Gruppe erfahrbar. Auf Basis dieser Feedbackinformationen werden sie Aktivitäten zur Erreichung der Ziele auslösen.

«Ein Bild sagt mehr als 1000 Worte.»

6. Das Bessere ist der Feind des Guten

Die grundlegende Einstellung der Mitarbeiter im Unternehmen ist, nicht im Guten zu verharren, sondern auch Gutes permanent besser zu machen.

7. Der Manager wird zum Coach seiner Mitarbeiter

Im klassisch hierarchisch strukturierten Unternehmen denken ein einziger oder wenige Manager vor, in lernenden Organisationen stehen sie hinter ihren Mitarbeitern und wirken als Katalysator ihrer Entwicklung und der Verbesserung der Teamleistung.

8. Schnelle Umsetzung der Vorschläge

Nicht die genaue Prüfung durch das betriebliche Vorschlagswesen bringt den Fortschritt, sondern die Umsetzung der wichtigsten und wesentlichen Vorschläge direkt in Absprache mit dem Meister oder direkten Vorgesetzten vor Ort.

9. «Geht nicht» gilt nicht

Dieser fast schon klassische Satz des japanischen Kaizen-Gurus Ohmae steht für die Grundmentalität des einzelnen Mitarbeiters. Die Lösung des Problems und nicht die Begründung, warum etwas nicht geht, ist das Thema.

10. «Das haben wir immer so gemacht» ist eine K.-o.-Regel

Es geht nicht darum, altes Wissen über Bord zu werfen, sondern sich von veraltetem Wissen zu lösen.

Diese zehn Leitsätze geben Ihnen einen Überblick über den Ansatz der lernenden Organisation. Für den Erfolg Ihres Unternehmens kann es sehr hilfreich sein, wenn Sie Ihre Organisation auf den Erfüllungsgrad dieser Leitgedanken einmal überprüfen.

Die lernende Organisation ist nicht eine neue Managementmethode, sondern eine Grundeinstellung der Unternehmensführung. Im Mittelpunkt steht der Kundenmehrwert, die Wertschöpfung für die internen und externen Kunden. Funktionsübergreifende Teams auf jeder Ebene versuchen den Mehrwert zu erhöhen oder den Energieverbrauch dafür zu verringern. Das funktioniert nur mit offener Kommunikation, Dezentralisierung von Verantwortung und durch den Aufbau einer lustvollen Veränderungskultur.

4.4 Entlernen lernen

«*Die Erkenntnisse von heute sind die Irrtümer von morgen.*»
In Zeiten starker Veränderungen, die von vielen als krisenhaft erlebt werden, neigen Manager schnell dazu, auf «erprobte und bewährte Methoden» zurückzugreifen. Wenn aber die Veränderung der Umwelt zu einem Dauerzustand geworden ist, dann ist diese Praxis zum Scheitern verurteilt. Eines der wesentlichen Merkmale des Evolutionsprozesses ist seine Unumkehrbarkeit, und dies bedeutet, daß vieles, was sich früher als brauchbare Handlungsalternative erwiesen hat, heute nicht mehr funktioniert.
Neue Bedingungen brauchen neue Praktiken, und diese erfordern, daß veraltete Handlungsweisen in die Vergangenheit verbannt werden. Wir werden also «entlernen lernen» müssen, um uns transformieren zu können. Um einen Schritt nach vorne gehen zu können, müssen wir lernen, veraltetes Wissen aufzugeben.
Führungskräfte müssen lernen, Strategien zu vergessen, welche sich einmal als gut erwiesen haben, aber für den weiteren Fortschritt nicht

geeignet sind. Das Vergessen früherer Strategien, auch oder vielleicht gerade, weil sie besonders erfolgreich waren, und das Öffnen für neue Ideen ist besonders in Situationen wichtig, in denen sich die Umgebungssysteme des Unternehmens an der Schwelle zu sprunghaften Veränderungen (Bifurkationspunkt) befinden.

Im Augenblick der Veränderung und der Krise sind Unternehmen gut beraten, wenn sich das Management nicht an erprobte und bewährte Methoden klammert, sondern Strategien und Konzepte der Vergangenheit sozusagen «über Bord wirft», um Raum für neue Ideen und Ansätze zu schaffen.

**Wer veraltete Problemlösungen anbietet,
der gibt Antwort auf Fragen, die keiner mehr stellt.**

Bei hoher Stabilität der Umwelt macht es durchaus Sinn, mit stabilen Organisationsmustern zu arbeiten – in Zeiten hoher Turbulenzen gilt das Gegenteil. Im Grunde müssen wir unser Wissen und unser Verhalten kontinuierlich hinterfragen. Stimmen unsere Annahmen über das «Funktionieren der Welt» immer noch? Gilt auch morgen noch, was wir heute über Marketing, Strategie, Management als richtig annehmen?

Es wird immer wichtiger, Führungskräfte zu einem systematischen Ent-Lernen zu bringen und damit eine erfolgreiche Entwicklung zu fördern. Entlernen ist nichts anderes als sich von veraltetem Wissen zu lösen und dabei neues Wissen zu generieren. Lernende Organisationen sind Know-how-Unternehmen – hier liegt der Schlüssel für die Zukunft.

Das Management von Know-how

Über das permanente Optimieren bestehender Abläufe hinaus muß es das Ziel eines sinnergetischen Kaizen-Prozesses sein, kontinuierlich auf die aus anderen Branchen und Wissensgebieten entwickelten Erkenntnisse zurückzugreifen. Diese Kenntnisse gilt es dann in Können, also in Know-how, zu transformieren – im Bereich des Marketing, der Produktentwicklung, der Personalentwicklung und in der Gesamtstrategie des Unternehmens. Dieses «Learning from the best» ist das zentrale Prinzip der sinnergetischen Verbesserung des Unternehmens. Die Anwendung des Wissens durch das Management umfaßt (nach Ronnie Lessem) folgende Schritte:

- *Wissen hervorbringen:* Eröffnung neuer Wissensgebiete
- *Wissen entwickeln:* Entdeckung der Anwendungsmöglichkeiten auf einer Reihe von Gebieten
- *Wissen verfeinern:* Umsetzung des Wissens in Routinen
- *Wissen verbreiten:* In Technologie, Schulungsmaßnahmen, Datenbanken investieren, die neues Wissen enthalten
- *Wissen anpassen:* Lösung der Probleme, die sich bei der Anwendung von Wissen auf bestimmte Situationen ergeben
- *Wissen beleben:* Umwandlung der persönlichen Quellen des Wissens in lebendige, benutzerfreundliche Anwendungen
- *Wissen einführen:* Aufpassen, daß die Wissensbasis ihr vorgesehenes Ziel erreicht

Zukunftsorientierte Unternehmen widmen sich der Entwicklung von Know-how und Intelligenz. Dabei nutzen sie Know-how-Potentiale aus anderen Branchen und Wissensgebieten. Ihr Ziel ist es, Materie durch Geist zu substituieren und dabei einen Lernvorsprung für sich als Wettbewerbsvorteil zu generieren.

4.5 Schwächen sind Übertreibungen von Stärken: Das Beispiel High-Speed oder «Zuviel des Guten»

Jeder von Ihnen kann sich mit Hilfe einer einfachen Überlegung die Aussage «Schwächen sind Übertreibungen von Stärken» bewußt machen. Nehmen Sie irgendeine beliebige positive Charaktereigenschaft eines Menschen, zum Beispiel Ordnungssinn, Kontaktfreudigkeit, Großzügigkeit oder auch Aufrichtigkeit. Die Liste läßt sich beliebig verlängern. Und jetzt fügen Sie an jede von Ihnen positiv bewertete Eigenschaft das Wörtchen «zu» hinzu. Sie werden sofort sehen, daß dann aus dem Ordnungssinn Pedanterie, aus Kontaktfreudigkeit Aufdringlichkeit, aus Großzügigkeit Verschwendungssucht und aus Aufrichtigkeit Naivität wird.

Auch aus der Medizin wissen wir seit Paracelsus, daß die Dosis den Unterschied macht, ob ein Medikament ein Heilmittel oder ein Gift ist.

Es ist hilfreich, diese Überlegungen unter dem Aspekt «Immer besser» auf Entwicklungen in Unternehmen zu projizieren. Das Maß der Dinge für Verbesserungen in Unternehmen muß die erzielbare Steigerung der Wertschöpfung oder die spürbare Erhöhung des Kundennutzens sein.

Betrachten wir uns in diesem Zusammenhang den Erfolgsfaktor «Zeit». Unter dem Stichwort Time-based Management wurde in zahlreichen Branchen der Faktor Zeit als Schlüsselfaktor für erfolgreiche Unternehmensentwicklung entdeckt. Die Konzepte sind allgemein bekannt:

- Just in Time
- Time to Market
- Time optimizing processing
- Turbo-Marketing

Ohne Zweifel kann es für den Kunden in unserer subjektiv immer schnellebigeren Zeit von erheblichem Nutzen sein, Zeitvorteile nutzen zu können. Aber ist es für uns von Nutzen, wenn der Faktor Zeit überbetont wird?

Schauen wir uns drei ausgewählte Branchen an, in denen die Betonung des Faktors Zeit besonders ausgeprägt ist: die Computerbranche, die Modebranche, die Automobilbranche.

140

Jedes Jahr werden auf der Cebit, der größten Computer- und Softwaremesse der Welt, die neuesten Entwicklungen der Branche vorgestellt. Und gleichzeitig erfährt der Kunde, was ihn im nächsten Jahr erwartet. Wer also dieses Jahr kauft, dem wird deutlich signalisiert, daß er in Kürze ein veraltetes Produkt sein eigen nennen kann.

In der Modebranche wurde der Rhythmus der neuen Modelle derart erhöht, daß der Verbraucher nicht mehr in der Lage ist, die jeweiligen Kleidungsstücke der entsprechenden Zeitphase zuzuordnen. Wenn ich aber nicht mehr dazu in der Lage bin, modische Artikel zeitlich einzuordnen, dann wird ja der ganze Moderummel geradezu ad absurdum geführt.

Japanische Automobilhersteller haben in den letzten Jahren den zeitlichen Rhythmus der Einführung neuer Modelle immer mehr verkürzt. Damit haben sie nicht nur die europäischen und amerikanischen Wettbewerber unter erheblichen Druck gebracht, sie haben auch den Kunden erhebliche Wertverluste bei deren Fahrzeugen beigebracht – und in letzter Konsequenz sind sie damit selbst unter solchen Kostendruck gekommen, daß viele jetzt damit beginnen, die Modellzeiten schrittweise wieder zu verlängern.

Die Beispiele zeigen, daß eine Überbetonung des Faktors Zeit kontraproduktiv wirkt.

Wenn wir Verbesserungen erreichen wollen, dann dürfen wir uns nicht vom technisch Möglichen leiten lassen, sondern wir müssen immer die Frage «Was bringt die Verbesserung dem Kunden?» und die maximal mögliche Verbesserung der Wertschöpfung in den Mittelpunkt stellen.

4.6 Zusammenfassung

Immer besser statt immer größer
Kaizen ist die Philosophie, Gutes besser zu machen und permanent an sich zu arbeiten. Kaizen arbeitet mit kleinen Schritten und hat zum Ziel, mehr Wert mit weniger Aufwand zu schöpfen.

Effektivität durch Prozeßoptimierung
Durch Zerlegen des Unternehmens in Wertschöpfungsprozesse und ihre Optimierung kann es gelingen, strukturelle Rahmenbedingungen zu ändern und enorme Effektivitätssprünge zu erreichen.

Die lernende Organisation
Dauerhafte Wettbewerbsvorteile können nur realisiert werden, wenn sich das Unternehmen als lernender Organismus mit eigenverantwortlichen Teams strukturiert und eine «lustvolle Lernkultur» entstehen kann.

Vom Hardwareproduzenten zum Wissensunternehmen
Zukunftsorientierte Unternehmen widmen sich vermehrt der Produktion von Know-how und Intelligenz. Dabei nutzen sie Know-how-Potentiale aus anderen Branchen und Wissensgebieten. Ihr Ziel ist es, Materie durch Geist zu substituieren und dabei einen Lernvorsprung für sich als Wettbewerbsvorteil zu generieren.

Wertschöpfung vor Machbarkeit
Wenn wir Verbesserungen erreichen wollen, dann dürfen wir uns nicht vom technisch Möglichen leiten lassen, sondern wir werden auch hier immer die Frage des Kundennutzens und der erreichbaren Steigerung der Wertschöpfung in den Mittelpunkt stellen müssen.

5. Intern konzentrieren – extern differenzieren: Das Geheimnis der Evolutionsmethodik

«Oberflächenkomplexität entsteht durch Tiefeneinfachheit.»
M. G. Mann

5.1 Lehrmeisterin Evolution

Die Evolution zeichnet sich durch einen permanenten, nicht umkehrbaren Prozeß des sich Anpassens und Lernens aus. Vielfalt und Differenzierung nehmen im Laufe der Entwicklung zu, ohne Anfang und Ende.

Vertreter dieses Ansatzes finden sich in den verschiedensten Bereichen. So zeigt sich die Analogie zwischen Naturentwicklung und Unternehmensentwicklung bei den Nobelpreisträgern Konrad Lorenz und Friedrich August von Hayek genauso wie bei Burton H. Klein, Wirtschaftsprofessor am California Institute of Technology in Pasadena, der in einem Vortrag anläßlich der internationalen Schumpetergesellschaft den Zusammenhang zwischen der allgemeinen wirtschaftlichen Entwicklung und der Evolutionstheorie der Biologie besonders betonte. Es gehört natürlich ein bißchen Mut und die Fähigkeit zum Loslassen dazu, aber die Beratungserfahrung in vielen Unternehmen zeigt: es sind nicht diejenigen Manager am erfolgreichsten, die mit erstklassigen

Planungs- und Kontrollsystemen operieren, sondern diejenigen, die ein Gespür und die Intuition für Wandlungsprozesse haben und die es schaffen, durch ihre selektive Wahrnehmung für zukünftige Entwicklungen ihrem Unternehmen zu helfen, teilweise vor dem Bedarf zu operieren.

5.2 Die Quadratur des Kreises: Wettbewerbsfähige Preise und Differenzierung des Angebotes

Wir versuchen mit dem Ansatz, Unternehmen als lebende, evolutionäre Systeme zu verstehen, eines der größten Probleme der Unternehmensführung zu lösen. Auf der einen Seite will und fordert der Markt einen immer höheren Grad an Differenzierung und Vielfalt. Die Biologie hat uns gezeigt, daß Wachstum in begrenzten natürlichen Systemen nur über eine Zunahme an Vielfalt erreicht werden kann.

Auf der anderen Seite ergibt sich dadurch für ein Unternehmen eine (scheinbar) unlösbare Kostenproblematik. Wie soll ein Unternehmen immer mehr Differenzierung zu Preisen bieten, die wettbewerbsfähig sein müssen?

Versuchen wir die Lösung über den evolutionären Ansatz. Die Evolution ist als ein ständiger Lernprozeß zu verstehen. Übertragen auf die Unternehmenswelt heißt die Aufgabe, Produkte so zu gestalten, daß sie sich in eine «ökologische Nische» einpassen. Die Evolution zeigt, daß langfristig die Arten am besten überlebt haben, die die höchste Fähigkeit zur Anpassung hatten. So haben dann auch die Unternehmen bzw. Produkte langfristig die besten Chancen, die entwicklungsfähig sind – sie müssen mutieren können, genau wie Arten es tun, wenn sich ihre Lebensbedingungen verändern.

Der Generaltrend der Evolution führt zu einem Mehr an Differenzierung, zur Verfeinerung und zur «geistigen» Anreicherung. Die Evolution lehrt uns, daß ein auf Dauer erfolgreiches System von Wachstum

144

unabhängig sein muß. In der Natur gibt es kein unbegrenztes Mengenwachstum, sondern ab einem bestimmten Punkt ein qualitatives Wachstum. «... Es wird mehr Information gespeichert, und das System wird, obwohl es nicht mehr weiterwächst, funktioneller und besser» (Nachtigall, 1983).

Nicht die Stärksten, sondern die Buntesten, Schönsten, Attraktivsten gewinnen das Spiel. Es lohnt sich festzuhalten, daß diese Differenzierung nicht im Kern der Arten, sondern überwiegend an der Peripherie stattfindet. Sliwka weist in diesem Zusammenhang auf die Beobachtung hin, daß die Leber eines Hasen und eines Igels prinzipiell deckungsgleich beschaffen sind. An diesem Beispiel wird deutlich, daß die eigentliche Differenzierung nach außen erfolgen muß. Andernfalls ist es schier unmöglich, auf der einen Seite dem Kostendruck zu begegnen, auf der anderen Seite den schnellen Modellwechsel zu gestalten.

Das große Wunder der Natur ist es also, nach außen immer mehr zu differenzieren (und sich so unterschiedlichen Bedürfnissen anzupassen), nach innen aber zu konzentrieren. Mit anderen Worten: mit verhältnismäßig wenigen Bausteinen und Modulen, gleichen Grundideen und Elementen die ungeheure Vielfalt zu schaffen, die wir erleben können.

Nur so ist es möglich, daß es keine zwei Menschen auf der Welt gibt, die einander völlig gleichen. Nicht einmal eineiige Zwillinge haben die gleichen Fingerabdrücke!

Intern konzentrieren oder Konzentration auf Kernkompetenzen

Intern konzentrieren bedeutet ein Unternehmen auf seine Kernfähigkeiten auszurichten, durch die es verteidigungsfähige Wettbewerbsvorteile realisiert und einen hohen Wertschöpfungsanteil erreicht.

Wichtig dabei ist, daß sich die Kernkompetenzen nicht auf Produkte, sondern auf die Steigerung des Kundenmehrwerts fokussieren.

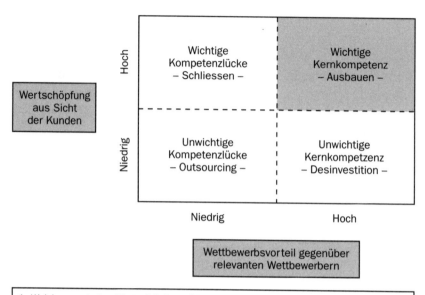

Abb. 12: Das Kompetenzportfolio (Servatius)

Die Konzentration auf Kernkompetenzen bietet zwei entscheidende
Vorteile:

1. *Es wird ein weiter, vom Produkt- und Branchendenken gelöster Denkrahmen aufgebaut, und somit werden neue Möglichkeiten zum Wachstum in anderen Märkten geschaffen.*

Die Firma Swatch würde nicht so schnell wachsen, wenn sie nur pop-
pige Uhren herstellen würde. Swatch hat die Kernkompetenz für jun-
ges, individuelles Design und Marketing. So bietet Swatch heute von
der Uhr über Telefone, Sonnenbrillen und Schreibgeräte die unter-
schiedlichsten Konsumgüter an.

2. Kernkompetenzen sind länger verteidigbar als austauschbare Produkte.

Sharp sieht seine Kernkompetenz in der visuellen Schnittstelle zwischen Mensch und Computer und ist somit zum weltweit führenden Anbieter von LCD-Bildschirmen geworden.

Canon konzentrierte sich bei Kopierern auf das «visuelle» Herz, auf die Lichtoptik, und erreichte damit einen hohen Marktanteil auch in Fremdmarken. Diese beiden Unternehmen wachsen auf Basis ihrer Kernkompetenzen, unabhängig von einzelnen Produkten. Auch lassen sich die Kompetenzen weitaus besser verteidigen als das einzelne Produkt.

Die Kernkompetenz der Biermarke Clausthaler liegt nicht in erster Linie in der Braukunst eines bestimmten Bieres, sondern im Vertrieb und bei der Markenführung des Unternehmens. Clausthaler kann seine Position so gut verteidigen, da sie nicht auf einem einzelnen Produkt basiert, sondern in der Gesamtkonzeption des Unternehmens verankert ist.

Extern differenzieren oder:
Der Unterschied findet an der Oberfläche statt
Um den immer individueller und widersprüchlicher werdenden Kundenwünschen entsprechen zu können, müssen Unternehmen zuerst einen hohen Oberflächenkontakt mit den relevanten Kundengruppen aufbauen, um ihnen daraufhin eine optimal auf ihre Wünsche und Bedürfnisse abgestimmte Problemlösung anbieten zu können.

Um diesen hohen Oberflächenkontakt zu gewährleisten, bauen sinnergetische Unternehmen ihr Produktmanagement zugunsten von kundenorientierten Teams um. Diese Teams bauen nicht nur eine enge Beziehungs- und Vertrauenskommunikation mit dem Kunden auf, sondern betreuen dessen Problemlösung durch den gesamten Ablauf im Unternehmen.

Da es sich aus betriebswirtschaftlicher Sicht sicherlich nicht darstellen läßt, daß jeder Kunde sein individuelles Produkt bekommt, außer vielleicht in Dienstleistungsunternehmen, so können wir uns in Zukunft durch

- Kommunikation
- wirtschaftliche Leistungsfähigkeit
- Beziehung nach außen
- Value-Marketing

differenzieren.

Kommunikation, Oberflächendesign, Kundenbeziehung

Mit Hilfe moderner Kommunikationstechnologien, wie das Database-Marketing und das Online-Pull-Marketing, wo Informationen z. B. im Internet abfragbar gehalten und nicht ungefragt gesendet werden, können wir mittelfristig mit ausgewählten Kundengruppen die sogenannte 1:1-Kommunikation aufbauen. Wir differenzieren unsere standardisierten Produkte nach außen durch individuelle Kommunikation in Form von Branchen- und Kundenbroschüren individuell. Durch das Online-Pull-Marketing bieten Unternehmen ihren Kunden die Möglichkeit, im Rahmen von weltweiten Computernetzwerken (Internet, Compuserve) Informationen bei Bedarf über das Unternehmen und dessen Dienstleistungen abzurufen und zu speziellen Themenstellungen mit dem Unternehmen direkt zu kommunizieren. Der Kunde wird entscheiden, wann er Informationen haben will, und die Unternehmen kommunizieren nur mit Kunden, die ein wirkliches Interesse an ihren Produkten und Dienstleistungen haben, und vermeiden somit unnötige Streuverluste. Es ist klar, daß sich durch individuelle, auf Kundengruppen abgestimmte Kommunikation standardisierte Problemlösungen nach außen attraktiv differenzieren lassen.
Da wir, nicht zuletzt durch die exponentielle Zunahme von Medien und deren Konsum, in einer Welt leben, in der wir gar nicht mehr die

Zeit haben, bei den meisten Dingen wirklich in die Tiefe zu gehen, konzentrieren wir uns in unserer Wahrnehmung nur noch auf den äußeren Schein. Globaler Wellness-Trend und die zunehmende Bedeutung des Designs sind Beispiele dafür. So versucht der Mensch sein Innerstes nach dem Motto «So wie man mich von außen sieht, so bin ich» an der Oberfläche zu gestalten.

Unternehmen wir Braun, Vitra und Bang & Olufsen unterscheiden sich neben der guten, aber austauschbaren Qualität u. a. durch ihr Design, durch ihren äußeren Schein von ihrer Konkurrenz. Erst der ästhetische Unterschied macht in den Augen des Kunden den attraktiven Unterschied aus, der ihn dazu bringt, einen Phillip-Stark-Stuhl zu kaufen. In fast allen Branchen stellen Design und Ästhetik der Problemlösungen, also letztlich der äußere Schein, einen immer stärkeren Wertschöpfungsfaktor dar. Sie müssen sich als Unternehmer fragen, welche ästhetischen und «Designpotentiale» Sie bei Ihren Problemlösungen noch ungenutzt lassen und welche zentralen Erlebniskategorien Ihnen dadurch noch verschlossen sind.

Value-Marketing – «More for less»

Sinkende Realeinkommen, unsichere und pessimistische Perspektiven gepaart mit der «Resistance to change» in der Politik und in den staatlichen Institutionen führen zu einer dauerhaften Rezessionskultur. Die gleichzeitige Sättigung der Märkte führt auf der Unternehmensseite zu einem knallharten preisaggressiven Verdrängungswettbewerb und auf der Kundenseite zu einem subjektiven Wichtigerwerden des Preises. Dauerniedrigpreis-Konzepte, wie DM, Kaufmarkt oder BMW und Sixt sie verfolgen, stellen Unternehmen vor große Herausforderungen. Wie läßt sich «mehr Produkt für weniger Geld verkaufen»? Eine Möglichkeit ist das Value-Marketing.

Value-Marketing orientiert sich konsequent an den Wünschen und Bedürfnissen der Kunden und versucht, den wahrgenommenen Nutzen des Produktes oder der Dienstleistung zu erhöhen und dabei das subjektive Preisgefühl des Kunden und den Aufwand pro Kunde zu reduzieren.

Diese Kundenorientierung, unterstützt durch kundenbindende Maßnahmen, erhöht die Kundenloyalität, es finden mehr Käufe statt, die Preissensitivität des Käufers nimmt ab und die niedrigeren Kosten der Zusammenarbeit verschaffen den Unternehmen «more profit per customer». Value-Marketing-orientierte Unternehmen setzen auf langfristige Kundenbindung und investieren in potentielle «Kunden fürs Leben». Die wesentlichen Inhalte des Value-Marketing sind:

1. *Identifikation der Value-Drives*
   Ein wesentlicher Punkt der langfristigen Zusammenarbeit ist die Kenntnis der wesentlichen und entscheidenden Kundenwerte und -bedürfnisse, um die Diskrepanz zwischen der erbrachten und erwarteten Leistung für den Kunden zu reduzieren. Ziel ist es, die Kundenerwartungen zu übertreffen («der Wow-Effekt») und durch Kommunikation mit dem Kunden seine Erwartungshaltung zu verändern. Kundenzufriedenheits-Indices (Customer Satisfaction Index) bieten hier bewährte Ansätze.

2. *Value-Pricing*
   Der erwartete Kundennutzen und die daraus resultierende Zahlungsbereitschaft legen die Gestaltung und Entwicklung des Produktes und des Dienstleistungsangebots fest. Nicht das technisch Machbare wird produziert, sondern das vom Kunden Erwartete zum rentablen Preis. Diese konsequente Zielkostenorientierung führt zu einer Ausrichtung der Wertschöpfungsprozesse und Produktneuentwicklung auf den Kunden und nicht auf interne Wünsche und Visionen der Entwicklungsabteilung.

3. *Produktanreicherung und Preisbündelung*
   Die PC-Pakete von Vobis, die Sondereditionen der Automobilhersteller (mehr Auto fürs Geld) und die Kooperation von Hotels und Autovermietern versuchen hier, die Zahlungsbereitschaft der Kun-

den besser und konsequenter auszuschöpfen. Praxisbeispiele sind Blockbuchung oder Abonnements bei Veranstaltungen, Pauschalreisen, Menüs, All-in-one-Konzepte oder Komplettangebote (Beispiel: Big Mac, Supersparmenüs), die einen 15%igen Preisvorteil gegenüber den Einzelpreisen realisieren lassen.

4. *Bonussysteme und Clubprogramme*
Die Clubprogramme (Ikea-Family, VAG Club, Miles and More) bieten dem Kunden mit der Dauer der Zusammenarbeit einen erlebbaren Bonus oder eine erlebbare Vergünstigung, die somit seine Treue und Loyalität verstärken.

5. *Customizing*
Die individuell angefertigte Jeans von Levi, das einzigartige persönliche Panasonic-Fahrrad und die individuelle Autoausstattung erhöhen den Kundenwert und differenzieren sich damit von einem standardisierten Produktangebot von der Stange. Diese serienmäßige Individualität läßt sich intern durch Modul- und Paketbauweisen in der Produktion herstellen und extern durch individuelle Dienstleistungspakete oder persönliche Kommunikation erreichen.

6. *Serviceprogramme und der psychologische Mehrwert*
Produkte sind heute auf der rein materiellen Ebene austauschbar, verteidigungsfähige Wettbewerbsvorteile lassen sich nur noch durch ein dauerhaftes Dienstleistungs- und Markenprogramm aufrechterhalten. Es gilt also, Leistungslücken beim Kunden zu identifizieren, durch ein glaubwürdiges Serviceprogramm auszugleichen und damit die Kundenbindung zu erhöhen.

Fassen wir zusammen: Value-Marketing bringt Unternehmen und Kunden in eine Win-Win-Situation, Unternehmen kreieren einen höheren Kundenwert und realisieren dabei langfristig höhere Gewinne. Nicht der niedrigste Preis entscheidet, sondern der günstigste Preis für ein klar definiertes Leistungsangebot.

Der sicherlich entscheidende und letztendlich auch kundenbindende

Faktor ist die Beziehung zwischen Ihrem Kundenberater oder Verkäufer und dem Kunden.

Wenn Ihr Kundenberater nicht nur Verkäufer von Problemlösungen ist, sondern in die Welt des Kunden durch Zuhören und offene Fragestellungen eintaucht und aus diesem Dialog eine gemeinsame Problemlösung für die Zukunft erarbeitet, dann wird sich der Kunde bei Ihnen wohlfühlen und aus dieser Geborgenheit immer wieder, gute Produktqualität vorausgesetzt, zu Ihnen zurückkommen.

Die Faktoren Kommunikation, Design, Kundenbeziehung und Value-Marketing stellen die wesentlichen Möglichkeiten der Oberflächendifferenzierung bei sinnergetischen Unternehmen dar und finden je nach Branche unterschiedliche Ausprägungen.

Diese Verknüpfung von zwei scheinbar so gegensätzlichen Dingen wie der internen Konzentration, also dem Sammeln der Unternehmensenergien auf wenige Punkte, und der externen Differenzierung schafft die permanente Verbesserung der Systeme, den Wohlstand der Natur. Wäre Adam Smith in seinem Klassiker der Ökonomie «The Wealth of Nations» stärker auf diese Zusammenhänge eingegangen, wer weiß, ob wir heute solche ökologischen und ökonomischen Probleme hätten.

Natürlich ergeben sich unter diesen Aspekten für die gesamte Unternehmensstrategie erhebliche Konsequenzen, auf die wir an anderer Stelle noch eingehen werden. Eines sei aber hier schon gesagt: Es liegt auf der Hand, daß Unternehmen, die sich auf ihre Kernkompetenzen konzentrieren und alle anderen Bereiche intelligent an Partner «outsourcen», wesentlich flexibler, anpassungsfähiger und evolutionsfähiger sein müssen. Unter dem Aspekt der Evolutionsmethodik bekommen viele der neueren Management-Modelle wie das Lean Management, der Aufbau schlanker, flexibler Organisationsstrukturen, das Business Process Reengineering, der prozeßorientierte Ansatz der Organisationsentwicklung, und auch die Strategie der Konzentration auf Kernkompetenzen einen ganz anderen Stellenwert.

Fazit:

*Weder die rein quantitative Steigerung der Produktzahl noch strenges Kosten-
management allein bringen dem Unternehmen Prosperität, Wohlstand und die
Sicherung, die es für eine stabile, gleichgewichtige Entwicklung braucht. Vielmehr ist es die Fähigkeit, Produkte mit wenigen Grundbausteinen durch kontinuierliche Verbesserungen an der Oberfläche so zu gestalten, daß sie sich mit
den Veränderungen des Marktes entwickeln können. Wachstum, Vollbeschäfti-
gung und Wohlstand hängen also von der Evolutionsfähigkeit des einzelnen
Unternehmens ab.*

5.3 Der Lebensbaum als Organisationsmuster: Überleben in chaotischen Märkten

Es liegt auf der Hand, daß ein evolutorisches Modell niemals mit den
alten Organisationsmustern realisiert werden kann. Die klassische Darstellungsform für Organisationen ist das Organigramm, also das Abbild
der Machtstruktur im Unternehmen. An der Spitze steht die Führung
des Unternehmens und am Organigramm ist die hierarchische Struktur abzulesen.

Zwei Dinge sind es vor allem, die das Organigramm für unseren
Ansatz so ungeeignet machen:

- zum einen der *statische Charakter des Modells*, der flexible Anpas-
  sungsprozesse nicht berücksichtigt,
- zum anderen die *völlige Ignoranz gegenüber den Kunden*, die im Organisationsmuster des Organigramms schlicht und einfach nicht
  existieren.

Die Evolutionsforschung hat deshalb seit langem ein Modell entwikkelt, das den oben skizzierten Erfordernissen in wesentlich höherem
Maße entspricht: das Baummodell.

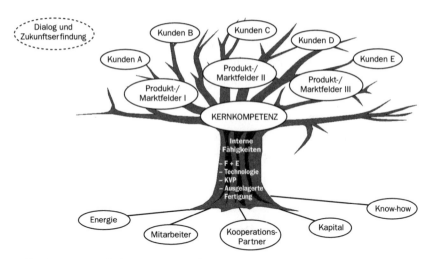

Abb. 13: Der Baum als Organisationsmetapher

Die Wurzeln

Kapital, Know-how, Partner und Energie sind die Basis und die Wurzeln des Unternehmens. Aus den Wurzeln entwickelt sich der Stamm und einige tragende Äste, die mit den Kernkompetenzen des Unternehmens vergleichbar sind. Auf der Grundlage weniger Kernkompetenzen können eine Vielzahl von Produkten und individuelle Problemlösungen entstehen.

Die strategischen Geschäftsfelder

Auf Basis der Kernkompetenzen lassen sich stategische Geschäftsfelder bilden, die im Sinne einer Produkt-Markt-Kombination für bestimmte Kundengruppen innovative Problemlösungen anbieten. Diese werden nach dem Subsidiaritätsprinzip als Profitcenter geführt. D. h. eigene Marktverantwortung und die Holding steuert die übergeordneten Themen der SGFs, wie strategische Leitlinien, Ressourcenzuweisungen, Make-or-Buy-Entscheidungen.

154

Die Kundenserviceteams

Virtuelle Produkte und hochindividualisierte Problemlösungen werden von abteilungsübergreifenden, kundenorientierten Teams und den Kunden gemeinsam konzipiert, mit Hilfe spezifischer Services und Dienstleistungen weiterentwickelt und verkauft.

Im Baummodell entsprechen diese Teams kleinen Ästen. Sie ermöglichen zusammen mit den Blättern eine große, differenzierte Oberfläche und bekommen so den wichtigen Oberflächenkontakt zur Umwelt. Genau dieser Effekt ist es, der das Lernen des Unternehmens gemeinsam mit seinen Kunden und seiner Umwelt überhaupt erst ermöglicht.

Zellteilung oder das natürliche Wachstum von Unternehmen

Wenn Unternehmen zu groß und dadurch unbeweglich werden, können einzelne lebensfähige Einheiten wie Zellen aus dem Organismus ausscheiden und als interne Netzwerkpartner eigenständig operieren. Zellen können – im Gegensatz zu Abteilungen – eigenständige lebensfähige Einheiten darstellen. Es werden also keine zusätzlichen Abteilungen geschaffen, sondern kleine lebensfähige Teams. In diese Richtung geht die Strategie des Bertelsmann-Konzerns: Alle Teil- und Tochterbetriebe können ihre Zulieferer frei wählen und müssen Leistungen nicht von innen beziehen, wenn sie außerhalb des Konzerns günstiger zu bekommen sind.

Die Vorteile liegen auf der Hand:

- Mit-Unternehmer werden gefördert statt behindert.
- Durch den intensiven Marktkontakt erhöht sich das Kreativitätspotential.
- Durch den hohen Grad an Selbstorganisation und aufgrund der klaren Ziele sind nur geringe Energien für Planung, Steuerung und Kontrolle notwendig.
- Die Flexibilität und Anpassungsfähigkeit wird deutlich erhöht.

- Dem gesunden Wachstum des Unternehmens sind kaum Grenzen gesetzt, da das Netzwerk eine Vielzahl kleiner lebensfähiger Einheiten einbinden kann.

Auch in der Naturwissenschaft gilt, daß ein System stets dann evolutionärer als ein anderes ist, wenn es sich in möglichst viele große, mittlere, kleine und kleinste Einheiten auflöst, die alle auf eigene Rechnung mit eigenen Ideen und eigenen Strategien voranzukommen versuchen.

Ein solches System ist imstande, sich sehr viel schneller, flexibler, weicher und energiesparender den Umfeldveränderungen anzupassen.

Durch die Bildung autonomer Einheiten und durch die konsequente Ausrichtung am Prinzip «intern konzentrieren, extern differenzieren» wird das Unternehmen (und die Gesamtwirtschaft) evolutionsfähiger, zum Nutzen aller Beteiligten.

Wenn man sich intensiv mit den Analogien zwischen Natur und Unternehmensentwicklung befaßt, so bekommt man bald den Eindruck, Führungskräfte sollten eher bei den Biologen als bei den Ökonomen Rat suchen. Vielleicht sollten sich Unternehmer in Zukunft mehr als Gärtner denn als technokratische Ingenieure begreifen.

Selbst ausgeklügelte Zielplanungssysteme werden in turbulenten Marktsituationen schnell zur Makulatur. Das Umfeld ändert sich heute oft so schnell, daß der Planer dabei auf der Strecke bleibt. Wie jedoch richtige Anpassung das Überleben sichert, führt uns die Natur seit Jahrmillionen vor.

Wir betrachten Unternehmen als lebendige Systeme, die darin den Geschöpfen der Evolution gleichen. Und so gilt analog in der Natur wie für die Unternehmensentwicklung, daß nur das rechtzeitige und richtige Anpassen das Überleben sichert.

Unabhängig von allen Führungstheorien, -methoden und -rezepten gilt daher die schlichte Wahrheit, daß Unternehmen lern- und veränderungsfähig sein müssen, wenn sie nach den Gesetzen der Natur ihr Ziel – das Überleben im Markt – erreichen wollen.

5.4 Zusammenfassung

Die Quadratur des Kreises: Intern konzentrieren – extern differenzieren

Weder die rein quantitative Steigerung der Produktzahl noch strenges Kostenmanagement allein bringen dem Unternehmen Prosperität und Sicherheit, die es für eine stabile, gleichgewichtige Entwicklung braucht. Vielmehr ist es die Fähigkeit, Produkte mit wenigen Grundbausteinen durch kontinuierliche Verbesserungen an der Oberfläche so zu gestalten, daß sie sich mit den Veränderungen des Marktes entwickeln können und sich erfolgreich ausdifferenzieren.

Natürliche Organisation: Der Baum als Organisationsmuster

Sinnergetische Unternehmen entwickeln sich analog einem Baum, der extern durch Services und Kommunikation dem Kunden eine immer individuellere Problemlösung anbietet und dabei intern, durch die Konzentration auf Kernkompetenzen, mit Rückgriff auf ein Baukastenprinzip, eine günstige Kostenstruktur entwickelt.

Manager lernen von Biologen

Klassische Führungstheorien sind meist linear und mechanistisch aufgebaut und negieren somit die Dynamik und Komplexität der realen Märkte. Führungskräfte sollten eher bei den Biologen als bei den Ökonomen Rat suchen, die mit lebendigen und unplanbaren Systemen arbeiten. Vielleicht sollten sich Unternehmer in Zukunft eher als Gärtner denn als technokratische Ingenieure begreifen.

6. Einfacher ist genialer: Komplexitätsbewältigung als Führungsaufgabe

6.1 Erfolg durch Einfachheit

In den letzten Jahren sind bei der Vielzahl an Managementmodellen zwei Schlüsselfaktoren für erfolgreiche Unternehmensentwicklung besonders herausgestellt worden:

- *Erfolg durch schlanke Strukturen und Prozesse (Lean Management)*
- *Erfolg durch Schnelligkeit (Time-based Competition)*

Im Lean Management, populär geworden durch die Studie «Die zweite Revolution in der Automobilindustrie», geht es darum, durch den Aufbau schlanker Strukturen, durch Weglassen nichtwertschöpfender Tätigkeiten (Vermeidung von Energieverschwendung oder, wie die Japaner es nennen, «Muda») und durch systematische Reduzierung der Leistungstiefe das Unternehmen flexibler, wandlungsfähiger und dadurch wettbewerbsfähiger zu machen.
In den Studien, die die Zeit als unternehmerischen Erfolgsfaktor in den Mittelpunkt stellen, geht es um die Ziele

- *schneller und näher am Kunden (Time to Market)*

- *Prozeßoptimierung (Just in Time)*
- *Beschleunigung des gesamten Systems (Time optimizing processing)*

Stellt sich die Frage: Was steht hinter den so gerühmten Wettbewerbs-stärken «schlank» und «schnell»? Die Antwort lautet:
Die Kunst des Weglassens und die Konzentration auf einfache Strukturen und Prozesse.
Wir wollen Ihnen zeigen, welche unternehmerischen Energien akti-viert und welche Erfolgspotentiale entdeckt werden können, wenn man erst den Mut zum Weglassen und zum konsequenten Vereinfa-chen gefunden hat. Einfachheit kann einem Unternehmen völlig neue Kräfte geben, um im Wettbewerb bestehen zu können, aber es braucht auch einen Wandel in der Managementkultur; dazu den Wandel zum sinnergetisch-evolutionären Denken.
Mit dem Ansatz, Unternehmen als evolutionäre Systeme zu verstehen, kann auch der Leitsatz der Einfachheit begründet werden. In der Evo-lution gilt der Trend zur wachsenden Vielfalt und Differenzierung, zur Verfeinerung der Systeme. Die Zeiten, in denen man jeden Ford be-kommen konnte, wenn man nur das T-Modell in Schwarz wählte, sind ein für allemal vorbei. Und wir wissen, daß in der Evolution Prozesse und Entwicklungen nicht umkehrbar sind.
Die richtige Unternehmens- und Produktstrategie muß darauf gerich-tet sein, aus einem konzentrierten Bestand an Know-how immer dif-ferenziertere Produkte zu entwickeln. Nach innen konzentrieren und nach außen differenzieren heißt dann, aus einem begrenzten Bausatz eine Vielfalt von Produkten oder aus wenigen Vorgängen ein mög-lichst breites Leistungsspektrum zu schaffen. Anders ausgedrückt lautet die Regel dann:

«Nach innen vereinfachen, nach außen differenzieren.»

Eigentlich sind es keine Geheimnisse, daß einfache Ziele, Strukturen und Prozesse, klar konzipiert und kompromißlos umgesetzt, Merkmale von Spitzenunternehmen sind. Die Kraft, die in der Bündelung von Kräften liegt, kennt ja schon derjenige, der einmal die Folgen der Bündelung von Sonnenlicht durch ein Brennglas ausprobiert hat. Konzentration durch Vereinfachung ist ein Prinzip, das hinter dem Erfolg vieler Spitzenunternehmen in schwierigen Branchen steckt.

Doch leider werden diese Erkenntnisse in der Unternehmenspraxis zu selten genutzt. Viele Anbieter reagieren auf Schwierigkeiten im Markt mit dem, was der Markt scheinbar will, nämlich mit einer Vielzahl an neuen Produkten und dem Versuch, immer neue Kundengruppen anzusprechen, die ja alle die benötigten Umsätze und Deckungsbeiträge bringen (sollen).

Und deshalb wird auch kaum einmal das Gebot der Einfachheit deutlicher und direkter verletzt als im Sortiment und in der Kundenabdeckung.

Kunden schaffen Komplexität

Und irgendwie kann man es ja auch verstehen: jeder neue Kunde, jedes neue Produkt bringt Umsätze und Deckungsbeiträge, die Vorteile liegen auf der Hand; auf der anderen Seite ist unser traditionelles Rechnungswesen nicht oder nur sehr bedingt geeignet, die Kehrseite dieser Strategie – die wachsende Komplexität – aufzufangen. So werden die mit einer solchen Ausweitung verbundenen Belastungen oft erst sehr spät erkannt.

Die Zahl der Unternehmer, die sich mit dem Thema Komplexitätskosten auseinandersetzen, ist auch heute noch eine kleine Minderheit.

Bürokratie – Der Wolf im Schafspelz

Aber es sind nicht nur rasch steigende Produktvarianten, die die Kosten in die Höhe treiben und langfristig das Überleben des Unternehmens gefährden. Die Suche nach vermeintlichen Synergien macht das Unternehmen in seinem Kern immer schwerfälliger und breiter. Da werden Zentralfunktionen aufgebaut, intensiv an Vorwärts- und Rückwärtsintegrationen gebastelt, immer auf der Suche nach Know-how- und Kostenvorteilen, die oft nur in der Phantasie existieren.

Konsequenz ist eine interne Verzettelung, in der Regel verbunden mit einer zunehmenden Trägheit und Bürokratie des Systems. Und um das Ganze auf die Spitze zu treiben, wird dann auch noch eine immer aufwendigere EDV eingesetzt, um die zunehmend komplexeren Systeme steuern zu können. Man reagiert also auf die zunehmende Komplexität, die der Markt entwickelt, mit zunehmender «Innenkomplexität», oft mit katastrophalen Ergebnissen für das Unternehmen.

Ein Unternehmer sagte einmal in einem unserer Seminare, daß es sich mit Synergien wohl verhalte wie mit dem Ungeheuer von Loch Ness: jeder glaubt, es existiert, aber keiner hat es je gesehen.

KISS oder durch Einfachheit zur Überlegenheit

Die Evolutionsmethodik, aber auch unser gesunder Menschenverstand und langjährige Analysen in Unternehmen verschiedenster Branchen zeigen, daß dieses Vorgehen falsch ist. KISS (Keep it strictly simple) ist für die Gestaltung von Unternehmensstrategien und -prozessen ein besserer Ansatz. Auch in der Unternehmensführung ist weniger oft mehr, in der Beschränkung und durch die Kunst des Weglassens werden ungeahnte Energien freigesetzt. In unserem sinnergetischen Leitbild sind Unternehmen Energiesysteme, deren Prozesse so ungestört wie möglich ablaufen sollten, ohne Verschwendung von Energie, und da ist die Einfachheit der Strukturen und Prozesse eine entscheidende Stellgröße. Wir bekommen für die These der Überlegenheit des KISS-Ansatzes nicht nur aus der Evolutionsmethodik, sondern auch aus zwei ganz anderen Richtungen Unterstützung. Zum einen von Antoine de Saint-Exupéry, der in seinem Buch «Wind, Sand und Sterne» unmißverständlich sagt: *«Vollkommenheit entsteht offensichtlich nicht dann, wenn man nichts mehr hinzufügen kann, sondern wenn man nichts mehr weglassen kann.»*

162

Dieser eher intuitiven Einsicht des Schriftstellers und Philosophen können wir die handfesten Ergebnisse gegenüberstellen, die eine Langzeitstudie von McKinsey & Company in Zusammenhang mit der Technischen Hochschule Darmstadt erbracht hat. In dieser Studie wurde der Zusammenhang zwischen konsequent umgesetzter Einfachheit und dem Unternehmenserfolg eindeutig empirisch belegt. So war das herausragende Ergebnis der Untersuchung, die bei deutschen Komponentenherstellern und Maschinenbauern durchgeführt wurde, die hohe Korrelation zwischen Spitzenergebnissen von Unternehmen und überdurchschnittlicher Einfachheit und Umsetzungsstärke in der strategischen und operativen Führung (Rommel, 1993).

Es gibt also einen eindeutig belegbaren Zusammenhang zwischen einfachen Lösungen und herausragendem Unternehmenserfolg. Wichtig ist dabei allerdings festzuhalten, daß Einfachheit zum Beispiel in der Produktentwicklung nicht «einfache Produkte» bedeutet. Der Trabant ist im Vergleich zu anderen Automobilen sicherlich ein einfaches Auto, trotzdem ist er heute nahezu unverkäuflich.

Kehren wir noch einmal zu unserem Ausgangspunkt, der Evolutionsmethodik, zurück. Der scheinbare Gegensatz von Konzentration und Einfachheit bei gleichzeitiger Differenzierung und immer besser gelöster Feineinpassung der Produkte ist das Prinzip, das für die Fülle der Möglichkeiten sorgt, ohne deshalb Ressourcen zu verschwenden. Diese Methodik verursacht das permanente Verbessern der Systeme, den immer größer werdenden «Wohlstand der Natur» – vorausgesetzt, es gelten natürliche Bedingungen. In Planwirtschaften, in denen nahezu alle Instrumente kontra-evolutionär wirken, gelten diese Folgen natürlich nicht. Aus der Sicht der Evolutionsmethodik ist deshalb der Untergang der meisten Planwirtschaften nur eine logische Konsequenz.

Fazit:
Einfache Strukturen und Prozesse sind wesentliche Grundlagen für die Entwicklung schlanker, schneller und anpassungsfähiger Unternehmen. Aus der

Sicht der Naturwissenschaften, aber auch aus den Ergebnissen der Unterneh-
mensberatung bekommt dieser Grundsatz deshalb in unserem sinnergetischen
Leitbild ein besonderes Gewicht.

6.2 Das Unternehmen als prozeßorientierter Organismus

Angestoßen durch das Business Process Reengineering versuchen in
den letzten Jahren die meisten Unternehmen ihre Organisation weg
vom rein hierarchischen und funktionellen Aufbau hin zu kundenorientierten Prozessen zu transformieren.

Dabei gibt es zwei grundlegende Hindernisse: Durch eine zusätzliche
Einführung eines Prozeßverantwortlichen bei gleichzeitiger Erhal-
tung der Hierarchien und bei eventueller Beteiligung wesentlicher
Mitarbeiter bei normalen Verbesserungsprojekten kommt es zu drei-
bis fünffachen Unterstellungen in der Führung von Mitarbeitern
oder Teams. D. h., daß das parallele Vorhandensein von reiner funk-
tionaler Hierarchie, von Prozeßhierarchie und Projektorganisation
zur Führungslosigkeit und damit auch zur mangelnden Umsetzung
der Verbesserungsziele wie Beschleunigung von Prozessen etc. auf
der Mitarbeiterebene führt.

Gibt man nun auf der anderen Seite dem Prozeßverantwortlichen
sämtliche Hierarchienverantwortung, so muß man die Funktions-
manager abschaffen. Daß dies bei 99 % aller Unternehmen reine
Utopie ist, braucht nicht extra erwähnt zu werden. Also bleibt hier
auf dieser Ebene nur eine Matrixorganisation, in der Prozeßverant-
wortliche und Funktionshierarchien diagonal zusammen auf Mitarbeiter zugreifen können. Daß auch dies eine nahezu unmögliche
Form der Organisation ist, zeigen uns die Erfahrungen des Produkt-
managements in Markenartikelunternehmen. Was ist nun zu tun,
wenn wir die konkrete Utopie eines kundenorientierten und prozeßorientierten Unternehmens in die Realität umsetzen wollen?

164

Bleibt uns nur die Wahl zwischen Pest und Cholera, das Wählen zwischen ineffizienten Fünffach-Unterstellungen oder einer sich gegenseitig behindernden Matrixorganisation oder gibt es noch eine dritte Alternative?

Suchen wir auch hier die Unterstützung der Natur und fragen uns, wie sich natürliche Systeme organisieren. Natürliche Systeme organisieren sich in einem Kreislaufmodell. Verschiedene Zellen und Organismen sind miteinander vernetzt und orientieren sich immer an der Wertschöpfung oder Einpassung für das jeweilige Umfeld. Was können wir als Unternehmer von diesen natürlichen Organisationsformen lernen?

Übertragen auf die Unternehmensorganisation könnte eine prozeßorientierte, natürliche Organisation wie folgt aufgebaut sein:

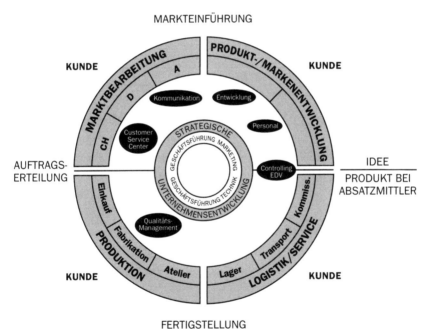

Abb. 14: Das Unternehmen als prozeßorientierter Organismus

Das Unternehmen besteht im Kern aus 4 bis 8 Hauptprozessen, die von einem Prozeßverantwortlichen gesteuert werden, die eigene Prozeßziele und Leistungskennzahlen definieren und sich immer an der Wertschöpfung für externe oder interne Kunden ausrichten. Diese Hauptprozesse sind miteinander vernetzt und haben klare Übergabepunkte zu den Anschlußprozessen, im Sinne von definierten Kunden-/Lieferantenbeziehungen. Unterstützt werden diese Hauptprozesse von internen Dienstleistungsprozessen wie z. B.: Controlling, Personalentwicklung, EDV etc., die wiederum von einem Verantwortlichen und einem Team abgewickelt werden und auf klar definierten Kunden-/Lieferantenverträgen intern wie extern basieren. Gesteuert werden diese Haupt- und Dienstleistungsprozesse durch eine Geschäftsleitung, entweder die Unternehmer oder eine übergeordnete Holding, die in regelmäßigen Sitzungen die Prozesse, Zielvorgaben und Soll-Ist-Abweichungen steuert, Ressourcen zuweist und eventuelle Streitigkeiten im Dialog mit den jeweiligen Verantwortlichen löst. Die Vorteile dieser Organisation nach dem Muster der Natur liegen auf der Hand:

1. *Die Ausrichtung des Unternehmens nach externen und internen Kundenwünschen*
2. *Die eindeutige Zuordnung von Prozeßverantwortlichen, Prozeßteams und Prozeßmitarbeitern (auch externe Kunden), Prozeßzielen und eine klare hierarchische Unterstellung*
3. *Die Organisation nach dem Wertschöpfungsfluß und nicht nach Funktionen*
4. *Das Prinzip der Selbstverantwortung und Führung durch Zielvereinbarungen*
5. *Die Vernetzung unterschiedlicher Teams in der Geschäftsleitungssitzung und in Verbesserungsmeetings*

Die Liste der Vorteile ließe sich noch beliebig erweitern, aber wir möchten an dieser Stelle nur deutlich machen, wie eine natürliche

Organisation real aussehen und funktionieren kann. Daneben möchten wir noch darauf hinweisen, daß wir mit dieser Darstellungsform, diesem Organisationsleitbild, ein anderes Bewußtein bekommen: «Weg von Funktionen, hin zum natürlichen Kreislaufmodell, das sich an Wertschöpfung für interne oder externe Partner orientiert und bei dem alle an der Leistungserstellung beteiligt sind. Durch dieses Bewußtsein oder die Bewußtseinsveränderung kann das reale Verhalten der beteiligten Personen in der Organisation und im Prozeß verändert werden und die Resistance to change rückt in den Hintergrund.

6.3 Stellhebel für einfache Strukturen und Prozesse

Der Erfolg von Unternehmen kann bekanntlich an vielen Größen gemessen werden. Aber welches sind die Ursachen für Erfolg?
Aus der Evolutionsmethodik haben wir abgeleitet, daß die Zukunft den Unternehmen bzw. Produkten gehört, die durch Verfeinerung und Differenzierung ihren funktionalen Wert permanent steigern und denen es gelingt, die Bedürfnisse ihrer Absatzmärkte mit stetig abnehmendem Material- und Energieeinsatz zu befriedigen.
Bei den Büroeinrichtern müßte der Anbieter gewinnen, dem es gelingt, raumwirtschaftliche Konzepte zusammen mit seinen Kunden, die er hochdifferenziert anspricht (z. B. als Steuerberater, Ärzte, Banken, Versicherungen etc.) gemeinsam zu entwickeln, der aber gleichzeitig die Zahl der von ihm angebotenen Systeme der Büromöbelhersteller drastisch reduziert, um seine internen Komplexitätskosten in den Griff zu bekommen.
Und es müßte der Automobilhersteller prosperieren, dem es gelingt, durch seine verfeinerten Systeme Autos auf den Markt zu bringen, die weniger Energie verbrauchen, ein Mehr an Sicherheit bieten und die gleichzeitig das Erlebnis Fahren am besten befriedigen.

Die Zukunft wird Produkten gehören, die sich differenziert und «vergeistigt» zeigen, oftmals eingepackt in Dienstleistungen und Servicepakete, die aus dem austauschbaren Produkt eine nichtaustauschbare Full-Service-Einheit machen. Wie schrieb Stefan Lackner dazu: «Das Überleben der Attraktivsten und Phantasievollsten ist in der Morphologie der Tertiär- und Quartärzeit zum ergänzenden Erfolgegesetz geworden» (Lackner, 1982, S. 59).

In der folgenden Abb. 15 wollen wir Ihnen die Stellhebel zeigen, die in Richtung Einfachheit und damit in Richtung Erfolg weisen.

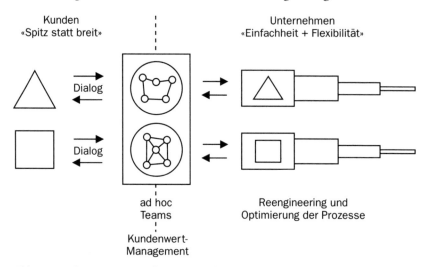

Abb. 15: Kundenmanagement und Teamarbeit als Stellhebel zu einfacheren Strukturen

Konsequentes Kundenwertmanagement

Beginnen wir mit dem Bereich, in dem tendenziell die meisten Sünden gegen das Gebot der Einfachheit begangen werden. Erfolgreiche Unternehmen, die sich nach dem Muster der Natur verhalten, vereinfachen ihr Geschäft durch interne Konzentration auf spezifische Kernkompetenzen. Nach außen zeigt sich diese Verhaltensweise in der Konzentration auf einen entscheidenden Kundennutzen und/oder auf besonders wichtige Stufen in der Wertschöpfungskette ihres Marktes. Der Kerngedanke des Kundenwertmanagements ist es, durch sorgfältige *ABC-Analysen* festzustellen, mit welchen Kunden welche Produkte und Problemlösungen umgesetzt werden. Nach dem *Pareto-Prinzip* erwirtschaften die meisten Unternehmen mit weniger als 20 % ihrer Produkte mehr als 80 % ihres Umsatzes. Wenn man dieses Prinzip auf die Kundenstruktur eines Unternehmens überträgt (Kunden-ABC-Analyse) und mit der Produkt-ABC-Analyse kombiniert, kann man feststellen, mit welchen A-Kunden welche A-Produkte umgesetzt werden, und für diese Kundenzielgruppe ein spezielles *Key-account-Kundenmanagement* aufbauen.

Die verbleibenden B- und C-Produkte sollten langfristig systematisch aussortiert werden, um ein optimales Kosten-Nutzen-Profil zu entwikkeln.

Ziel und Ergebnis der Kundenwertanalyse ist es, mit wenigen Kunden durch individuelle Ansprache eine langfristige und intensive Bindung aufzubauen, um ihnen möglichst individuelle Problemlösungen mit den A-Produkt-Komponenten anbieten zu können. So kann ein langfristiges, partnerschaftliches Netzwerk entstehen:

- *weniger Kunden*
- *weniger Lieferanten*
- *Optimierung der Abläufe nach innen wie nach außen.*

Wenn man die Aussage «das Unternehmen als Organismus und Energiesystem» ernst nimmt, dann muß man auch die Konsequenzen ernst nehmen und alles daran setzen, energieverschwendende funktionale Grenzen zu überwinden. Das Denken in externen und internen Wertschöpfungsketten ist deshalb die folgerichtige Organisationsform.

Für die Sortiments- und Kundenstruktur heißt das Motto: *Konzentration auf einen entscheidenden Kundennutzen und auf besonders wichtige Stufen der eigenen Wertschöpfungskette!*

Man muß der Versuchung widerstehen, auf schwieriger werdende Marktverhältnisse mit einer Ausweitung der Kundensegmente oder mit der Erfüllung immer neuer Kundenwünsche zu reagieren. Auch wenn die Chancen groß erscheinen: die vom Markt geforderte Vielfalt darf nicht durch den Aufbau von Überkomplexität erkauft werden. Die Flucht in die Nische als alleiniger Lösungsansatz birgt die Gefahr, in einem Segment positioniert zu sein, das auf Dauer nur schwer verteidigungsfähig ist. Und die Erfüllung immer neuer Kundenwünsche bringt dem Unternehmen auf Dauer Kostenstrukturen, die die Wettbewerbsfähigkeit gefährden.

Wenn wir unterstellen, daß nur eine wirklich deutlich spürbare Differenzierung im Produktnutzen das Kundeninteresse nachhaltig beeinflussen kann, dann brauchen wir Wettbewerbsvorteile, die tragfähig sind. Dies kann die Kostenführerschaft sein, aber auch eine qualitative Überlegenheit in Schlüsselfaktoren des Marktes kann hier den Ausschlag geben.

Konzentration auf eine tragfähige Kundenbasis («spitz statt breit») mit entsprechenden Wettbewerbsvorteilen ist sinnergetisch richtig. Ausufernde Sortimente, zu viele Produktvarianten und eine Verzettelung in der Kundenstruktur («Alles für alle») bringen den Mißerfolg. Wobei zu beachten ist: Die Vereinfachung des Unternehmens ist eine Aufgabenstellung, die das ganze Unternehmen durchzieht und nicht die Aufgabe einer einzelnen Abteilung.

Konzentration bei der Leistungstiefe

Aus Risikogründen und auch aus Angst vor Abhängigkeiten haben sich viele Unternehmen strategisch darauf ausgerichtet, möglichst viele Leistungen im eigenen Haus zu erbringen. Doch auch hier gibt es eine Kehrseite der Medaille. Wenn erst einmal alles im Eigenbesitz des Unternehmens ist (Grundstücke, Fuhrpark, Technologie, Materiallager etc.), dann besteht der Zwang, die teuer aufgebauten Kapazitäten

im eigenen Haus auszulasten, ganz abgesehen von den teuren Folge-
investitionen, die notwendig werden, um die einzelnen Teile auch
kostengünstig fertigen zu können.

Die Flexibilität des Unternehmens und die Wertschöpfung insgesamt
können dadurch sehr nachteilig beeinflußt werden. Das Unternehmen
hat zwar seinen Substanzwert gesteigert, aber seine Anpassungsfähigkeit verloren. Dies, aber auch die Ängste, von wenigen Lieferanten
abhängig werden zu können, trägt dazu bei, die Besitz- und Ressour-
censtruktur im Unternehmen über das gesunde Maß hinaus zu erweitern.

Abhilfe schaffen können unabhängige, vorbehaltlose Kosten-Nutzen-
Analysen. Wenn Leistungen durch Partner erbracht werden können,
die dies wirtschaftlich besser können als das eigene Unternehmen, und
wenn die aus Wettbewerbsgründen ausgelagert werden können, dann
sollte dies auch erfolgen. Die Konsequenz aus dieser Strategie des
Outsourcing ist die Vereinfachung des eigenen Geschäftes, die Stär-
kung guter Lieferantenstrukturen und damit die Verbesserung der gesamten Wertschöpfungskette.

*Ziel ist es, die zu Starrheit führende materielle Besitzstruktur des Unterneh-
mens zu verkleinern und ein flexibles Beziehungsgeflecht mit Partnern aufzubauen, um flexibler in der Beschaffung zu werden und wirtschaftlicher arbeiten
zu können.*

Diese Vorgehensweise ist naturwissenschaftlich begründbar. Ein System aus verschiedensten Einheiten, die alle auf eigene Rechnung und
Risiko nach wirtschaftlichem Erfolg streben, ist einem starren, zentral
gesteuerten Apparat überlegen. Ein Geflecht aus verschiedensten Einheiten kann nach dem Prinzip der Zellteilung auch sehr viel besser
wachsen und sich entwickeln, weil es in aller Regel zu einer schnelleren, flexibleren und ressourcenschonenderen Kombination von Kräften kommt.

*«Qualitatives Wachstum setzt eine Fülle, eine Dichte, einen Druck von Krea-
tivität und Innovationsvermögen in allen Einheiten des Unternehmens voraus»
(Sliwka, 1992).*

Im Unternehmen werden diese Effekte durch die systematische Beschränkung auf wenige, leistungsfähige Partner (bis hin zum Single-
Sourcing) in einer fruchtbaren, kooperativen Zusammenarbeit erzielt.

Einfachheit durch Differenzierung

Einfachheit bei gleichzeitiger Differenzierung klingt wie ein Widerspruch in sich. Doch auch die Physiker mußten – exemplarisch am
Beispiel des Lichts – erkennen, daß der Wandel der Sichtweise vom
Entweder-Oder zum Sowohl-Als-auch eine sehr wertvolle Perspektive
darstellt. So wie Licht je nach Betrachtungsweise des Beobachters sowohl als Welle als auch als Teilchen wahrgenommen werden kann, so
gilt dies für den Zusammenhang zwischen Einfachheit und Differenzierung.

Zahlreiche Beispiele gerade von Unternehmen aus dem technischen
Bereich zeigen, daß eine getrennte, konzentrierte Standort- und Lo-
gistikpolitik es ermöglicht, auf der einen Seite die Kosten zu senken,
auf der anderen Seite aber sowohl den Servicegrad als auch die Qualität zu erhöhen. Daß diese Überlegungen nicht nur für Hersteller,
sondern für alle Arten von Unternehmen anzuwenden sind, soll an
dieser Stelle noch einmal besonders betont werden.

Die einfache Organisation: «Keep it strictly simple»

Erfolgreiche Unternehmen lösen zentrale Probleme ihrer Kunden
sichtbar besser als andere. Um dies zu erreichen, brauchen wir einfache
Strukturen, die ein höheres Maß an Differenzierung, Material-
und Energieeinsparung und natürlich auch eine höhere Effektivität
bringen.

Auch hier greifen wir auf Muster aus der Natur zurück. Die ganze
Natur ist nicht nach Funktionen, sondern nach Prozessen gegliedert

und organisiert. Mit einem hohen Maß an Selbstorganisation geht es darum, die eigenen Energien so energiesparend wie möglich einzusetzen. Die natürliche Form der Organisation ist also das Denken in Prozessen und Wertschöpfungsketten, die in einem lebendigen System untrennbar miteinander verbunden sind.

Dem kann man noch einen weiteren Gedanken hinzufügen: Erfolgreiche Unternehmen brauchen unternehmerisch handelnde Menschen in ihren Reihen, und dafür braucht es überschaubare Systeme. Der Beitrag und die Leistung des Systems müssen klar erkennbar und veränderbar sein. Es ist ja gerade der Vorteil kleiner Einheiten, daß sie in direktem Kontakt zu ihren Marktpartnern stehen und beispielsweise Auftragsverluste direkt und unmittelbar verspüren. Die Schmerzschwelle ist hier viel niedriger als in zentral organisierten Unternehmen, bei denen die Entscheidungsträger oft überhaupt keinen Kontakt mehr mit ihren Kunden haben.

Gerade in schwierigen Zeiten wird das Rad der Zentralisierung eine Umdrehung nach vorne geschoben und vorsichtige Ansätze zur Selbstorganisation und zur Selbststeuerung wieder revidiert. Da werden Stabsstellen und Spezialisten in den Zentralbereichen aufgebaut, die mit ihrer Kompetenz das Schiff wieder flottmachen sollen. Unabhängig von der Qualität der Personen wird ein solcher Schritt fast immer mit einer Verlangsamung von Entscheidungen und mehr Zentralität erkauft.

Die Gefahr, die durch diese zunehmende interne Ausrichtung und durch die damit oft verbundene Demotivation der Führungskräfte in den operativen Einheiten verbunden ist, darf auf keinen Fall unterschätzt werden. Gerade der Versuch, dann auch von der Zentrale aus in die einzelne Einheit hinzuregieren, bringt schon mehr als genug an Problemen mit sich.

Wenn Sie den Gedanken ernstnehmen und mit dem Konzept der Einfachheit bei gleichzeitig zunehmender Vielfalt den Rat der Evolutionsmethodik beachten wollen, dann kommen Sie nicht umhin, diese Einfachheit auch für Ihre Orga-

nisation zu entwickeln. Kleine, sich selbststeuernde Einheiten, die einen direk-
ten Zugriff auf Erfolg und Mißerfolg, auf Ursache und Wirkung ihrer eigenen
Unternehmensentwicklung haben, sind dann der richtige Ansatz.

Teams: Der Schlüssel zur Komplexitätsbewältigung

Wir haben gezeigt, daß das klassische Organisationsmodell, das Organigramm, für «fluide», hochgradig wandlungsfähige Unternehmen
denkbar ungeeignet ist. Daran ändern auch die verschiedenen Weiterentwicklungen des Organigramms aus der rein funktionalen Struktur
zunächst in die Matrix- und später die Divisionsstruktur nur wenig.
Auch wenn sich die Muster ändern, das Grundkonzept bleibt.

Wie man es auch dreht und wendet: Die Organisation bleibt unter
dem Führungskopf und damit dem alten, hierarchischen Modell verhaftet. Und dieses ist kaum in der Lage, die von den Märkten in das
Unternehmen hineingetragene Komplexität zu bewältigen.

Ganz anders stellen sich hier die Möglichkeiten dar, die eine Organisation nach dem Baummodell eröffnet. Der Baum ist ja ein geradezu
klassisches Modell für die Darstellung evolutionärer Systeme und deshalb hier so geeignet. Auf die Grundstruktur sind wir ja schon eingegangen. Hier geht es uns besonders darum, mit Hilfe von abteilungsübergreifenden Teams nicht nur die Kontaktfläche mit dem Markt zu
erhöhen, sondern auch die Komplexität zu reduzieren, ganz im Sinne
der obigen Überlegungen.

Ziel der Baumorganisation ist es, an der Spitze kundenorientierte
Teams zu haben, die durch ihre übergreifende Besetzung optimal dafür geeignet sind, gemeinsam mit den Kunden Weiterentwicklungen
zu gestalten und auch zu realisieren. Da gibt es keine Kompetenzpro-
bleme, denn jeder Bereich, der von einer Veränderung betroffen ist, ist
ja in einem solchen Team vertreten. Kommunikations- und Informa-
tionsprobleme werden ebenso reduziert wie interne Abteilungsproble-
me, die bei Fehlschlägen nur zu oft in Vorwürfen und Schuldzuweisungen enden.

Anders ist dagegen die Situation bei funktionierenden, bereichsübergreifenden Teams. Zunächst kann man die allgemeine Erkenntnis nutzen, daß die besten Ideen zustande kommen, wenn unterschiedliche Arten des Denkens zusammenkommen. Und durch die intensive Teamarbeit entsteht auch ein ganz anderes Motivationspotential, denn auch hier gilt: «Integration ist mehr als Motivation». So ganz nebenbei werden frühzeitig Schwierigkeiten erkannt und damit die Chance eröffnet, Fehler in einem Stadium der Entwicklung zu korrigieren, in dem es noch nicht ganz so teuer ist.

Halten wir zu der Teamstruktur noch einmal fest:

Unternehmen müssen sich von ihrer starren Abteilungsstruktur lösen und flexible, kundenorientierte Teams bilden.

- *Heterogen zusammengesetzte* Teams ziehen großen Nutzen aus ihrer vielseitigen Zusammensetzung. Dank der unterschiedlichen Wahrnehmungen der einzelnen Teammitglieder, ihres sich ergänzenden Know-hows und individueller Verhaltensweisen bewältigen sie komplexe Themen und Fragestellungen leichter.
- Teams bilden das Unternehmen «en miniature» ab, können sich aber aufgrund ihrer Größe und ihrer Fähigkeit zur Selbstorganisation auch spontan auftretenden Veränderungen optimal anpassen.
- Sie verbinden persönliche Verantwortung mit Gruppendynamik und Gemeinsinn, gehen den *«goldenen Mittelweg»* zwischen Komplexität und Einfachheit innerhalb eines Unternehmens und vereinen so die amerikanische Individualität mit dem japanischen Konsensprinzip.

Für das Management wird die Komplexität in die Teams hineinverlagert und von den einzelnen Teammitgliedern selbständig je nach Bedarf erhöht oder reduziert. Die Koordination mit dem Gesamtunternehmen läuft über gemeinsame quantitative und qualitative Zielvereinbarungen und regelmäßige Soll-Ist-Vergleiche und Coaching-Gespräche.

Durch diese gesteuerte, auf gemeinsame Ziele ausgerichtete Form der Selbstorganisation wird die komplette Aufgabenstellung mit der dazugehörigen Verantwortung in ein Team hineindelegiert und der Erfolg des Teams direkt mit dem Erfolg des Unternehmens verbunden. Die Gemeinsamkeiten der heterogenen dezentralen Teams werden durch gemeinsame Bilder der Zukunft und ein gelebtes Wertesystem aufgebaut.

Wenn ein Unternehmen sich entschließt, ganz im Sinne der Evolutionsmethodik auf Einfachheit zu setzen, um dadurch Spitzenleistungen erzielen zu können, sind Teams mit Sicherheit ein Schlüssel zur Erreichung dieser Höchstleistung.

6.4 Einfacher ist genialer: Von den Unternehmensleitlinien bis zum operativen Geschäft

Prinzipiell gilt für Fragen der Unternehmensentwicklung, daß es keine Patentrezepte für Erfolg gibt. Wenn man also von diesem Anspruch absieht, dann kommt dem Prinzip der Einfachheit, immer in Verbindung mit dem dadurch geschaffenen Mehrnutzen für die Kunden, ein herausragender Stellenwert zu.

Aber auch für den kritischen Betrachter, der von zahllosen «sicheren Wegen zu konkurrenzlosen Spitzenleistungen» bereits strapaziert wurde, gibt es hier offensichtliche Zusammenhänge, die aus unserer Sicht eine Verallgemeinerung zulassen. So kommen auch Rommel und andere in ihrer Studie über die deutschen Maschinenbauer und Komponentenhersteller zu folgendem Ergebnis:

«Unter grundsätzlich vergleichbaren Unternehmen ist dasjenige besonders leistungsfähig, dem es am besten gelingt, durch strategische Konzentration,

Schnittstellen- und Komplexitätsmanagement Einfachheit zu verwirklichen.»
Diese Einfachheit braucht heute jedes Unternehmen, von den Zielen
und den Unternehmensleitlinien bis hin zur operativen Umsetzung.
In evolutionär ausgerichteten Unternehmen kommt dabei den Unternehmensleitlinien eine besonders wichtige Funktion zu. Ihre Aufgabe
ist es, die Identität im Unternehmen zu schaffen, was bei vielen aus-
einanderstrebenden, selbststeuernden Einheiten eine noch wichtigere
Rolle spielt als in zentral geführten Unternehmen. In der Sprache der
Naturwissenschaften läßt sich ihre Funktion wie folgt fassen: Die Leitlinien und Grundwerte eines Unternehmens als Bestandteil der Firmenphilosophie sind nichts anderes als die «sinnergetischen Ordner in
dissipativen Strukturen». Diese Leitlinien sind die Selbstverständlichkeiten des Unternehmens und Basis für eine Vertrauenskultur.
Und das Geheimnis erfolgreicher Leitwerte, deren Wert durch das
Leben der Werte und nicht durch das Schreiben gemessen werden
muß, liegt wiederum darin, daß sie einfach genug sind, um von jedem
Mitglied des Unternehmens nicht nur verstanden, sondern auch gelebt
werden zu können.

Kontrolle ist gut, Vertrauen ist besser

Ständige Kontrollmechanismen bedingen zusätzliche Kontrollinstan-
zen im Unternehmen, zusätzlichen Informationsbedarf und Blindheit
für Kreativität und fördern weder eigenverantwortliches Arbeiten
noch die Motivation der Mitarbeiter. Gemeinsame Zielvereinbarungen und eine ausgeprägte Vertrauenskultur können solche Kontroll-
instanzen ersetzen und so dazu beitragen, die selbstgeschaffene starre
Komplexität innerhalb eines Unternehmens zu reduzieren.

**«Vertrauen ist die einzige Möglichkeit,
um Komplexität zu reduzieren.»
Niklas Luhmann**

Die Einheit in der Vielfalt liegt also auch hier in der Einfachheit begründet. Vielleicht sollten wir aber bei aller Euphorie für das Konzept der Einfachheit noch eine Mahnung von Albert Einstein berücksichtigen:
«Man soll die Dinge so einfach wie möglich machen, aber nicht einfacher.»

6.5 Zusammenfassung

Erfolg durch Einfachheit

Erfolg durch Einfachheit ist die zentrale Aussage dieses Kapitels. Auf der Grundlage der Evolutionsmethodik, aber auch der Erkenntnisse aus der Unternehmenspraxis ist dies ein Plädoyer, mit Vereinfachung des Unternehmens nicht nur die wichtigen Wettbewerbsfaktoren «Schlankheit» und «Schnelligkeit» positiv zu beeinflussen, sondern auf dieser Grundlage auch einen höheren Wertschöpfungsbeitrag zu erbringen.

Konsequentes Kundenwertmanagement

Mit Hilfe nachvollziehbarer Parameter wie Optimierung der Kunden- und Produktstruktur haben wir gezeigt, daß das Prinzip der Einfachheit, gepaart mit Vielfalt und Differenzierung, kein Widerspruch ist, sondern die Grundlage für überdurchschnittlichen Unternehmenserfolg, auch in besonders schwierigen Märkten.

Teams als Schlüssel zur Komplexitätsbewältigung

Teams sind flexibel, reduzieren Komplexität und machen das Unternehmen in turbulenten Zeiten wandlungs- und handlungsfähig. Der Teamaufbau ermöglicht eine starke Integration der Mitarbeiter und den Aufbau mitunternehmerischen Denkens.

7. Think future – act now: Die Zukunftsplattform als Gestaltungsrahmen

«Die Zukunft ist der Raum unserer Möglichkeiten, der Raum unserer Freiheit.»
Karl Jaspers

7.1 Die Gefahr der klassischen Prognoseverfahren

«Die Vergangenheit ist faktisch, die Zukunft ist möglich.»
Carl F. von Weizsäcker

In Zeiten, die sich durch dramatische Veränderungen und durch einen schnellen Wechsel der Rahmenbedingungen charakterisieren lassen, birgt das Festhalten an bestehenden Erklärungsmustern und Verhaltensprogrammen erhebliche Gefahren. Wer «Antworten auf Fragen gibt, die keiner mehr stellt», der macht sich leicht überflüssig. Und deshalb sind die Aussagen, die man so oft in konservativ geführten Unternehmen hört, wie «Das haben wir schon immer so gemacht» oder «Das haben wir noch nie so gemacht», Killerphrasen, die erheblichen Schaden auslösen können.

Im Sinne der Evolutionsmethodik verhindern sie die notwendige Anpassung an veränderte Rahmenbedingungen. Wie lautet doch das Gesetz des Darwinismus: *«Survival of the fittest»* – *Wer überlebt, war angepaßt.*

Die Natur hat uns gelehrt, daß im Langzeittrend der Entwicklungsgeschichte die Arten überlebt haben, die sich veränderten Rahmenbedingungen am besten anpassen konnten. Nicht das Überleben des Stärksten, sondern das Überleben des Anpassungsfähigsten ist die Botschaft, die wir zu lernen haben. Nur so hat sich unsere Welt entwickelt, in der es heute eine bunte Vielfalt an «prachtvollen Blüten, Faltern, Fischen und Vögeln» (Stefan Lackner) gibt, auch wenn wir es mittlerweile geschafft haben, daß verschiedene Arten nur noch in zoologischen oder botanischen Gärten zu finden sind.

Die Tatsache, daß die von uns Menschen geschaffene Kulturevolution sich in ihrer Entwicklungsgeschwindigkeit um ein Vielfaches schneller vollzieht als die biologische Evolution, macht diese Aufgabe um so schwerer. Die Möglichkeiten, die wir Menschen durch die Entwicklung unseres Großhirns (Neocortex) haben, nämlich die Zukunft geistig vorwegzunehmen, bietet uns auch alle Chancen, sie zum Raum unserer Möglichkeiten zu machen. Wer zurzeit erfolgreich im Markt agiert und durch Erfolg belohnt wird, hat also in der Vergangenheit seine Aufgaben, bewußt oder intuitiv, so richtig gemacht, daß er heute ein Angebot in den Markt bringt, das den heutigen Anforderungen der Umwelt entspricht. Wo aber liegt die Garantie, daß dies auch morgen noch der Fall sein wird?

Und hier sehen wir die zweite große Gefahr einer folgenschweren Fehlinterpretation des «Survival of the fittest». Die Tatsache, daß diejenigen Systeme am besten überleben, die die höchste Fähigkeit zur Anpassung haben, bedeutet auf keinen Fall eine Anpassung im reaktiven Sinn. Das Gegenteil ist der Fall: Nur wer zukünftige Konstellationen geistig vorwegnimmt, der hat die Chance, zum rechten Zeitpunkt angepaßt zu sein.

Hier liegen auch die großen Gefahren der klassischen Prognosemethoden wie der Regressions-, Korrelations- und auch der Szenarioplanung. Alle klassischen Prognoseverfahren bauen auf Zahlenreihen aus der Vergangenheit auf und versuchen dann, aus diesen Vergangenheitsdaten unter Berücksichtigung verschiedener externer Rahmenbedingungen in die Zukunft zu extrapolieren. Und damit bleiben sie immer im alten Rahmen, auch im Rahmen alter Denkstrukturen.

Auch bei der Szenarioplanung gehen die Prognosen aus der Gegenwart, also aus dem heutigen Ist-Zustand der Märkte, in die Zukunft. Die Nachteile der rein quantitativen Verfahren werden hier nur dadurch abgeschwächt, daß sie durch eine Vielzahl qualitativer Komponenten ergänzt werden, durch die Form der Visualisierung auf der einen und die Entwicklung von unterschiedlichen Alternativen auf der anderen Seite. Trotzdem bleibt auch die Szenarioplanung in der Gegenwartsprojektion verhaftet und damit den heutigen Erklärungsmustern unserer Märkte.

Der Grund für diese weit verbreitete Planungsgläubigkeit liegt vor allem darin, daß viele Manager davon ausgehen, daß die Schlüsselfaktoren des Produkt- und Marktumfeldes fest vorgegeben sind und durch keine strategischen Maßnahmen beeinflußbar sind.

Ganz im Sinne von Newton gilt die Überzeugung, daß die meisten Marktfaktoren deterministisch festgelegt sind und nach genau berechenbaren Mustern ablaufen. Dies aber hat weitreichende Konsequenzen: *Wer Marktfaktoren und -gegebenheiten für unverrückbar hält, nimmt sich die Chance zur bewußten Einwirkung und Gestaltung*

7.2 Umfelddeterminismus oder freie Strategiewahl?

«Die beste Art die Zukunft vorherzusagen ist, sie zu erfinden.»
John Sculley

Es gibt zwei grundsätzliche Auffassungen bezüglich der Frage, ob Unternehmen ihr Umfeld formen oder eher von ihrem Umfeld geformt werden. Für die Anhänger der einen Seite wird das Unternehmen bestimmt durch externe Rahmenbedingungen und Marktzyklen, die es zu analysieren gilt und auf deren Grundlage strategische Konzepte für das Unternehmen entwickelt werden. Dabei geht man davon aus, daß die externen Faktoren – wie Marktprozesse, Geschmacksveränderungen, staatliche Vorschriften etc. – nicht beeinflußt werden können. Dem steht die Auffassung entgegen, daß Unternehmen Freiheitsgrade in der Gestaltung ihrer Umwelt haben, und zwar bis in die gesamte Wertschöpfungskette des Marktes hinein. Für die «Deterministen» ist das Unternehmen abhängig von der Umwelt. Die Anhänger der anderer Seite gehen dagegen davon aus, daß Unternehmen alle Gestaltungsmöglichkeiten haben.

«Das flexibelste Glied einer Kette bestimmt das ganze System.»

Es liegt auf der Hand, daß beide Extrempositionen nichts mit der Wirklichkeit zu tun haben. Es gibt weder völlige Fremdbestimmung noch absolute Wahlfreiheit. Trotzdem hat sich der klassische Managementansatz, der auf dem alten Weltbild des Determinismus aufbaut, soweit in den Köpfen und natürlich auch in den Modellen festgesetzt, daß die deterministischen Ansätze überbetont wurden.
Schauen wir uns hier nur die deterministische Prägung von drei bekannten Marktbearbeitungsmodellen an:

1. Der Produktlebenszyklus
2. Die Portfolioanalyse und -planung
3. Die «Dynamik der Betriebsformen» als Basis für Strategieentwicklung im Einzelhandel

Die Zahl der deterministischen Modelle ließe sich beliebig verlängern. Sie alle gehen mehr oder weniger davon aus, daß Unternehmensergebnisse phasenbestimmt sind und deshalb das Unternehmen nur einen kleineren Einfluß auf die Ergebnisse hat. Aber die Wirklichkeit zeigt, daß immer wieder Unternehmen ganze Märkte revolutioniert und auf Dauer verändert haben.

182

Die durch die deterministischen Ansätze implizit unterstellte Annahme, daß auf eine spezifische externe Situation eine bestimmte Reaktion folgen muß, ist haltbar. Dies gilt sowohl für das «Gesetz» des Lebenszyklus als auch für die Portfoliomodelle, in denen die Unternehmen überwiegend bei den Marktanteilen Änderungen erreichen können, nicht aber bei den Umfeldbedingungen des Marktes.

Ein klassisches Beispiel dieser Art des Denkens ist das sogenannte Profitability-Impact-of-Market-Strategies-(PIMS-)Programm, das Marktstruktur, Geschäftsstrategie, Wettbewerbsstellung und Betriebsergebnis von über 3000 strategischen Geschäftseinheiten unterschiedlicher Unternehmen berücksichtigt. Ziel dieses Programmes ist die Antwort auf die Frage:

«Welche Strategie erbringt unter welchen Umständen welche Ergebnisse?»

Der Grundgedanke ist verführerisch einfach. Man muß nur genügend Informationen sammeln und auswerten, dann sind die Analytiker in der Lage, die richtige Strategie für die Zukunft zu bestimmen. Der Markt wird als Folge von Gesetzmäßigkeiten verstanden, die man nur erkennen muß, um treffsichere Prognosen ableiten zu können.

Wie sagte doch Laplace: *«Wenn ich im Augenblick der Schöpfung neben Gott gestanden hätte, dann könnte ich den Zustand der Welt in ihrer fernsten Zukunft bestimmen».*

Der Glaube an die Determiniertheit ist also frisch wie eh und je. Natürlich können wir von Erfahrungen aus der Vergangenheit profitieren; jeder, der etwas anderes behauptet, wäre ein Narr. So gilt auch zu Recht: «Ein Volk, das seine Vergangenheit nicht verstanden hat, ist gezwungen, sie noch einmal zu durchleben.»

Es ist aber ein erheblicher Unterschied zwischen dem Ansatz des Verstehens und dem des Erklärens, insbesondere wenn es um Prognosen geht. Im Gegenteil: in Zeiten starker Veränderungen kann das Sichverlassen auf Konzepte, die sich in der Vergangenheit bewährt haben, verheerende Auswirkungen auf das Unternehmen haben. Dies gilt sowohl für den Bereich der Kreativität als auch für das Verständnis zukünftiger Möglichkeiten. Aus welchem Vergangenheitsprogramm hätte wohl Ikea die Ansätze für seinen Welterfolg ableiten sollen?

Entweder man reduziert die Vergangenheitsbetrachtung auf Allgemeinplätze (wie zum Beispiel Innovationskraft als Wettbewerbsvorteil) oder man kann sie kaum nutzen, wenn es um Potentiale für zukünftige Entwicklungen geht.

Im Rahmen einer sinnergetischen Entwicklung sind die klassischen Instrumente der Marktbearbeitung ein Relikt aus einer anderen Zeit, aus einem anderen Weltbild. Wir setzen eher darauf, mit visionären Zielen und einer bewußten Wahrnehmung zukünftiger Konstellationen Märkte und ihr Umfeld nachhaltig zu beeinflussen. Damit dreht sich auch die Perspektive um:

Wir versuchen nicht, mit Erklärungsmustern aus der Vergangenheit zu operieren, sondern wir nehmen bewußt die Zukunftsposition ein und versuchen dann eine Rückblende in die Gegenwart.

Manchmal genügt schon dieser Perspektivenwechsel, um eine andere Wahrnehmung zu erhalten. Und wir brauchen eine feinere, breitere Wahrnehmung, um im evolutionären Wettbewerb um die Zukunft erfolgreich sein zu können.

7.3 Das Unmachbare gestalten oder das Unmögliche möglich machen

Der sinnergetische Ansatz der Marktgestaltung geht von *proaktiven Verhaltensmustern* aus. Erfolgreiche Unternehmer entwickeln die Fähigkeit, zukünftige Entwicklungen nicht nur geistig vorwegzunehmen, sondern auch proaktiv zu gestalten. Richard Bandler, einer der Mitbegründer der Neuro-Linguistischen-Programmierung (NLP), hat den Satz geprägt: «*Die Welt, in der wir leben, ist so groß wie unsere Fähigkeit, sie wahrzunehmen.*» Man kann nur gestalten, was man sehen kann. Die Aufgabenstellung

einer proaktiven Führung ist es, im Sinne eines Trendmonitoring frühzeitig die Suche nach Veränderungen oder zu verändernde Marktprobleme aufzunehmen. Aber relevante Veränderungen im Umfeld und
das Erkennen zukünftiger Probleme werden oft nur zufällig wahrgenommen.

Besser ist es, diesen Wahrnehmungsprozess *systematisch mit Zukunftsworkshops* und eventuell der Zusammenarbeit mit Trendberatern zu
gestalten. Diese Umfeldprüfung sollte in allen wesentlichen Bereichen
des Unternehmensumfeldes wie dem ökonomischen, technisch/tech-
nologischen, politischen, gesellschaftlichen und natürlich auch dem
ökologischen Umfeld erfolgen.

*Durch die Integration erhält das Unternehmen eine Zukunftsplattform, die
entscheidende Wettbewerbsvorteile bringen kann.*

Nach dem Motto *«Jeder Mangel ist eine Chance»* geht es vor allem darum, erkannte Probleme einzuordnen und zu bewerten. Für die Ein-
stufung hilft ein Schema, das die Prioritäten den jeweiligen Problemfeldern zuordnet. Entscheidend ist dabei, daß diese Prioritätensetzung,
die ja entscheidend für die weitere Bearbeitung ist, sowohl nach dem
Kriterium der Wichtigkeit als auch nach dem Kriterium der Dring-
lichkeit aufgebaut ist.

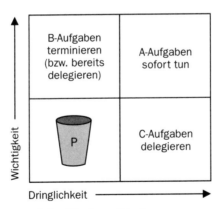

Abb. 16: Prioritäten setzen nach dem Eisenhower-Prinzip

Der dritte Punkt bei der Bewertung ist die *Handhabbarkeit der erkannten Probleme*. Für einen Möbelhersteller ist es verhältnismäßig leicht, frühzeitig auf Verbraucherschwankungen und zunehmendes ökologisches Bewußtsein zu antworten. Dagegen braucht es schon eine gewisse Marktgröße, um der Antiraucher-Stimmung entgegenwirken zu können. Ein gutes Beispiel ist hier das Verhalten von Anheuser-Busch, einer der größten Brauereien der Welt. Als man sich bewußt wurde, daß der Alkoholgenuß zunehmend kritisch durch die Gesellschaft bewertet wurde, startete man proaktiv eine eigene Kampagne gegen den Alkoholmißbrauch und investierte Millionen von Dollars in ein für das Unternehmen günstigeres Stimmungsbild.

Gleichzeitig diversifizierte das Unternehmen intelligent in benachbarte Märkte, um so das Risiko eines totalen Stimmungswandels zu reduzieren.

Zum Abschluß der Zukunftsworkshops muß eine *Kosten-Nutzen-Analyse* erfolgen. Vielleicht findet man dabei heraus, daß eine angedachte Problemlösung, die im Workshop noch für wichtig und wertschöpfend eingestuft wurde, in der Praxis nicht machbar ist. Oder man kommt zu dem Ergebnis, daß eine solche Problemlösung (zum Beispiel die Ermittlung der Krebsdisposition durch Gentechnik in einem sehr frühen Stadium) zwar machbar, aber aus ethischen Gründen nicht sinnvoll und zu vertreten ist.

Wichtig ist, bei der Prüfung zu ermitteln, ob diese Problemlösung wenn schon nicht durch das einzelne Unternehmen so doch mit Kooperationspartnern realisiert werden kann. Es ist erstaunlich, welche Problemlösungen plötzlich möglich werden, wenn Unternehmen ihre Wertschöpfungsressourcen zusammenlegen.

In jedem Fall gilt: Märkte unterliegen keinen unumstößlichen Gesetzen, sondern sie werden entscheidend gestaltet. Und deshalb ist die geistige Vorwegnahme erstrebenswerter Zukunftsszenarien eine der effektivsten Methoden, um sich im immer härter werdenden Konkurrenzkampf Vorteile zu verschaffen. Auf ein proaktives Umfeldmanagement können Unternehmen deshalb weder heute noch in Zukunft verzichten. Die scheinbare Planungssicherheit durch deterministische Modelle wird durch diese Vorgehensweise weit überkompensiert.

Think future, act now – oder:
«Es ist trivial, nur ein Visionär zu sein»

Bill Gates, einer der reichsten Männer der USA und Chef des Weltmarktführers Microsoft, prägte diesen Satz und setzte seine Vision der *«Information at one fingertip»* erfolgreich um: Er machte den komplizierten Computeroberflächen ein Ende, indem er mit Hilfe von Symbolen, sogenannten Icons, die Bedienung des PC auf einen «Mausklick» reduzierte.

Es ist leicht, mit Visionen und Ideen Luftschlösser aufzubauen und von einer besseren Welt zu fabulieren. Aber nur konsequente Umsetzung führt auch zur *Realisierung der Zukunftsvorstellungen.*

Wege entstehen dadurch, daß man sie geht.

Ein erfolgreicher Unternehmer muß seine Visionskraft mit der Fähigkeit vereinen, die Kreativität seiner Mitarbeiter bei der Umsetzung zu fördern und sie zu führen. Hier gibt der Zen-Buddhismus dem Unternehmer mit seinen Kerngedanken zur Kampfkunst die Leitlinie vor. Die möglichst offene und breitgefächerte Wahrnehmung wird mit der auf einen Punkt konzentrierten Handlung verbunden. Der Samurai strebt sowohl geistige Erleuchtung als auch perfekte Fechttechnik an. Die Maxime *«Think future – act now»* verbindet also visionäres Denken und pragmatisches, gegenwartsbezogenes Handeln. Sie vereint in sich die Pole Geist und Materie.

7.4 Zusammenfassung

Klassische Planung ist vergangenheitsorientiert

Die klassische Unternehmensplanung operiert nach wie vor mit Methoden, in denen versucht wird, aus den Erfahrungen und Werten der Vergangenheit Handlungsalternativen für die Zukunft abzuleiten.

In Zeiten sich immer schneller verändernder Rahmenbedingungen kann diese Vorgehensweise verheerende Folgen für Unternehmen und Märkte haben. Kreativität wird eher behindert, alte Denk- und Handlungsstrukturen werden konserviert. Die zugrundeliegende Annahme einer Determiniertheit der Marktentwicklungen ist nicht mehr aufrechtzuerhalten. Natürlich sollen wir aus der Vergangenheit lernen und sie verstehen, aber die Zukunft können wir aus dieser Perspektive nicht ableiten.

Proaktive Zukunftserfindung bringt Wettbewerbsvorteile

Viel besser ist hier ein *geistiger «Flic-Flac»,* ein Wechsel der zeitlichen Perspektive. Es macht einfach mehr Sinn, sich mit Hilfe verschiedener Methoden wie dem Trendmonitoring (also dem systematischen Erfassen zukünftiger Zustände) und mit Hilfe von Zukunftsworkshops eine Plattform zu erarbeiten, aus der wir dann eine «Retrospektive in die Gegenwart» machen können.

Nur wer die Zukunft wahrnimmt, kann sie auch gestalten. In diesem Sinne ist das Management des Marktumfelds eine hochwirksame Methode, um sich im immer härter werdenden Markt zu behaupten. Ein proaktives Management in der beschriebenen Form ist deshalb eine unverzichtbare Aufgabe für sinnergetische Unternehmen.

8. Von einem Entweder-Oder zu einem Sowohl-Als-auch

«Nur eins mein Bester, in der Welt ist es sehr selten mit dem Entweder-Oder getan, die Empfindungen und Handlungsweisen schattieren sich so mannigfaltig, als Abfälle zwischen einer Habichts- und einer Stumpfnase sind. Du wirst es mir also nicht übel nehmen, wenn ich mich doch zwischen dem Entweder-Oder durchzustehlen suche.»
Johann-Wolfgang von Goethe

8.1 Der Mittelweg des Unternehmers

Im 17. Jahrhundert trennte René Descartes die Welt in Körper und Geist und vertiefte damit die Trennung von Geistes- und Naturwissenschaften, für die schon Aristoteles den Grundstein gelegt hatte. Das abendländische Denken wird seither von der Maxime der Logik als einziger Wahrheit bestimmt. Mit ihrer Hilfe soll ein widerspruchsfreies, wissenschaftlich greifbares Gebilde aufgebaut werden, in dem für emotionale Entscheidungen, irrationale Befürchtungen oder Ahnungen kein Platz ist, da diese weder objektiv feststellbar noch meßbar sind. Dieses Denken von unvereinbaren Gegensätzen wird aber weder der Komplexität unseres Lebens oder unseres Umfelds noch wissenschaftlicher Erkenntnisse gerecht.

189

Der Blick in die östlichen Kulturen, zu den Weisheiten des Taoismus und des Buddhismus, zeigt, daß die westliche Logik nur *ein* Muster darstellt, um die Welt zu erklären.

Lassen Sie uns eine kurze Geschichte aus dem *Zen-Buddhismus* erzählen, um zu illustrieren, wie das östliche Denken auffordert, den gegebenen Rahmen zu verlassen und einen dritten, einen höheren Weg einzuschlagen.

Der Meister versucht, durch scheinbar unlogische Sätze dazu anzuregen, das Bewußtsein jenseits der Logik zu erweitern. So fragt er seinen Schüler: «Du kennst das Klatschen zweier Hände. Welches Klatschen macht die rechte und welches macht die linke Hand?» Mit einem Entweder-Oder-Denken läßt sich diese Frage nicht beantworten. Dieses läßt einen dritten Weg durch das logische Gesetz «Tertium non datur» nicht zu. So tut man die Frage als unzulässiges Paradoxon ab, vergibt damit die Chance, sein Denken über seinen alten Rahmen hinaus zu erweitern.

Der Zen-Buddhismus hat den mittleren Weg der Weisheit definiert, der aus zwei gegensätzlichen Polen entsteht. Im Gegensatz zur westlichen Logik transzendiert die östliche Philosophie ihr Weltbild so in etwas Höheres und schafft daraus wieder ein erweitertes Neues.

Auch Unternehmen können aus der östlichen Philosophie großen Nutzen ziehen, denn für ein komplexes System wie ein Unternehmen gibt es genauso wenig den einen richtigen Weg.

Kein Manager kann sich pauschal zwischen zentraler Führung oder völliger Selbstverantwortung, Vision oder Umsetzung, Theorie oder Praxis entscheiden. Der Unternehmer muß, um frei nach Alfred North Whitehead zu sprechen, *«im Fortschritt Ordnung möglich machen und in der Ordnung Fortschritt verursachen»*. Ein Unternehmen muß innovativ sein, um am Markt aktuelle Problemlösungen anzubieten, und gleichzeitig effizient sein, um daraus einen Gewinn ziehen zu können. Die Vision ist eine Störung des Alltags, die das Unternehmen veranlassen soll, sich zu verändern. Widersprüche sind Quellen der Veränderung und des Neuen.

Typische widersprüchliche Pole in der Unternehmensführung sind:

Vision	Umsetzung
Zentralisierung	Dezentralisierung
Hierarchie	Heterarchie
Innovation	Effizienz
Investition	Gewinn
Innenperspektive	Außenperspektive
Fremdorganisation	Selbstorganisation
Chaos	Ordnung
Team	Individuum

Fazit:
Der Unternehmer muß sich auf das jeweilige Spannungsfeld einlassen, die auftretenden Widersprüche in sich vereinen und je nach Zeitpunkt und Notwendigkeit den Schwerpunkt unterschiedlich setzen. Der Unternehmer wird damit sozusagen zum «Surfer auf den Paradoxien».

8.2 Exkurs: Ein Ausflug in die Physik

Ein entscheidender Erkenntnissprung der modernen Physik war die Aufgabe des deterministischen Weltbildes durch Werner von Heisenberg mit der Entdeckung der nach ihm benannten Heisenbergschen Unschärferelation. Einstein brachte das Newtonsche Paradigma von der Welt als absolut berechenbarer Maschine zum Einsturz, indem er die Relativität von Zeit und Raum herausfand.

In seiner allgemeinen und speziellen Relativitätstheorie fand er darüber hinaus den Zusammenhang zwischen Energie und Materie in der berühmten Formel $E = mc^2$.

Heisenbergs Leistung war es dann, aus Einsteins relativem, aber immer noch determinierten Weltbild das Unkalkulierbare, das Zufällige in die

Betrachtung einzuführen. Neben dieser Erkenntnis war es ein wirklicher Durchbruch im Erkenntnisfortschritt, daß die Position des Beobachters entscheidende Konsequenzen für das wahrzunehmende Objekt hat. Am Beispiel der Wahrnehmung von Licht zeigte sich nämlich, daß Licht je nach Position des Beobachters entweder als Welle oder als Teilchen wahrgenommen werden kann.

Galt vorher im positivistischen Wissenschaftsverständnis noch die Aussage *«Ein Ding kann nicht das Eine und gleichzeitig das Andere sein»* so mußte diese Position in der Physik jetzt unter dem Druck der gesammelten Erkenntnisse fallengelassen werden. Die Erkenntnisse der Zufälligkeit in der Natur und damit auch in der menschlichen Entwicklung wie die Bedeutung der subjektiven Betrachtung waren so bahnbrechend, daß sie den Erkenntnisfortschritt und damit die wissenschaftliche Entwicklung in unserem ganzen Jahrhundert entscheidend geprägt haben.

Sie bereiteten den Boden für die Entwicklung neuer Denk- und Erkenntnisansätze, von der Quantentheorie über die Chaosforschung und die Entdeckung der Selbstorganisation natürlicher Systeme (Autopoiese) bis hin zur Erforschung dissipativer Strukturen (FN).

Die Tatsache, daß die modernen Naturwissenschaften in diesem Jahrhundert ihr deterministisches Weltbild zugunsten einer anderen Betrachtungsweise aufgeben mußten, hat sich in den ökonomischen Wissenschaften, sowohl in der Nationalökonomie als auch in der Managementlehre, nur in geringem Maße durchgesetzt. Nach wie vor dominiert das deterministische Weltbild, das die unsteuerbaren Faktoren des Marktgeschehens zu stark betont und die Entwicklung von Märkten ehernen Gesetzen unterstellen will.

Über den gesamten Zeitraum der Entwicklung der ökonomischen Wissenschaften hat man versucht, uns zu erklären, unsere Umwelt und die Marktentwicklung verlaufe nach Gesetzen, die mehr oder weniger unbeeinflußbar seien. Das Anpassungsgeschick wurde deshalb zum entscheidenden Talent der Marketingspezialisten.

192

Noch eklatanter als in der Betriebswirtschaftslehre war das Festhalten am alten Weltbild in der Nationalökonomie. Da wird weiterhin mit Annahmen operiert, die zwar das Modell retten, von denen uns aber schon der gesunde Menschenverstand sagt, daß sie mit der Wirklichkeit nur wenig gemein haben.

Und ein falsch verstandenes «Survival of the fittest» im Sinne des Überlebenserfolgs für denjenigen, der sich am besten an bestehende Situationen anzupassen versteht, hat ein Übriges dazu beigetragen, daß diese veralteten Denkansätze auch heute noch hoch im Kurs stehen, obwohl wir doch längst wissen, daß die Welt nach anderen Gesetzen funktioniert. Wozu bräuchte man schließlich Visionen, die uns doch helfen sollen, die Zukunft zu erfinden, wenn alles nach festgelegten Mustern funktionieren würde? Sinnergetische Unternehmen operieren vor dem Bedarf, und sie schaffen es, auf Faktoren einzuwirken, von denen viele sagen, sie seien unbeeinflußbar.

Fazit:
Nicht wegen unserer Modelle funktioniert unsere Welt, sondern trotz unserer Versuche, eine komplexe dynamische Welt in vier Quadranten der Portfoliotechnik, in falsch und wahr, rationale und emotionale Kategorien einzuteilen. Wichtig ist, daß wir unsere Muster und Grenzen des Denkens für Andersartigkeit und Neues öffnen und unseren Denkrahmen permanent erweitern. Nur dann wird man wirklich schöpferisch und kann vor dem Bedarf Märkte schaffen.

8.3 Die Metapher vom Zielen und Treffen

Seit Descartes und Newton haben wir den wissenschaftlich unterstützten Beweis, daß es lebensrichtig sei, wenn wir uns die Welt untertan machen und sie «auf die Folterbank spannen, bis sie ihre letzten Geheimnisse preisgibt».

Die Welt funktioniert nach genau festgelegten Gesetzen, und der Mensch als Krone der Schöpfung erhebt sich eben über diese Schöpfung, um sie nach seinem Willen zu beherrschen. Wir müssen nur die Gesetze kennen, dann können wir alles Zukünftige berechnen.

Nach genau diesem Muster funktioniert nach Meinung vieler Manager das etablierte Marketing. In diesem Geiste versuchen die Marketingspezialisten seit Jahrzehnten, den Geheimnissen und Gesetzen des Verbraucherverhaltens auf die Spur zu kommen. Nach der Metapher vom Zielen und Treffen ist man immer wieder auf der Suche nach den Variablen, die das Verbraucherverhalten erklären. Aus diesem Grundgedanken sind ja auch die verschiedensten Zielgruppenkonzepte entstanden, mit denen auch heute noch weltweit operiert wird.

Doch gehen wir zurück zu den Anfängen des Marketing. Als in der Zeit nach dem Zweiten Weltkrieg die erste große Nachfrage nach Produkten aller Art gesättigt war, begann man, erste Versuche zu unternehmen, Verbraucher und Märkte zu segmentieren. Die Suche galt Kundengruppen, die sich «intern homogen, extern heterogen» verhalten. Auf der Grundlage soziodemographischer Variablen begann man mit ersten einfachen Mustern die Marktsegmentierung.

Bald schon zeigte sich, daß dies zwar rechnerisch ein leicht zu beherrschender Ansatz war, aber der Erklärungsbeitrag dieses quantitativen Ansatzes war und ist unbefriedigend.

Die Folge war, daß das nächste Erklärungsmuster geschaffen wurde: die Verbrauchertypologien, die in ihrem ersten Entwicklungsstadium auf Einstellungsmustern aufbauten. Auch in Deutschland griff man diesen Ball auf und entwickelte eine ganze Reihe von Typologien, die genau die gleiche Absicht verfolgten: anhand psychographischer Kriterien allgemeiner Art sollte das Verhalten durchschaubarer, berechenbarer und natürlich steuerbarer sein.

Aber auch hier zeigte die Wirklichkeit eine andere Sprache: auch diese Modelle, wenngleich mathematisch brillant, verfehlten ihr Ziel. So

entstand zwar «Erna, die einfache, konservative Hausfrau, die ihre Befriedigung überwiegend in der Hausarbeit findet und deshalb bestimmte Kaufverhaltensmuster an den Tag legt» oder «Maria, die junge, unabhängige Frau, die allein lebt, ‹Freundin› liest und sich überwiegend von Lätta-Margarine und Jacobs Krönung Light ernährt».
Allein diese Frauen existieren so nur in den Phantasien der Marketingplaner.
Und weil die Marktstrategen mit dem Erklärungsbeitrag unzufrieden waren, erfanden die Forscher ein neues Instrumentarium: die psychographische Segmentation der Märkte in Verbindung mit dem Kaufverhalten der Verbraucher. Diese Weiterentwicklung wurde genauso wie ihre Vorgänger begeistert gefeiert, und genausoschnell wieder in die Ecke gestellt. Der Grund ist einfach:
Die Modelle wurden immer brillanter, aber ihr Erklärungsbeitrag ist immer noch zu gering.
Wahrscheinlich werden noch viele weitere solcher Modelle folgen, bis wir erkennen, daß der zugrundeliegende Ansatz falsch ist. Kern der klassischen Marketingphilosophie ist das Steuern der Märkte von außen durch Kommunikation mit einem stark monologartigen Produktmarketing. Grundlage für diesen Ansatz sind stabile Verbrauchersegmente mit gemeinsamen Verhaltensmustern. Und genau dies ist nicht der Fall.
Halten wir fest: Der Konsument ist nicht erfaßbar und nicht steuerbar.
Wir müssen lernen, damit zu leben, daß in chaotischen Märkten eine exakte Planung weder möglich noch sinnvoll ist. Auch wenn wir es nicht wahrhaben wollen: der hybride Verbraucher mit seinem Bedürfnis nach Individualität und Differenzierung ist die Realität. Oder wissen Sie, in welche Kategorie wir einen Verbraucher einstufen sollen, der heute zu McDonalds geht, morgen aber im 3-Sterne-Restaurant speist? Der in seinem Mercedes in Turnschuhen zur Friedensdemonstration fährt, wiederum aber einer Partei angehört, die diesem Muster so gar nicht entspricht?

Fazit:

Natürlich wird das Leben für die an klare Abgrenzung gewohnten Strategie-planer schwerer, aber es hilft nichts: wir müssen akzeptieren, daß in den heu-tigen Marktsituationen das alte Denkmuster des Entweder-Oder in ein So-wohl-Als-auch verändert werden muß. Wenn man die alten Textstellen dazu liest, dann war die Entdeckung der Unschärferelation für Heisenberg und seine Kollegen eine schockartige Erfahrung. Genau diese Erfahrung ist auch für Manager notwendig, wenn sie nicht wieder dem alten Muster nach Systemati-sierung und Kategorisierung verfallen wollen. Auch wenn uns die Marktfor-schungsmethodik (zum Beispiel in Form der multidimensionalen Skalierung) immer neue, immer bessere Methoden zur Verfügung stellt, so ändert dies nichts daran, daß das Grundmuster der Bedenkbarkeit und Steuerbarkeit des mensch-lichen Verhaltens so nicht mehr aufrechtzuerhalten ist.

8.4 Von der Steuerung zur Empathie

In diesem Sinne sind auch verschiedene Ansätze zu interpretieren, die in der jüngsten Vergangenheit unter dem Stichwort «Abschied vom Marketing» auf den Markt gekommen sind. Versteht man Marketing als «marktorientierte Unternehmensführung», so ist diese Aussage un-sinnig. In einer Welt, die denjenigen belohnt, der sich am besten den Umfeldbedingungen anzupassen versteht, ist die Marktorientierung der Unternehmensführung wichtiger denn je. Versteht man Marketing allerdings so, daß Unternehmen aus einer losgelösten, marktfernen Position mit Hilfe von Marktanalysen, die nach irgendwelchen Gesetz-mäßigkeiten suchen, den Markt von außen steuern wollen, dann kön-nen wir uns den Abschied von dieser Art des Marketing nur wünschen. Erinnern wir uns noch einmal: *«Jede Marktstrategie muß darauf abzielen, daß die Funktion, die ein Produkt erfüllt, durch immer weniger Materialein-satz, immer weniger Energieeinsatz und durch verfeinerte Einpassung in das Bedürfnisfeld der Nutzer erreicht wird»* (Sliwka, 1992).

Wenn dies gelingen soll, dann braucht es ganz andere Fähigkeiten, vor allem die *Fähigkeit zur Empathie*. In einer Zeit, in der die Produkte immer austauschbarer werden, wird das Gefühl und der Geist immer wichtiger. Nicht was wir kaufen, sondern wie wir uns dabei fühlen, wenn wir kaufen, wird zum entscheidenden Differenzierungskriterium.

Eine visionäre Marktforschung sollte die Fähigkeit zur Mimesis, zur Verschmelzung mit den Kunden, als Schlüsselqualifikation beinhalten. Wie sagen doch die Indianer:

«Wenn du einen Menschen verstehen willst, mußt du eine Weile in seinen Mokassins laufen.»

Es werden in Zukunft nur die Produkte das «Survival»-Rennen gewinnen, die verschiedene Bedürfnisse der Kunden besser befriedigen als andere und die gleichzeitig material- und energiesparender sind.

Vielleicht klingt es zu verheißungsvoll, aber wenn wir den Quantensprung in unserem Denken machen, dann gehört die Zukunft einer differenzierten, «vergeistigten» Produktwelt, die gleichzeitig ökologisch orientiert ist. Und damit würde das egoistische Ziel des eigenen Unternehmenserfolges deckungsgleich mit dem gesellschaftlichen Ziel einer ökologischen Wirtschaftsweise.

In einer so gestalteten Produktwelt würden sich natürlich auch die Marken völlig verändern. Wenn sich durch austauschbare Produkte Geist und Lebensgefühl differenzieren, dann ist es die Funktion einer Marke, als Medium Beziehungen zu verschiedenen Bezugsgruppen aufzubauen. Und wenn Märkte immer fragmentierter werden, dann bedeutet dies die Notwendigkeit, Marken zu schaffen, die auf der Basis eines Kerns sich an der Oberfläche in einem Höchstmaß an Veränderungen anpassen und den differenzierten Kundengruppen in Form und Inhalt entsprechen.

Lebensgefühl und Identifikationsfähigkeit mit den Kunden als Differenzierungskriterium wären dann die entscheidenden, prägenden Merkmale einer Marke.

8.5 Zusammenfassung

Der Unternehmer als Brückenbauer zwischen Widersprüchen
Der Unternehmer muß sich auf das jeweilige Spannungsfeld, wie z. B.
Kontrolle und Loslassen, einlassen, die auftretenden Widersprüche in
sich vereinen und je nach Zeitpunkt und Notwendigkeit den Schwerpunkt unterschiedlich setzen. Der Unternehmer wird damit sozusagen
zum «Surfer auf den Paradoxien».

Das Denken jenseits von Entweder-Oder
Unser Denken ist gerade bei der Marktbearbeitung stark vom Entweder-Oder des Positivismus geprägt. Alle klassischen Marketingansätze
bauen auf dieser Hypothese auf. Für das bessere Verständnis von Märkten ist es aber sinnvoll, zu akzeptieren, daß es heute ein Denken und
Erleben in verschiedenen Lebenswelten (Parallelität von Lebenswelten) gibt.

Der Verbraucher ist nicht planbar
Der *«hybride Verbraucher»* paßt in keines der klassischen Erklärungsmuster, in dem Verbraucher in Kategorien nach dem Motto «intern homogen – extern heterogen» eingeordnet werden. Der gesamte Ansatz
muß überdacht werden, denn nur wem es gelingt, mit seinen Kunden
zu «verschmelzen» und eine gemeinsame Lebenswelt aufzubauen, wird
sich in einer Zeit zunehmend austauschbarer Produkte noch differenzieren können.

Empathie ersetzt Steuerung
Das alte «Paradigma» vom Zielen und Treffen muß ersetzt werden
durch Verschmelzen, Einfühlen, Empathie. Materialschonender, energiesparender Einsatz bei gleichzeitig immer besserer Feineinpassung
zunehmend geistigerer Produkte soll dem alten Konzept als Gegenthese entgegengestellt werden.

Dies wäre auch die Grundlage, ökonomische Eigeninteressen der Unternehmen mit der gesellschaftlich so notwendigen ökologischen Betrachtungsweise in Einklang zu bringen.

9. Eine andere Betrachtung der Zeit

«Nichts beunruhigt mich mehr als Zeit und Raum. Und dennoch beunruhigt mich nichts weniger, denn ich denke nie darüber nach.»
Michael Challis

Ziel unseres sinnergetischen Ansatzes ist es, eine Brücke zwischen Theorie und Praxis, zwischen philosophischer und wissenschaftlicher Erkenntnis und der Kunst der Unternehmensführung herzustellen. Wir sind davon überzeugt, daß die Betrachtung der Zeit als Quelle zukünftiger Wettbewerbsvorteile eine wesentliche Erweiterung in der Wahrnehmung der Zeit erfordert. Aus diesem Grunde werden wir in diesem Abschnitt die Betrachtung der Zeit aus verschiedensten Blickwinkeln ausführlicher als in den anderen Abschnitten gestalten.

9.1 Zeit entsteht im Auge des Betrachters

Die physikalische Zeit

Physikalisch ist die Zeit immer noch eines der großen ungelösten Rätsel. Ein zentrales Problem ist, daß wir es offenbar mit zwei verschiedenen Arten der Zeit zu tun haben. Die Zeit, wie wir sie uns spontan vorstellen, scheint konstant zu sein. Wir leben von einem Tag auf den anderen, und wir können diese Zeit inzwischen mit Atomuhren mit großer Genauigkeit vermessen. Auf diese (physikalische) Weise haben die Wissenschaftler bis in die Gegenwart die Zeit wahrgenommen. Das Kontinuum der Zeit wurde immer weiter reduziert (bis auf Millionstelsekunden), um es «in den Griff» zu bekommen.

Zur Zeit von Sir Isaac Newton, als das Universum noch eine riesige Maschine war, gab es keine Probleme, was das Verständnis der Zeit betraf. In diesem Verständnis war die Zeit linear, hatte einen Anfang, eine Mitte und ein Ende. Der wichtigste Aspekt der Zeit war ihre Gleichförmigkeit. Die Zeit war eine Konstante in der Natur, die sich immer mit derselben Geschwindigkeit bewegte.

Diese vereinfachende Sicht des Universums wurde durch die Einsteinsche Relativitätstheorie umgestürzt. Das Konzept von der Zeit als einer Konstanten mußte fallengelassen werden, und Raum und Zeit waren von nun an untrennbar miteinander verbunden, genauso wie Energie und Materie. Ebenso wie der Raum unbeständig war und der Schwerkraft unterlag, war es sein Begleiter, die Zeit. Nach Einstein war die oberste Zeitgrenze der zeitlichen Beschleunigung die Lichtgeschwindigkeit.

Bringt uns das nun der Entdeckung der Zeit und ihrer Bedeutung näher? Im Grunde haben wir beim Phänomen der Zeit etwas vorliegen, wie wir es bereits aus dem Reich der Physik kennen. Die Wissenschaftler können sehen, daß auf der subatomaren Ebene die Zeit wie Raum und Materie ein Ganzes ist. Gleichzeitig, wenn sie sie tatsächlich betrachten, sehen sie aber nur die Teile.

Das ist das Paradoxon der Zeit. Es ist ein Ding und gleichzeitig ein anderes. Für Wissenschaftler, deren Verständnis materialistisch («nur Meßbares kann Gegenstand wissenschaftlicher Ermittlungen sein») und positivistisch geprägt ist (ein Ding kann nicht sein und zugleich nichtsein), erschließen sich die beiden Ebenen der Zeit nicht.

Die symbolische Zeit

Es gibt zwei Arten, die Zeit zu sehen. Der materialistische Wissenschaftler sieht die Zeit linear, getrennt, als Teil seiner polaren Entwe-

202

der-Oder-Sicht der Welt. Der Mystiker, der Dichter und der Künstler sehen die Welt als eine Einheit von Zeit, und die Griechen hatten für diese «zeitlose» Zeit einen eigenen Gott: Kairos, dessen Gegenpart, die weltliche Zeit, Chronos genannt wurde. Wichtig ist nun zu verstehen, daß es nicht zwei Arten von Zeit gibt, die nebeneinander existieren, sondern daß es zwei Arten gibt, die Zeit zu betrachten.

Beide Betrachtungsweisen, die des Wissenschaftlers und die des Künstlers, sind in ihrem Rahmen richtig. Beide beschreiben einen Aspekt der Zeit. Um jedoch den Sinn der Zeit zu entdecken, müssen beide miteinander kombiniert werden. Weil die materielle Zeit wirklich ist, so bedeutet dies nicht, daß die spirituelle Zeit unwirklich ist. Wie sagte Meister Eckardt:

«Derjenige, dessen Sein und Tun in Ewigkeit eins sind, und derjenige, dessen Sein und Tun in der Zeit eins sind, sind niemals in Übereinstimmung, sie kommen nie zusammen.»

Die Trennung von Zeit und Ewigkeit wird in einem alten sumerischen Mythos dargestellt. Danach gab es zu Beginn der Welt einen Berg namens Anki. Seine Spitze war An, der Himmel, und sein Fuß war Ki, die Erde. Dann ergriff Inlil, der Sohn von An und Ki, ein Schwert und zerschnitt den Berg in zwei Hälften. So entstand die Welt, wie wir sie kennen.

Aber obwohl der Berg zerteilt war, war er immer noch ein einheitlicher Berg. Oben und unten war im Ganzen enthalten, Trennung und Einheit existierten gleichzeitig. Das ist unsere Welt. Wir können die Geschichte vom Berg Anki in der Polarität der Welt sehen: zwischen Geist und Materie, Wissenschaft und Kunst, Bewußtem und Unbewußtem, Erklären und Verstehen, Yin und Yang, Haben und Sein. In vielen Glaubensrichtungen ist es das Ziel der Menschheit, die beiden Einheiten wieder miteinander zu vereinen. Diese Einheit wird als Vereinigung der Gegensätze, als Conjunctio oppositorum, als kymische Hochzeit oder auch als die Hochzeit von Himmel und Erde bezeichnet.

Kommen wir noch einmal kurz zum Mythos von Anki, dem Berg des Himmels und der Erde. Als der Berg in zwei Hälften zerschnitten wurde, begann die Welt so, wie wir sie kennen, zu existieren. Die Zeit wurde von der Ewigkeit getrennt. Die beiden blieben jedoch weiterhin im Berg enthalten. In vielen philosophischen Ansätzen findet man die wesentliche Vorstellung der Koexistenz von Zeit und Ewigkeit. Jedes ist im anderen enthalten, wie auch das Tai-Chi-Symbol zeigt.

Abb. 17: Tai-Chi-Symbol

Im Mithra-Kult, der fast anstelle des Christentums zur anerkannten Religion des Römischen Reichs geworden wäre, waren die beiden Arten von Zeit noch vereinigt. Erst in der Zeit der Aufklärung wurde der materielle Aspekt der Zeit zum alleinigen Gegenstand wissenschaftlicher Betrachtung erhoben. Wie sollte man sich auch mit den spirituellen Aspekten der Zeit wissenschaftlich befassen, da man sie noch nicht einmal messen kann? Seit dieser Zeit dominiert diese Betrachtungsweise, und es lohnt sich, schon an dieser Stelle festzuhalten, daß die Zeit als Quelle für Wettbewerbsvorteile in Unternehmen sich ausschließlich auf diesen Aspekt konzentriert!

Norman hat die von uns beschriebenen Gedanken so ausgedrückt:

«Ich war immer von der Tatsache beeindruckt, daß die Freude an der Musik (für mich) eng verbunden ist mit dem Gefühl, daß ein großer Komponist die Zeit gemeistert hat. Nicht nur das, er hat zwei Arten von Zeit vereint – einmal den äußeren Bereich (sagen wir die objektive Zeit), zum anderen einen indivi-

duellen Bereich (sagen wir die psychologische Zeit). Die erste ist normalerweise festgelegt und hält mich gefangen; die zweite ist mehr mit inneren Wahrnehmungen und Fluktuationen verbunden.»

Die richtige Zeit

Bevor wir speziell auf den Faktor Zeit als Quelle für Wettbewerbsvorteile in Unternehmen eingehen, wollen wir noch einen kleinen Exkurs wagen, der uns aber so wichtig erscheint, daß wir ihn hier einbauen. Bislang haben wir den quantitativen, meßbaren Aspekt der Zeit um seine qualitative, mystische Komponente erweitert.

Wenn man die Qualität der Zeit verstehen will, dann muß man sich auch mit dem Aspekt der Richtigkeit der Zeit auseinandersetzen. Mit anderen Worten: wenn es eine richtige Zeit gibt, dann muß es auch eine falsche Zeit geben oder, anders formuliert, dann sollte man sich bemühen, im Einklang mit seiner Zeit zu leben. Hierzu gibt es eine berühmte Bibelstelle:

«Ein jegliches hat seine Zeit, und alles Vornehmen unter dem Himmel hat seine Stunde. Geboren werden und sterben, pflanzen und ausrotten, was gepflanzt ist, wirken und heilen, brechen und bauen, weinen und lachen, klagen und tanzen, Steine zerstreuen und Steine sammeln, suchen und verlieren, behalten und wegwerfen, zerreißen und zunähen, schweigen und reden, lieben und hassen, Streit und Friede hat seine Zeit» (Prediger 3).

Vielleicht sind manche Personen nur berühmt geworden, weil sie Kinder ihrer Zeit waren. Sie wurden zur richtigen Zeit geboren. Thales von Milet, Konfuzius, Buddha und Zarathustra wurden alle ungefähr um 600 v. Chr. geboren. Johann Sebastian Bach und Friedrich Händel wurden nur mit wenigen Tagen Abstand geboren, Newton und Leibnitz erfanden zur gleichen Zeit und unabhängig voneinander die Differentialrechnung. John Couch Adams und Urbaine Leverriere entdeckten zur gleichen Zeit Neptun.

In der Physik gibt es ein weltberühmtes Experiment der Madame Vu von 1956, nach dem die Parität erhalten bleibt. Dieses entscheidende

Experiment, das einen Durchbruch in der modernen Physik darstellt, war bereits von C. T. Chase durchgeführt worden. Der einzige Unterschied: Chase hat sein Experiment 1930 durchgeführt. Es wurde mit der Begründung abgetan: Irrtum aus unbekannten Gründen. Die Zeit war damals noch nicht reif.

Interessant ist in diesem Zusammenhang der Begriff der Synchronizität, der von C. G. Jung entwickelt wurde. Unter Synchronizität verstand Jung den gleichzeitigen Auftritt von Ereignissen, die sich scheinbar zufällig miteinander ereigneten. Wichtig war, daß es keinen Kausalzusammenhang zwischen den Ereignissen gab. Der Zufall ist jedoch verbunden mit der Zeit. Spannend ist hier der Versuch, in den Zufällen, die das Leben so spielt, einen Sinn zu sehen und die Bedeutung der Zeit als einen Faktor bei diesem Zufall anzuerkennen. In diesem Sinn und Verständnis hat jeder Augenblick seine eigene Bedeutung.

Die Attentate auf Rasputin und den Erzherzog Ferdinand wurden genau zur selben Zeit verübt, nämlich am 27. Juni 1914 um 14.15 Uhr. Auf irgendeine Art verbindet die Synchronizität zwei Ereignisse zur gleichen Zeit.

Wir alle kennen diese Beispiele, wenn jemand genau in dem Moment anruft, in dem man an ihn denkt. Manche haben einen Traum oder eine Vision von einem Ereignis, das an einem anderen Ort genau zu diesem Zeitpunkt stattfindet. Offensichtlich treffen sich hier zwei Zeitebenen, und es entsteht eine Verbindung zwischen den verschiedenen Ebenen der Zeit.

Im chinesischen Weisheitsbuch I-Ging, dem Buch der Wandlungen, steht geschrieben: «*So wie der Augenblick ist, so fallen die Schafgarbenstengel.*» Die Vereinigung der verschiedenen Zeitebenen im Augenblick wird in allen Religionen beschrieben. Der gegenwärtige Augenblick, bewußt erlebt, ist die absolute Ruhe des Nirwanas. Meister Eckardt hat die Schwierigkeit des Erlebens dieses Zustands so beschrieben: «*Es gibt kein größeres Hindernis für die Vereinigung als die Zeit. Zeitlosigkeit und Zeit überschneiden sich zwischen der spirituellen und der physischen Ebe-*

ne, in dem Bereich, den man als Astralebene oder als Unterbewußtsein bezeich-
nen kann. Deshalb müssen wir das Unbewußte in unser Bewußtsein integrie-
ren, wenn wir für Erfahrung und Sinn offen sein wollen.»

Fassen wir zusammen:
Wenn man die qualitativen Seiten der Zeit betrachtet, die bislang aufgrund
unseres materialistisch geprägten Wissenschaftsverständnisses deutlich vernach-
lässigt wurden, dann kommt man automatisch an die Aspekte der Qualität und
der Richtigkeit der Zeit. In diesem Verständnis hat jeder Moment der Zeit eine
andere Resonanz, eine andere Schwingung.
«Jeder von uns ist seine Zeit. Jeder stellt eine bestimmte Zeit dar. Jedes Indi-
viduum ist auf seine Art einzigartig und besonders. Jeder von uns ist zu einem
bestimmten Zweck geschaffen. Die Zeit, zu der wir geboren wurden, ist die
Zeit, zu der wir geboren werden sollten. Und wenn wir die Zyklen der Zeit
verstehen, wird uns das helfen, die Bedeutung unseres Lebens und unseres
einzigartigen Zieles in diesem Leben zu verstehen.»
Vielleicht ist jetzt die Zeit gekommen, einen anderen Sinn in unser Denken
und Handeln zu geben. Denn wie sagte doch schon der französische Staatsmann
Montaigne: «Nichts ist so stark wie eine Idee, deren Zeit gekommen ist.»

9.2 Zeit als Quelle für Wettbewerbsvorteile

Seit jeher hat die Zeit im Wirtschaftsleben eine besondere Rolle gespielt.
Doch seit Ende der 90er Jahre, als die Zeit als Quelle von Wettbewerbsvorteilen entdeckt wurde, hat sich das in erheblichem Maße verstärkt.
Klassischerweise hat man immer Investitionen unter dem Aspekt des
«Return on Investment», also der Rentabilität in einer bestimmten Zeit,
gemessen. Schon immer hat man auch Leistung in Zeiteinheiten ausgedrückt, beispielsweise in der Wochenarbeitszeit, die die Grundlage für
die Lohn-und Gehaltsbemessung war und ist. Hier wird die Zeit als Konstante gesehen, an der bestimmte Bezugsgrößen ausgerichtet werden.

In der gegenwärtigen Diskussion wird Zeit jedoch überwiegend unter dem Aspekt der Beschleunigung betrachtet. Unter dem Titel des Speed Management versucht man, Geschwindigkeit im Sinne von Beschleunigung zum Wettbewerbsvorteil zu machen. Und so ist denn eine Flut von neuen Begriffen entstanden wie «Beschleunigung von Innovationszyklen», «Turbo-Marketing», «Just-in-Time», «Time-based Management», «Time-to-Market», «Simultaneous Engineering» und «Verkürzung der Entwicklungszeiten». Die Liste ließe sich beliebig fortsetzen. Offensichtlich hat sich hier ein deutlicher Wandel vollzogen: aus der Zeit als einer Bezugsgröße wurde einer der entscheidenden Faktoren für Markterfolg. In diesem Zusammenhang paßt auch die Aussage von Eberhard von Kuehnheim:

«Im Markt von morgen gewinnen nicht mehr die Großen gegen die Kleinen, sondern die Schnellen gegen die Langsamen.»

Die Tatsache, daß der Faktor Beschleunigung so große Bedeutung erlangt hat, ist leicht erklärbar:

- Durch das Zusammenwachsen von Märkten wird der einzelne gezwungen, sich an das international übliche Veränderungstempo anzupassen.
- Immer mehr Umsatz wird heute mit Produkten gemacht, die neu auf den Markt kommen.
- Die Anpassungsgeschwindigkeit der Wettbewerber hat enorm zugenommen. Damit wird die Geschwindigkeit, mit der ein Produkt im Markt eingeführt werden kann, immer wichtiger.
- Je stärker sich die Märkte in Richtung Dienstleistung verlagern, um so schneller wird die Veränderung vonstatten gehen, denn hier sind Veränderungen natürlich in ganz anderen Rhythmen möglich als in der reinen Produktion.
- Wohl am deutlichsten kommt die Einschätzung der Zeit in der Aussage «Time is Money» zum Ausdruck. Zeit ist kostbar und wird in Geldeinheiten bewertet.

208

Vielleicht würde es hier gut tun, Zeit einmal anders zu betrachten. Faktisch ist die Zeit der Stoff, aus dem das Leben gemacht ist. Wenn die Zeit abgelaufen ist, dann ist das Leben vorbei. In diesem Sinne müßte die Aussage viel eher lauten: *«Zeit ist Leben».*

Bei der einseitigen Konzentration auf den Beschleunigungsaspekt der Zeit wird dieser Zusammenhang oft übersehen.

Ohne Zweifel wird auch in der Zukunft derjenige die Nase vorn haben, der sich intelligenter, feiner und differenzierter den Erfordernissen seiner Märkte anpaßt. Dies ist ja eine der Kernaussagen der Evolutionsmethodik. Aber bei der einseitigen Ausrichtung auf die Beschleunigungsaspekte werden Zusammenhänge vernachlässigt, die berücksichtigt werden sollten.

Der Energieaufwand der Beschleunigung

Chancen und Risiken der Beschleunigung müssen gegenseitig abgewogen werden. Beschleunigung bringt Vorteile, aber auch erhebliche Gefahren. Schnelligkeit ist Komfort. Wir reisen immer schneller, kommunizieren und informieren uns immer schneller, wir haben zu immer mehr Menschen und Organisationen einen immer schnelleren Zugriff. Dadurch werden aber auch immer weniger Kontakte wirklich tiefgehend, tendieren zur Oberflächlichkeit. In der Konsumgüterindustrie ist hier der bezeichnende Begriff der Wegwerfgesellschaft entstanden, ein Begriff, der sich zumindest teilweise auch auf die Entwicklung unserer zwischenmenschlichen Beziehungen übertragen läßt.

Schnelligkeit ist auch eine erhebliche Bedrohung. Die vom Menschen ausgelöste Kulturevolution hat ein ganz anderes Tempo erreicht als die biologische Evolution es jemals erreichen kann. Schnelle technische Entwicklungen und ihre Folgen überholen und beeinflussen natürliche Veränderungen und sind durch den Menschen nicht mehr beherrschbar. Die ökologischen Folgen von Bhopal und Tschernobyl sind kaum abschätzbar...

Aber noch ein weiterer Zusammenhang wird übersehen. Die zunehmende Beschleunigung von Produktentwicklungs- und Lebenszyklen in Wirtschaftsunternehmen verursacht zwingend einen exponentiellen Energieaufwand. Jeder kennt diese Beziehung aus der eigenen Erfahrung. Beschleunigt man ein Fahrzeug von 150 km/h auf 200 km/h, so können wir fast an der Tanknadel den überproportionalen Energieverbrauch erkennen. Die immer größere Beschleunigung träger Massen wie eben Wirtschaftsunternehmen kann schon aufgrund der Beschränkung der Energieressourcen nicht endlos fortgesetzt werden. Immer mehr Unternehmen erkennen deshalb auch, daß der übertrieben schnelle Modellwechsel erhebliche Nachteile verursacht, die zum Teil zu einer «Loose-Loose-Situation» für alle Beteiligten (wie zum Beispiel in der Mikroelektronik oder in der Bekleidungsbranche) geführt haben.

Und noch etwas sollte bei der Beschleunigung von Unternehmen berücksichtigt werden: je höher die Geschwindigkeit – man denke an den Abfahrtslauf – um so schwieriger ist die Richtungskorrektur. Einseitige Konzentration auf den Faktor Beschleunigung macht zwar das System schneller, aber der Vorteil der Geschwindigkeit wird durch erhebliche Negativeffekte erkauft.

Im Sinne des Darwinschen «Survival of the fittest» gewinnt ja auch nicht der Schnellste, sondern derjenige, der die höchste Fähigkeit zur Anpassung an sich immer schneller verändernde Rahmenbedingungen hat. Beschleunigung träger Systeme an sich ist also nicht der richtige Ansatz, sondern die Frage der dadurch erreichbaren Steigerung der Wertschöpfung sollte der Zielpunkt sinnergetischer Unternehmen sein.

Beschleunigung – cui bono?

Immer mehr Menschen erleben ein zunehmendes Gefühl der Zeitknappheit. Viele glauben, daß die Zeit heute schneller vergeht als früher. Natürlich wissen wir, daß die Zeit weder schnell noch langsam vergeht, sondern daß wir nur an der Zeit messen, ob etwas schnell oder langsam ist. Trotzdem erleben wir heute die Veränderungsgeschwindigkeit als zu hoch.

Vielfach erleben wir die Veränderungen in unserer Umwelt als Verunsicherung, zum Teil sogar als Bedrohung. Und dies hat natürlich Konsequenzen für das gesamte System, denn wenn sich die Technik schneller verändert, als sich die Menschen anpassen können, dann verlangsamt die schnelle Technik die Handlung der Menschen. Georges Füllgraf hat es so formuliert:

«Die Grenze des Nutzens höherer Geschwindigkeit ist dann erreicht, wenn eines der beteiligten Systeme mit der hohen Geschwindigkeit überfordert ist, sei es der Mensch oder der Straßenverkehr.» Dann schlägt Schnelligkeit ins Gegenteil um.

Wenn man sich also mit dem Zeitwettbewerb befaßt, muß man sich fast zwingend die Frage nach dem Nutzen stellen. Für wen ist die Beschleunigung wirklich gut? Welche Wertschöpfung entsteht durch die Beschleunigung der Systeme? Zu welchem Preis bekommt man den Beschleunigungseffekt?

Die Frage lautet doch auch: Wo liegt der Nutzen, den die Nutzer eines Produktes durch einen immer schnelleren Modellwechsel haben? Wenn der Anwender eines Textverarbeitungsprogramms die Innovation eines neuen Systems als Bedrohung und nicht als Vorteil empfindet, dann mag man noch sagen, dies ist eben der Preis des Fortschritts. Wenn aber die Zyklen in der Mode so schnell aufeinanderfolgen, daß wir nicht mehr den Unterschied zwischen verschiedenen Modephasen erkennen, dann wird der schnelle Wechsel auch für seine Schöpfer dysfunktional.

So wertvoll Schnelligkeit auch sein mag, sie hat offensichtlich ihre Tücken. Wer den Nutzen im Auge behält, der wird ganz pragmatisch darauf bedacht sein, Produkte nicht schnellstmöglich, sondern möglichst zur rechten Zeit auf den Markt zu bringen. Alles hat seine Zeit, auch die Einführung neuer Produkte. Viele Neueinführungen sind sicherlich nur deshalb nicht zum Erfolg geworden, weil sie ihrer Zeit voraus waren.

Das gleiche Prinzip gilt auch für die notwendigen Änderungen in Unternehmen, also den Prozeß des «Business Transformation». Wesentliche Änderungen im System Unternehmen brauchen die volle Leistungsbereitschaft aller Mitarbeiter. Werden Änderungen zu schnell und ohne die (zugegeben zeitraubende) Integration der Mitarbeiter durchgeführt, ist ihr Mißerfolg oft schon im Ansatz vorprogrammiert. Die Integration der Mitarbeiter kostet zwar in der Anfangsphase viel Zeit, die aber in der Umsetzungs- und Realisierungsphase oft um ein Vielfaches wieder eingeholt wird. Die «langsame» Integration der Mitarbeiter wird so zu einem Instrument der Beschleunigung von Veränderungen im Unternehmen.

Halten wir also fest: Beschleunigung und Schnelligkeit sind mit Vorsicht zu dosierende Faktoren im Kampf um Marktvorteile. Die Jagd nach kurzfristigen Beschleunigungseffekten ohne Berücksichtigung der mittel- und langfristigen Folgen mag dem klassischen Verhaltensmuster, vielleicht sogar der menschlichen Natur entsprechen – auf Dauer ist dieser Ansatz mit Sicherheit der falsche.

Und für die einseitige Übertreibung des Faktors Zeit gilt im übertragenen Sinne das Wort von Paracelsus: *«Die Dosis macht den Unterschied, ob ein Mittel ein Heilmittel oder ein Gift ist.»*

Beschleunigung braucht Langsamkeit

Dieses scheinbare Paradoxon läßt sich am besten in der arbeitsmethodischen Formel «Vorbereitung verdoppeln heißt Ausführungszeit halbieren» ausdrücken. Gerade im Rahmen der Betrachtung asiatischer Organisationsmodelle kommt dieser Denkansatz deutlich zum Ausdruck.

Sicherlich ist dies eine vereinfachende Darstellung, aber bei einem Vergleich zwischen europäischen und asiatischen Ansätzen ist der Ansatz der Europäer in der Planungsphase eher auf wenige Spezialisten beschränkt, die kurz und bestimmt entscheiden, dann aber bei der Umsetzung starke Verzögerungen in Kauf nehmen müssen, weil in der

Planung zu viele Punkte unberücksichtigt geblieben sind und außerdem durch die geringe Integration der Mitarbeiter mit erheblichen Widerständen gekämpft werden muß. Ganz anders stellt sich der Ansatz der Japaner dar: Mit einer integrativen, abstimmenden und auf Konsens ausgelegten Vorgehensweise wird gerade in der Anfangsphase viel Zeit investiert, insbesondere auch aus Motivationsgründen. In der Phase der Umsetzung wird dann fast generalstabsmäßig gearbeitet, wobei natürlich erhebliche Zeitspareffekte genutzt werden können.

PLANUNGSZEIT VERDOPPELN, UMSETZUNGSZEIT HALBIEREN

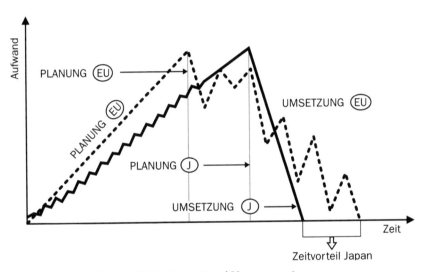

Abb. 18: Zusammenhang von Vorbereitungszeit und Umsetzungszeit

Doch es sind nicht nur rein unternehmensbezogene Kriterien, die für einen sinnvollen Umgang mit der Zeit sprechen. In manchen Märkten sind inzwischen fast alle Anbieter in der Beschleunigungsfalle, so daß keiner mehr in der Lage ist, aus dem Spiel auszusteigen, ohne sofort Gefahr zu laufen, ganz auszuscheiden. Das Unternehmen hat in dieser Situation die Wahl zwischen zwei Übeln: entweder weiter zu beschleunigen oder allein auszusteigen. Beide Wege führen mit hoher Sicherheit ins Verderben.

Eine Chance würde sich hier nur ergeben, wenn quasi alle Beteiligten eine Art *«Verlangsamungskartell»* bilden würden. Mit anderen Worten: alle Beteiligten müßten sich darüber absprechen, gemeinsam das Veränderungs- und Innovationstempo zu reduzieren, zum Wohle aller am Spiel Beteiligten. Die Wahrscheinlichkeit für ein solches Vorgehen ist allerdings minimal, denn es erfordert eine Weitsicht und eine Denkart, die heute im Wirtschaftsleben nur sehr selten anzutreffen ist: die Fähigkeit zum gemeinsamen, verantwortungsvollen Handeln. Und so spricht denn auch alles dafür, daß die Beschleunigungstendenzen immer weiter gehen, solange, bis das natürliche System, in dem wir uns alle bewegen, eine weitere Beschleunigung nicht mehr zuläßt.

Die Grenzen des Wachstums: Auch in der Beschleunigung

Ganz am Anfang unseres Buches haben wir Dennis Meadows vom Club of Rome mit der Studie «Die Grenzen des Wachstums» zitiert. In dieser Studie ging es vor allem um die Grenzen des Wachstums, bedingt durch die Begrenztheit der uns zur Verfügung stehenden Rohstoffe. Heute stehen wir an einem anderen Punkt.

Auf der Weltklimakonferenz 1995 in Berlin ging es um die Begrenzung des Schadstoffausstoßes der Industrienationen, der inzwischen ein solches Ausmaß angenommen hat, daß die Natur ihn nicht mehr verkraften kann.

Sei es das Ozonloch oder die Erwärmung des Mittelmeeres, die Veränderungen im Weltklima oder die Verschmutzung des Wassers: die Ursachen werden in dem maßlosen Ausstoß an Unrat (sei es durch die Verbrennung fossiler Energien als auch durch feste Abfälle) gesehen. Unsere Umwelt ist also an den Grenzen ihres Wachstums, oder, besser ausgedrückt, wir sind mit unserem Wachstum an die Grenzen der Verkraftbarkeit durch die Natur gegangen. Und die Übertreibung des Faktors Zeit spielt dabei mit Sicherheit eine entscheidende Rolle.

214

Eine neue Studie des Club of Rome könnte deshalb den Namen tragen: «Die Grenzen der Beschleunigung». Eine der wichtigsten Grundannahmen unseres Wirtschaftens ist die Aussage, daß eine gesunde Wirtschaft Wachstum braucht, um sich entwickeln zu können. Die wenigsten sind sich aber darüber im klaren, was ein konstantes Wachstum bedeuten würde. Lassen Sie uns dies an einem Beispiel zeigen. Angenommen, die Nationen der Erde würden jedes Jahr um real 5% wachsen. Innerhalb von zwanzig Jahren würde bei einem realen Wachstum von 5% aus 100 DM ein Betrag von DM 265,33. Und in hundert Jahren ergibt sich ein Betrag von DM 13 150,13. Was für einen Sparer einen wünschenswerten Effekt darstellt (daß er von den Zinseszinsen profitiert), würde für uns alle zum Verhängnis werden. Unsere natürliche Umwelt könnte ein solches Wachstum nicht verkraften. Und deshalb wollen wir diesem Grundaxiom der Ökonomie den Satz der Natur gegenüberstellen:

«Ein auf Dauer erfolgreiches System muß von Wachstum unabhängig sein.»

Es gehört nicht viel Phantasie dazu, die Grenzen des Wachstums auf die Grenzen der Beschleunigung zu übertragen. Genauso wie die natürliche Umwelt ein grenzenloses Wachstum verhindert, gilt dies auch für die Beschleunigung.

- Deshalb gilt: Wir brauchen keine Beschleunigung quasi als Selbstzweck, sondern die sorgsame Dosierung der Zeit als Wettbewerbsfaktor ist es, die wir brauchen.
- Auch im Privatleben gilt das gleiche: Gerade weil wir versuchen, so viel wie möglich gleichzeitig zu machen, verlieren wir die Qualität der Zeit. Leben wird dann zu einer verzweifelten Anstrengung, die Zeit zu nutzen, aktiv zu sein und uns zu vergewissern, daß uns kein einziger Augenblick an Zeit entgeht. Genauso aber geht uns die ganze Zeit verloren, denn es ist doch die Qualität der Zeit, die ausschlaggebend ist.

9.3 Beschleunigung auf langsamem Fundament: Beispiele aus der Praxis

Eines der großen Probleme, mit denen wir uns im Zusammenhang mit dem zunehmenden Zeitwettbewerb konfrontiert sehen, ist die kurzfristige Zeitperspektive, der wir uns stellen. Am deutlichsten wird dies in der Analyse unternehmerischer Erfolge oder Mißerfolge in den USA: dort gilt als Zeitraum der Beurteilung das Quartal. Und bei den Politikern ist es auch nicht viel anders, denn deren Zeithorizont geht in der Regel auch nicht über die nächste Wahlperiode hinaus. Im Vergleich zwischen ökonomischen Wirkungen wirtschaftlichen Handelns und deren ökologischen Konsequenzen hat die Natur keine Chance.

Es dauert einfach zu lange, bis die Natur ihre Wirkungen für uns alle spürbar zeigt. Das Waldsterben begann ja auch schon vor vielen Jahren, bevor der Wald uns seine Schäden sichtbar zeigte. Und es wird noch eine ganze Reihe von Jahren dauern, bis wir die Folgeeffekte der Zerstörung der Ozonschicht und der unaufhaltsamen Erwärmung der Erdatmosphäre am eigenen Leib spüren. Dann allerdings könnte es auch schon zu spät sein.

«Mehr und schneller» ist die Devise, denn ohne diese Grundsätze ist unsere Wirtschaft nicht lebensfähig. Nach allen Theorien der Wirtschaftslehre braucht eine «gesunde Wirtschaft» Wachstum und Schnelligkeit. Also können wir es uns aussuchen: Gleichviel und langsam ist gut für die Ökologie, aber schlecht für die Ökonomie. Schnell und mehr ist gut für die Wirtschaft, aber die Natur stirbt den Wärmetod. Aber auch wenn es für unser bestehendes Weltbild schwer zu verkraften ist, wir müssen freiwillig über eine Verlangsamung und «Entschleunigung» nachdenken oder die Natur wird uns dazu zwingen. In einem Weltbild, das auf Beherrschung, Unterdrückung und Dominanz ausgerichtet ist und in dem die Akteure daran glauben, daß sie alles unter Kontrolle haben und diesen Zustand auch aufrechterhalten können, ist es natürlich schwer, so zu argumentieren. Für viele ist es ja schon ein Fortschritt, daß sie die Nebeneffekte der Umweltauswirkungen mit berücksichtigen. Vielleicht werden wir in Zukunft soweit sein, daß wir zuerst unsere Ziele in Richtung Lebensqualität, Gesundheitserhaltung, Harmonie und Zufriedenheit setzen und uns erst danach fragen, welche ökonomischen Aktivitäten geeignet sind, diese Ziele zu erreichen.

Daß Teile der Unternehmerschaft diesen Trend erkannt haben und damit begonnen haben, ihn auch in die Praxis umzusetzen, stimmt hoffnungsvoll. So hat das japanische Handelsministerium MITI die japanischen Chip-Produzenten aufgefordert, die Produktlebenszyklen wieder zu verlängern und damit den Innovationsprozeß zu verlangsamen (o.V., Japans Handelsfirmen verlängern ihre Produktzyklen, 1993, S. 23).

Auch in der so schnellebigen Mode sind es die Veränderungen an der Peripherie, die so schnell wechseln. Getreu dem Grundsatz «Intern konzentrieren – extern differenzieren» werden die eigentlichen Veränderungen an der Oberfläche der Textilien realisiert. Neben den schnellen Wechseln im topmodischen Bereich bleiben daneben viele Artikel im Bereich der Basics konstant und verändern sich kaum. Die seit einem Jahrhundert nahezu unveränderte Levi's-Jeans 501 ist sicher eines der besten Beispiele dafür.

Doch auch in der Mode stellt sich über kurz oder lang die Frage, wie lange noch die Verbraucher willens und in der Lage sind, die schnellen Modewechsel mitmachen zu können. Und auch die durch die schnellen Modewechsel ausgelösten künstlichen Veralterungen sorgen für eine so hohe Belastung der Umwelt durch alte Textilien, daß auch auf diesem Gebiet umgedacht werden muß. Und manche Unternehmen gehen hier unter dem Begriff des «Sustainable Fashion» bereits neue Wege der Langsamkeit auch in der Bekleidungs- und Textilfertigung, die aufhorchen lassen. Wenn beispielsweise ein Textil/Mode-Unternehmen wie Steilmann bereit ist, zugunsten einer stärkeren Berücksichtigung ökologischer Notwendigkeiten durch eine schonendere und damit langsamere Bearbeitung der Stoffe zum einen eine Reduzierung der Prozeßgeschwindigkeit und zum anderen damit verbunden höhere Kosten in Kauf zu nehmen, ist dies zumindest ein positives Zeichen.

Denn hinter einem solchen Konzept steht ja – und das ist das eigentlich Besondere daran – ein ganz neues Denk- und Handlungsmuster. Es ist ein Denken, das ganz bewußt Kostensteigerungen und Verlangsamungen in Kauf nimmt in der festen Überzeugung, daß sich auch die Verbraucher von einem solchen Konzept überzeugen lassen.

Und genau dies ist es, was das sinnergetische Modell braucht: Unternehmen, die bereit sind, unter Verzicht auf kurzfristige Vorteile einen Weg zu gehen, von dem mittel- und langfristig alle Beteiligten einen erheblichen Mehrwert erwarten können.

9.4 Der Wille zur Freiheit

Zum Abschluß dieses Abschnitts wollen wir noch einmal auf unsere philosophische Sichtweise der Zeit zurückkommen. Nach unserem Grundverständnis hat jeder von uns seinen eigenen, individuellen Weg. Nach C. G. Jung ist Freiheit nichts anderes als die Bereitschaft, sein vorher bestimmtes Schicksal freiwillig anzunehmen. Er hat es so formuliert: «Die Freiheit des Schicksals bedeutet die Fähigkeit, das mit Freude zu tun, was ich zu tun habe.»

Der Psychologe Carl Rogers schließt sich dieser Auffassung an: «Es ist eine Freiheit, bei der der Mensch wählt, sich zu vervollkommnen, indem er eine verantwortungsvolle und freiwillige Rolle dabei spielt, die vorherbestimmten Ereignisse seines Lebens zu bewältigen.»

Nach diesen Auffassungen ist unser Leben in seinen Grundzügen vorherbestimmt. Wir haben die Freiheit, anzunehmen oder abzulehnen. Whitmont hat dies so ausgedrückt:

«Man könnte sagen, daß unsere Komplexe die Karten sind, die uns das Schicksal zugespielt hat. Mit diesen Karten und mit keinen anderen können wir das Spiel entweder gewinnen oder verlieren. Und wenn wir so tun, als ob wir sie nicht hätten oder nach anderen fragen, dann haben wir verloren, ehe wir überhaupt beginnen.»

Seneca schrieb: «*Fata volentem ducunt, nolentem trahunt*», was frei übersetzt ungefähr soviel heißt wie «den Wollenden führt das Schicksal, den Nichtwollenden zieht es».

Der Grund, warum wir Freiheit haben, ist, daß wir ein Selbstbewußtsein haben, das uns ermöglicht in Alternativen zu denken, zu abstrahieren. Bewußtsein macht uns fähig, Entscheidungen zu treffen. Ohne sich seines eigenen Potentials, seiner Beschränkungen und Bedürfnisse bewußt zu werden, ist Freiheit unmöglich. Und deshalb ist Anthony Starr zuzustimmen, der sagte: «Unsere größte Freiheit erlangen wir, wenn wir unsere Beschränkungen akzeptieren.» Der erste Schritt zur Freiheit ist daher die Selbsterkenntnis. Deshalb müssen wir uns selbst erkennen – damit wir ganz wir selbst sein können.

Aber es erfordert viel persönlichen Mut, sich mit sich selbst zu konfrontieren und «ganz sich selbst zu sein». Aus diesem Grunde sind auch die meisten Menschen nicht frei und suchen die Gründe für ihr Scheitern in der Regel bei anderen oder zumindest bei den äußeren Umständen. Und es ist viel leichter, die Werte anderer Menschen zu akzeptieren und sich ihnen anzuschließen. Es ist viel einfacher, äußere Umstände für Mißerfolge verantwortlich zu machen.

Die meisten Menschen mögen das Wort Freiheit und führen es auch oft im Munde. Wenn es jedoch dazu kommt, die damit verbundene Verantwortung zu übernehmen, wenn es dazu kommt, sich damit zu konfrontieren, wie man wirklich ist, und selbst die Verantwortung für die Dinge zu tragen, die in unserem Umfeld durch uns und mit uns geschehen, dann liegt die Sache oft ganz anders.

Doch auch für diejenigen, die sich von ihrer Verantwortung abwenden, wird das Leben nicht einfacher. Man kann zwar bis zu einem gewissen Grad um die Verantwortung herumkommen. Wir können die Augen schließen wie die Kinder, die glauben, dann auch nicht von anderen gesehen werden zu können, aber das Rad dreht sich immer noch.

Erfahrungen im Leben sind lebensnotwendig. Wenn wir versuchen, sie zu umgehen, versäumen wir das Wesentliche. Wir müssen uns entwikkeln, um zu wachsen, um zu werden, was wir wirklich sind, und manchmal ist dieser Vorgang schmerzlich. Wer versucht, diesen Vorgang zu vermeiden, betrügt sich selbst. Wir verbringen unser Leben dann buchstäblich damit, vor unserem eigenen Schatten davonzulaufen.

Viktor Frankl, der Begründer der Logotherapie und einer der Überlebenden von Auschwitz, formulierte es in seinem Buch «Der Mensch auf der Suche nach dem Sinn» wie folgt:

«Da jede Situation im Leben für den Menschen eine Herausforderung darstellt und ein Problem, das zu lösen ist, läßt sich die Frage nach dem Sinn des Lebens buchstäblich umkehren. Letztendlich sollte der Mensch nicht fragen, was der Sinn des Lebens ist, sondern er sollte erkennen, daß er es ist, um den es geht. Mit einem Wort, jeder Mensch wird vom Leben zur Rechenschaft gezogen. Auf das Leben kann er nur antworten, indem er Verantwortung übernimmt. ... Verantwortung ist die Essenz selbst der menschlichen Existenz. Man sollte deshalb nicht nach einem abstrakten Sinn des Lebens suchen. Jeder hat seine eigene spezifische Berufung oder Mission im Leben. Jeder muß einer konkreten Bestimmung folgen, die nach Erfüllung verlangt. Darin kann er nicht ersetzt werden, und sein Leben kann auch nicht wiederholt werden. So ist die Aufgabe eines jeden von uns ebenso einzigartig wie seine spezifischen Möglichkeiten, sie durchzuführen.»

Halten wir fest: Jeder von uns hat seinen eigenen, individuellen Weg. Unser freier Wille besteht darin, unseren Willen in Übereinstimmung zu bringen mit unserem wirklichen Selbst. Das Ziel ist es dann, unser wirkliches Selbst zu finden und mit unseren Möglichkeiten, die wir haben, unseren Beitrag für das Ganze zu leisten. Mehr können wir nicht erreichen.

220

9.5 Zusammenfassung

Zeit hat viele Aspekte

Die Zeit besteht aus einer linearen, chronologischen und einer zyklischen, inneren, qualitativen Komponente.

Wenn man die qualitativen Seiten der Zeit betrachtet, die bislang aufgrund unseres materialistisch geprägten Wissenschaftsverständnisses vernachlässigt wurden, dann kommt man auf die Frage nach der «Richtigkeit» der Zeit. In diesem Verständnis hat jeder Moment der Zeit eine andere Resonanz, eine andere Schwingung. Die Kunst ist, diese Schwingungen zu spüren und sinnergetisch mit ihnen zu leben.

Schnelligkeit ist kein Selbstzweck

Ohne jeden Zweifel ist die Schnelligkeit ein wichtiges Kriterium für die Überlebensfähigkeit von Unternehmen. Doch es mehren sich auf der anderen Seite auch die Stimmen, die vor einer einseitigen Überbetonung des Faktors Zeit warnen. Zum einen werden oft die Energiekosten vergessen, die durch die immer größere Beschleunigung an sich träger Systeme erforderlich werden, um die angestrebten Effekte zu erreichen. Zum anderen gilt es zu berücksichtigen, daß Beschleunigung kein Selbstzweck bleiben darf, sondern immer unter dem Aspekt der Wertschöpfung und des damit erreichbaren Nutzens zu bewerten ist. Es braucht Unternehmen, die bereit sind, unter Verzicht auf kurzfristige Vorteile einen Weg zu gehen, von dem mittel- und langfristig alle Beteiligten einen erheblichen Mehrwert erwarten können.

Die Freiheit liegt in uns selbst

Jeder von uns hat seinen eigenen, individuellen Weg. Unser freier Wille besteht darin, unseren Willen in Übereinstimmung zu bringen mit unserem wirklichen Selbst. Das Ziel ist es dann, unser wirkliches Selbst zu finden und mit den Möglichkeiten, die wir haben, unseren Beitrag für das Ganze zu leisten.

10. Leben heißt Probleme lösen

10.1 Nur Problemlösungen schaffen attraktive Unterschiede

Sicher haben sich die meisten von Ihnen schon einmal mit Ansätzen aus dem Bereich des positiven Denkens befaßt. Positives Denken ist eine Grundhaltung, deren Bedeutung schon der griechische Philosoph Epiktet hervorhob: *«Es sind nicht die Umstände, sondern die Einstellungen, die uns zu schaffen machen.»*

Vielfach ist es eine Frage unserer Perspektive und unserer Wahrnehmung, ob wir eine Sache als positiv oder als negativ ansehen. Es gibt kaum eine Aussage, die dies so deutlich zum Ausdruck bringt wie die folgende: *«Jeder Mangel ist eine Chance.»*

Wahrscheinlich würde der Glaube an diesen Satz und alle seine Konsequenzen schon ausreichen, um unser Leben nachhaltig zu verändern. Wenn es gelingt, alles, jedes Problem und jede Krise, unter dem Aspekt der Chance zu sehen, dann würde dies eine völlig veränderte Beurteilung von Krisen (auch im Gesundheitsbereich) bedeuten. Ein Problem entsteht immer dann, wenn eine Absicht auf eine Gegenabsicht stößt. Und so gibt es in jedem System Widersprüche, weil es eine Vielzahl von unterschiedlichen Absichten gibt. Jedes System muß in der Lage sein, diese Probleme oder Konflikte (z. B. wenn ein Mitarbeiter gleichzeitig kreativ und gehorsam, autonom und loyal sein soll) auszubalancieren, um lebendig bleiben zu können. Deshalb braucht ein Unternehmen sowohl stabilisierende, Sicherheit gebende Routineprogramme als auch flexible, innovative Handlungsmöglichkeiten und Entscheidungsfreiheit, die kreative Vielfalt und Unsicherheit zuzulassen. Ein sinnergetischer Manager weiß, daß beide Tendenzen – je nach Kontext – wichtig sind. Er sieht das Gute im Schlechten und das Schlechte im Guten. Sich nur einer Seite zu widmen, würde die Chancen, den Widerspruch konstruktiv zu nutzen, erheblich reduzieren. Um einen solchen Balanceakt, wie er immer mehr von Führungskräften erwartet wird, auch bewältigen zu können, braucht man die Gewißheit, daß die Konflikte und Probleme, die beim Austragen von Widersprüchen auftreten, zur Lebendigkeit und Lebensfähigkeit des Systems beitragen. Nur über das Managen der Konflikte kann der Umweltkomplexität überhaupt Rechnung getragen werden. Und dabei geht es nicht um Nullsummenspiele, sondern «um das Vergrößern des Teichs». Eine lebendige Streitkultur auf konstruktiver Basis ist sicherlich eine gute Grundlage für Lebendigkeit eines Unternehmens. Ohne Weiterentwicklung gibt es keine Stabilität. Es muß etwas geschehen, damit es so bleibt, wie es ist. Jedes Unternehmen ist darauf ausgerichtet, zu seiner Umwelt eine stabile, ertragreiche, positive Beziehung zu erhalten. Auf der anderen Seite bilden sich in jedem Unternehmen innere Strukturen heraus, die die Tendenz haben, konstant zu bleiben. Verändert sich nun die Umwelt und will das Unternehmen seine Beziehungen zu eben dieser Umwelt konstant halten, so ergibt sich automatisch der Zwang zur Veränderung, um Stabilität zu erreichen. Wir haben also die fast paradox anmutende Situation, daß sich Unternehmen permanent ändern müssen, um die Stabilität ihrer Beziehungen zu ihrer relevanten Umwelt zu erhalten. Gleichzeitig müssen sie es aber schaffen, bei aller Veränderung ihre identitätsgebenden inneren Strukturen und Werte zu bewahren. Diesen Widerspruch von Veränderung und Bewahrung zu leben, ihn sinnergetisch immer wieder zu vitalisieren, ist eine der herausragenden und zugleich schwierigsten Aufgaben des Managements.

224

Die Lösung dieser Konflikte hilft den Unternehmen sich positiv zu entwickeln. Wir leben in Zeiten, in denen Produkte immer austauschbarer werden. Und in den Märkten gilt das gleiche Gesetz wie in der Natur: «Auf Dauer führen austauschbare Leistungen zu einer Rendite von Null (oder sogar zu einem negativen Ergebnis).» Nach dem Gesetz der Ausschließlichkeit der Nahrung kommen niemals zwei Arten zusammen vor, die sich auf die genau gleiche Art ernähren. Wenn doch nur mehr Unternehmer diese Erkenntnis berücksichtigen würden!

Anders als die anderen

Jedes Unternehmen muß versuchen, ein Höchstmaß an Unterschiedlichkeit (verbunden mit einer entsprechenden Wertschöpfung für den Markt) zu entwickeln. «Anders als alle anderen» ist der Leitgedanke sinnergetischer Unternehmen. Sie sollen sich so weit wie möglich von ihren Wettbewerbern differenzieren. Wenn allerdings diese Differenzierung auf der reinen Produktebene immer schwerer, wenn nicht sogar unmöglich wird, dann sind andere Differenzierungsansätze notwendig. Und die sollten auf der Ebene der Marktprobleme gesucht werden. Nur hier besteht die Chance, verteidigungsfähige, attraktive Unterschiede aufzubauen.

Die Aussage, daß jeder Mangel eine Chance ist, läßt sich unmittelbar auf die Entwicklung von Unternehmen übertragen. *Wir vertreten die Ansicht, daß im Kern einer jeden außergewöhnlichen unternehmerischen Leistung immer die Lösung eines zentralen Problems liegt.*

Findige Unternehmer sind also immer auf der Suche nach den gegenwärtigen und zukünftigen Problemen oder Herausforderungen ihrer Märkte. Es bedeutet eine erhebliche Veränderung im Denken, konsequent und ausschließlich die Problemlösung im Auge zu behalten. Reine Produktanbieter werden auf der Strecke bleiben, da ihnen die notwendige Evolutionsfähigkeit fehlt.

Die Zukunft wird Unternehmen gehören, denen es gelingt, durch immer bessere Feineinpassung ihrer Angebote dem Markt die relativ besten Problemlösungen zu bieten. Unternehmer sollten es den alten griechischen Philosophen nachmachen, die immer von einem Problem bzw. von der Verwunderung über etwas ausgingen, manchmal etwas ganz Alltägliches, das aber für den wissenschaftlichen Denker eben zum Problem, zur Verwunderung wird. Von Karl Popper, der zusammen mit Sigmund Freud und Ludwig Wittgenstein zur jüdischen Bürgerschicht Wiens zählte, deren Gedanken die geistige Landschaft Europas verändert und geprägt haben, stammt dazu die folgende These:

«Jede wissenschaftliche Entwicklung ist nur so zu verstehen, daß ihr Ausgangspunkt ein Problem ist, oder eine Problemsituation, das heißt, das Auftauchen eines Problems in einer bestimmten Situation unseres Gesamtwissens.»

Die Wissenschaft im Sinne Poppers geht nicht von Sinneswahrnehmungen oder Beobachtungen aus, sondern von Problemen. Und genau dies sollten Führungskräfte tun, wenn sie sich im Sinne der Evolution und damit sinnergetisch verhalten.

Halten wir noch einmal fest:
Ausgangspunkt für eine erfolgreiche Unternehmensentwicklung ist immer ein Problem oder eine Problemsituation im Sinne einer Herausforderung des Marktes. Im zweiten Schritt geht es dann um Lösungsversuche, die in schnellebigen Märkten oft nach dem Muster von «Trial and error» ablaufen müssen.

Überlegenheit durch Konzentration

Wer aber hat die größte Chance, sich durch eine geschickte Problemlösung Wettbewerbsvorteile zu verschaffen? Natürlich hat schon derjenige Vorteile, der die bestehenden Herausforderungen erkennt (das Erkennen von Problemsituationen durch eine feine Wahrnehmung ist sicher von großem Vorteil, wenngleich auch Lösungen möglich sind, die man eher zufällig entwickelt hat). Noch wichtiger als die Suche nach möglichen Problemfeldern erscheint uns die Konzentration, d. h.

die Fähigkeit, «sich auf einen Punkt zu sammeln». Erfolgreiche Unternehmen schaffen es, durch die Konzentration auf wenige, aber wichtige Problemsituationen ihres Marktes Wettbewerbsvorteile zu erarbeiten, die verteidigungsfähig sind. Und anders als bei den Philosophen belohnt der Markt nicht den Kenner, sondern den Könner. Im Sinne der Konzentration auf Kernkompetenzen muß das Unternehmen Felder besetzen, an die andere sich nicht herantrauen und in denen es überlegene Problemlösungen bieten kann.

Daß dies auf der ganzen Bandbreite des marktpolitischen Instrumentariums des Unternehmens geschehen kann, liegt auf der Hand. Dabei ist die Konzentration von größter Bedeutung, denn nur so bekommt das Unternehmen die Kraft, zumindest in Teilbereichen des Marktes überlegene Lösungen anbieten zu können.

«Wenn man eine Sache gut tun will, kann man sie nicht für jeden tun.»

In der Konzentration ist der durchschnittlich Begabte dem unkonzentrierten Genie überlegen. In vielen Bereichen der Natur erkennen wir die Kraft der Konzentration, wie zum Beispiel in den Auswirkungen der Bündelung von Licht (bis hin zu Laserstrahlen). Interessanterweise nutzen auch viele asiatische Kampfsportarten (wie zum Beispiel Karate) dieses Prinzip der Konzentration der Kräfte. Sinnergetisch ausgerichtete Unternehmen richten ihr Konzept ebenfalls nach diesem Prinzip aus.

Ihr Ziel ist nicht Wachstum als Selbstzweck, sondern durch die Ausrichtung auf die eigenen Kernkompetenzen, das Entwickeln von Problemlösungen, die dem Markt eine nicht austauschbare Wertschöpfung bieten.

Auf dieser Grundlage ist selbstverständlich Wachstum möglich und auch wahrscheinlich, aber es darf niemals zum Selbstzweck werden. In einer Broschüre der Seidensticker-Gruppe findet sich dazu die folgende Formulierung einer evolutionären Wachstumsidee:

Wie wir wachsen wollen.

Im Laufe der Jahre entwickelt jedes Unternehmen seinen eigenen Rhythmus. Er wird bestimmt durch die Branche, die Ertragskraft des Unternehmens, die Qualität seines Managements und durch seine selbstgesetzten Ziele.

Wir in der Seidensticker-Gruppe wollen wachsen. Aber nicht um jeden Preis. Wir folgen diesen Regeln:

1. Unser Wachstum muß rentabel sein.
2. Der Bestand unseres Unternehmens darf nicht gefährdet werden.
3. Wenn es größere Schwachstellen gibt, müssen diese erst beseitigt werden, bevor wir uns neuen Zielen zuwenden.

Haben wir ein festes Ziel für Wachstum? Nein.
Wir haben nur die Vision, daß dieses Unternehmen wachsen kann. Wir wollen weder einen bestimmten Umsatz in einer bestimmten Zeit erreichen noch unter allen Umständen ein bestimmtes Produkt innerhalb einer bestimmten Zeit im Markt plazieren.
Wir richten uns allein nach den Möglichkeiten des Marktes. Diese suchen wir und nehmen sie dann wahr, wenn die Voraussetzungen gegeben sind: die richtigen Mitarbeiter, Aussicht auf genügend Rentabilität, finanzielle Reserven.

Abb. 19: Wachstumsformulierung der Seidensticker-Gruppe

Entwicklungskonzept statt Feinplanung

Im obigen Beispiel wird ganz klar ein Entwicklungskonzept formuliert im Gegensatz zur strategischen Planung wie sie sonst in so vielen Unternehmen anzutreffen ist. Hier wird die Zukunftsentwicklung durch vorsichtige, tastende Lösungsversuche (ganz im Sinne von Karl

Popper) angegangen. Versuch und Irrtum werden als legitime Verfahren angesehen, die Zukunftschancen des Unternehmens herauszufinden und sie dann auch konsequent zu nutzen.

Man hat akzeptiert, daß Unternehmensentwicklung stochastisch geprägt ist, Ergebnisse teilweise zufällig verteilt anfallen und demzufolge nicht sicher planbar sind. Für sinnergetische Führungskräfte braucht es kaum noch betont zu werden: Evolutionäre Prozesse (und darum handelt es sich ja auch bei der Unternehmensentwicklung) sind prinzipiell nicht berechenbar. Und deshalb kann sich ein Unternehmen auf der Grundlage seiner Kernkompetenz nur nach dem Prinzip der «permanenten Selbstkorrektur» (Popper) entwickeln.

Sichtbare Kompetenz

Und noch einen dritten Aspekt sollten wir berücksichtigen. Wir haben gesehen, daß erfolgreiche Unternehmen zentrale Probleme ihrer Märkte besser lösen als andere. Aber zum wirklichen Durchbruch fehlt noch ein weiterer, entscheidender Punkt: dem Unternehmen muß es gelingen, diese Kompetenz auch sichtbar zu machen. Da dies in einer Zeit permanent wachsender Mediaaufwendungen immer schwieriger wird, braucht das Unternehmen statt steigender Mediaetats eine aktive Beziehungspflege mit seinen Marktpartnern. Sinnergetische Unternehmen bauen ihr Unternehmen als Dialogforum auch außerhalb des eigentlichen Marktgeschehens auf.

Statt immer mehr Geld in monologartige Produktkommunikation zu investieren, die doch zu einem großen Teil nicht richtig wahrgenommen wird, bauen sich sinnergetische Unternehmen ein Beziehungsgeflecht auf, das von der Kundenkonferenz bis zur gemeinsamen Entwicklung von Problemlösungen reicht und in dem das Unternehmen nicht von außen einwirkt, sondern in dem es mit all seinen Marktpartnern und den umgebenden Systemen direkt verbunden ist. Die oft verlorengegangene Rückverbindung (so die eigentliche Bedeutung des Wortes Religion) zu den Partnern im Markt wird damit zurückgewonnen.

Der Erfolg ist nicht vermeidbar

Halten wir fest: Wenn die von uns beschriebenen drei Faktoren in der richtigen Reihenfolge zum Tragen kommen, dann läßt sich daraus folgender Zusammenhang ableiten: «Wer zentrale Probleme seines Marktes sichtbar besser löst als andere, der kann seinen Erfolg nicht verhindern.»

Dieser Satz klingt natürlich wie eine Provokation, ist aber nichts anderes als der Ausdruck des Wachstumsprinzips kybernetischer Systeme. Die Kybernetik (von Kyberne und Technicos, also Steuermannskunst) ist die Lehre von den Regelkreisen, die auch unsere Natur prägen.

Und kybernetisch entwickelt sich auch das Wachstum von Unternehmen, vom Erkennen zentraler Probleme über den Aufbau von Wettbewerbsvorteilen (durch Konzentration auf Kernkompetenzen und durch das Erreichen überlegener Problemlösungen) bis hin zum Aufbau sichtbarer Kompetenz, also Vertrauen in die Zuständigkeit des Unternehmens für bestimmte Problemstellungen.

Wichtig ist dabei, daß in diesem Rahmen die Ableitung von Kausalbeziehungen nur bedingt möglich ist. Wir müssen diejenigen enttäuschen, die geglaubt haben, über den Umweg der modernen Kybernetik ein Hintertürchen für die Steuerung von Märkten gefunden zu haben. Die Kybernetik ist ein guter Ansatz zum besseren Verstehen von Märkten, aber sie kann die hochgradig vernetzten Beziehungen genausowenig kausal erklären wie die klassischen Ansätze. Aus diesem Grunde haben wir uns in unserem sinnergetischen Ansatz eher für die systemisch-evolutionäre Sichtweise entschieden.

10.2 Der systemisch-evolutionäre Ansatz der Unternehmensführung

Im systemisch-evolutionären Ansatz erhalten folgende Faktoren eine besondere Bedeutung:

- *vernetztes Denken anstelle von linearem Denken*
- *das Unternehmen als Organismus und Energiesystem*
- *Integration der «weichen» Faktoren*
- *Selbstorganisation statt Fremdorganisation*
- *Wertschöpfungsketten statt Gewinnmaximierung*
- *Prozeßorientierung statt hierarchische Organisation*
- *Leadership anstelle von Management*
- *Vertrauen statt Kontrolle*

Diese kurze Auflistung kann große Widerstände auslösen. Es gehört eine gehörige Portion Mut und vor allem eine Änderung der bestehenden Wahrnehmungsmuster dazu, einen ganzheitlich-systemischen Ansatz für die Unternehmensführung, in dem die Suche nach Problemlösungen im Vordergrund steht, zu wählen.

Viele Führungskräfte werden irritiert und verunsichert sein. Auch wenn die Lebenserfahrung zeigt, daß heute bestehende Systeme weder Objektivität noch Verläßlichkeit geben, so versucht man doch, am alten, «bewährten» Muster festzuhalten. Gerade bei einem prozeßhaften Vorgehen bei Problemlösungen wird dies deutlich. Geprägt von der Illusion, alles sei machbar, kontrollierbar und steuerbar, haben die meisten von uns gelernt, daß ein Manager sich im wesentlichen dadurch auszeichnet, daß er «alles im Griff und unter Kontrolle hat». Und jetzt sollen wir plötzlich unsere Mitarbeiter und unsere Kunden auf ihrem Weg begleiten, Impulse setzen, wachsen und entwickeln lassen und schon Prozesse als Ereignisse sehen.

Loslassen bringt Kontrolle

Gerade der Versuch, alles unter Kontrolle zu behalten, wirkt naturgemäß allen Ansätzen der Selbstorganisation entgegen. Aber wird die verantwortungsbewußte Führungskraft nicht dafür bezahlt, die Dinge im Griff zu behalten? Sich überwiegend als Impulsgeber zu verstehen und auch als Begleiter von Problemlösungsprozessen, ein solches Bild setzt ein hohes Maß an Vertrauen in die Mitarbeiter, das Unternehmen und vor allem in sich selbst voraus. Allein schon deshalb ist es notwendig, im sinnergetischen Unternehmen eine ausgeprägte Vertrauenskultur zu schaffen.

Am Beispiel der Zeit haben wir gezeigt, welche Konsequenzen eine andere Betrachtung der Zeit auch für den einzelnen hat. Wenn ein Unternehmer beginnt, in Zeitqualitäten, Synchronizitäten, Rhythmen zu denken, dann werden dadurch völlig neue Problemlösungsansätze notwendig.

«Die Kunst des Müßiggangs» (Hermann Hesse), des Innehaltens und des Perspektivenwechsels als Grundlage für Problemlösungen sind eher streßauslösend, so fremd sind sie den meisten von uns. Erinnern Sie sich noch an die Kunst des Wu-Wei, des Handelns durch Nichthandeln? Wahrscheinlich sollten wir alle einmal eine Woche oder länger in einen Kontrast-Workshop gehen, um uns konsequent mit anderen Denk- und Handlungsmustern vertraut zu machen. Uns ist es doch viel vertrauter, die im Berufsleben erlernten Methoden des «Sich-Selbst-Rationalisierens» auch auf unsere Freizeit anzuwenden und zur Erholung ein hektisches, bis ins letzte Detail ausgeklügeltes Freizeitprogramm zu gestalten, um den Streß besser aushalten zu können.

Die Mannschaft ist der Star

Ein weiterer Punkt, der es uns so schwer macht, uns auf das neue Denken einzulassen, ist unsere (auch von den Medien entwickelte) Individualismusideologie. «Anders als alle anderen» ist auch hier das Motto, nur in einem anderen Verständnis. Alles ist gut, was den einzelnen aus der Masse heraushebt. Unseres Erachtens liegt hier übrigens einer der Hauptgründe, warum es (nahezu) unmöglich ist, die asiatischen Managementmodelle zu kopieren. Die asiatische Gesellschaftsform ist in ihrem Kern auf Konsens ausgerichtet. Die Gruppe, das Team zählt, nicht der einzelne. Während bei Erfolgen in westlichen Unternehmen in aller Regel die «Lee Iacoccas» dieser Welt präsentiert werden, so gilt in Asien fast das Gegenteil. Wir sind daran gewöhnt, daß Leistung die Leistung eines einzelnen ist. In diesem Grundverständnis ist das sinnergetische Führen, in dem der Führer sich dadurch auszeichnet, daß er hinter der Gruppe und nicht dauernd im Vordergrund steht, natürlich ein erheblicher Bruch mit unseren erlernten Eitelkeiten.

Evolutionärer Perspektivenwechsel

Und noch ein letzter Punkt soll hier Erwähnung finden: Kritiker formulieren ihre ablehnende Haltung zu diesen neuen (alten) Gedanken so, daß ihnen der Neuheitsanspruch zu weit gehe, daß es sich um «alten Wein in neuen Schläuchen» handle und dass darüber hinaus ein solches Modell nur in guten Zeiten funktioniere. Zum ersten ist zu sagen, daß wir keinen Anspruch auf revolutionäre, sondern auf evolutionäre Entwicklungen stellen. Das sinnergetische Denken, das im systemisch-evolutionären Ansatz seine Wurzeln hat, greift mit seiner Forderung nach problemlösungsorientierten Ansätzen Altbekanntes auf, stellt es nur in einen anderen Rahmen. Zum zweiten «Argument» ist zu sagen, daß das sinnergetische Managementmodell keine Frage einzelner Techniken und Aktivitäten ist, sondern nur dann gelebt werden kann, wenn in sinnergetischen Dimensionen gedacht und wahrgenommen wird. Daß dies unabhängig von der Marktsituation sein muß, liegt auf der Hand.

Der Unternehmer als Problemlöser

Eines der wesentlichen Merkmale des sinnergetischen Ansatzes ist das Denken in Prozessen, Wertschöpfungsketten und natürlich vor allem in Problemlösungen. Das Erkennen von Problemen ist eine Voraussetzung und in der Regel bereits ein wichtiger Teil der Problemlösung, der wichtigsten Aufgabe eines Managers. Jede Führungskraft ist letztlich Problemlöser. Die zunehmende Komplexität erfordert ein immer früheres Erkennen von Problemsituationen. Ein Problem zu erkennen heißt es in seiner Verknüpfung mit einer Vielzahl von Einflußfaktoren zu erkennen.

Wer sich auf einen solchen Problemlösungsprozeß gemeinsam mit anderen einläßt, hat allerdings keine Garantie, daß die Diskussion zu einer klaren Entscheidung führen wird. Obwohl es im Volksmund heißt: «Problem erkannt ist halb gebannt». Gerade in der Wissenschaft hat sich gezeigt, daß kritische Diskussionen oft über einen langen Zeitraum geführt werden. Und oft ist die Diskussion unentschieden, wie die berühmte Diskussion zwischen Albert Einstein und Niels Bohr. Es gibt keine Garantie, daß sich ein solcher Dialog auch entscheiden läßt. Es gibt auch keine Garantie für wissenschaftlichen Fortschritt, aber kennen Sie eine sinnvolle Alternative zu diesem Vorgehen?

Mythos 1: Wohlstand

Und damit kommen wir zu einem ganz entscheidenden Punkt: Wir operieren immer noch mit Informationen und Begriffen, die einfach nicht mehr stimmen können. Nehmen wir als ein Beispiel den Begriff Wohlstand. Was ist denn eigentlich materieller Wohlstand? Wenn wir einmal davon ausgehen, daß die Sicherung des Existenzminimums die Basis darstellt, so ist materieller Wohlstand eine Vergleichsgröße. Man ist reicher oder ärmer als der andere. Woran messen wir nun Wohlstand? Unser gesamtwirtschaftlicher Maßstab ist das Bruttosozialprodukt. Hier aber gelten paradoxe Beziehungen: je mehr Unfälle passieren, um so größer wird das Bruttosozialprodukt. Das gleiche gilt für das Wegwerfen unserer Gebrauchs- und Verbrauchsgüter. Je mehr wir wegwerfen, um so höher ist das Bruttosozialprodukt. Je mehr wir verschwenden, zerstören und fortwerfen, um so höher ist unsere wirtschaftliche Leistung. Also nur nicht erhalten, nur nicht bewahren – fort mit dem alten Plunder, denn unsere Wirtschaft lebt ja (angeblich) davon, daß wir uns mit immer neuen Sachen eindecken, von denen wir glauben, daß sie uns glücklich machen.

Es ist eine rhetorische Frage: Kann denn ein solcher Wohlstandsbegriff noch richtig sein?

Mythos 2: Fortschritt

Oder schauen wir uns andere heilige Kühe unseres Wertesystems an. Ist es Fortschritt, wenn wir auf der einen Seite Menschen ins Weltall schicken und mit allen Teilen dieser Welt in Zeiteinheiten von Sekunden kommunizieren können, wofür wir früher Monate gebraucht hätten, wenn auf der anderen Seite die sozialen Kontakte immer mehr verlorengehen? Natürlich hat dieser Fortschritt und die damit verbundene Rationalisierung erhebliche Erleichterungen und Beschleunigungen in unser Leben gebracht. Wenn wir uns erst einmal daran gewöhnt haben, dann können wir uns doch ein Leben ohne Handy, Walkman und portablen Computer gar nicht mehr vorstellen. Aber ist es denn ein Fortschritt, daß wir unsere Arbeit so aufgeteilt haben, so spezialisiert sind, daß der einzelne noch nicht einmal die Folgen seiner eigenen Arbeit erkennen kann? Vielleicht ist Rationalisierung ein Synonym für geistige Verarmung geworden. Heißt Rationalisierung nicht doch in vielen Fällen Phantasielosigkeit, Cliché-Denken und Geistlosigkeit? Wir haben so viele dieser Clichés in unser Denken integriert, daß wir kaum noch unterscheiden können, ob diese «*Lebensantreiber*» (um es in der Sprache der Transaktionsanalyse zu formulieren) wirklich unsere eigenen sind oder ob wir nicht in vielen Bereichen wie Marionetten fungieren.

Wir müssen uns ändern.

- Vielleicht müssen wir lernen, dreckiger zu werden, weil wir die Folgen der chemischen Reinigung nicht mehr in Kauf nehmen wollen.
- Vielleicht werden wir lernen müssen, innezuhalten, weil uns die zunehmende Beschleunigung wichtige Teile an Lebensqualität geraubt hat.
- Vielleicht werden wir lernen müssen, unsere Speisen zumindest zum Teil wieder selbst herzustellen, weil der Energieaufwand der Nahrungsmittelversorgung einfach zu hoch ist.
- Ist es nicht interessant, daß heute nach einer Untersuchung der EG die Wochenarbeitszeit einer durchschnittlichen Hausfrau trotz des Einsatzes modernster Geräte von 50 auf 60 Stunden gestiegen ist?

Die Beispiele lassen sich endlos fortsetzen. Auch die Situation des Managements ist nur ein Spiegelbild der allgemeinen Problematik unserer Wissenschaft und unserer Gesellschaft, nur wird unsere Gesellschaft heute mehr denn je aus diesem Bereich der Unternehmen geprägt.

Wir müssen wieder lernen, daß die Welt und die darin befindlichen Unternehmen keine Maschinen sind, die nach deterministischen Gesetzen steuerbar sind, sondern wir müssen unsere Unternehmen als integralen Bestandteil eines lebenden Systems verstehen. Dieser Wandel der Perspektive bezieht unsere Position gegenüber der Natur, den menschlichen Organismen, der Gesellschaft und auch gegenüber Unternehmen mit ein. Unternehmen müssen daran gemessen werden, welche Problemlösungen sie anbieten können und welche Wertschöpfung durch sie erreicht werden kann, sei es allein oder durch Kooperation.

10.3 Das Denken in Wertschöpfungsprozessen

Am deutlichsten wird die von uns angestrebte Veränderung, wenn es um das Denken in Wertschöpfungsprozessen geht. Dies ist ja der eigentliche Kern der neuen Modelle der Unternehmensführung, die unter Begriffen wie Business Reengineering, Business Process Transformation oder auch Dynamischer Unternehmensreorganisation in den Managementmarkt eingeführt wurden. Die Grundüberlegung des Reengineering ist zweifellos richtig: das Unternehmen aus seiner künstlichen, hierarchischen und abteilungsorientierten Strukturierung herauszuführen und wieder in eine Form zu bringen, die viel eher dem Muster der Natur entspricht: die Prozeßoptimierung.

Die ganze Natur ist nach dem Muster von Prozessen aufgebaut. Die Tatsache, daß es in der Natur keinen Abfall und demzufolge auch kein Recycling geben kann, liegt einzig und allein daran, daß die Natur «im Kreislauf wirtschaftet».

Die folgende Abbildung zeigt die Notwendigkeit auf, die alten Strukturen aufzugeben:

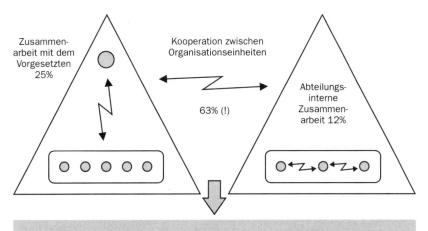

- einseitige Orientierung an den Zielen der eigenen Organisationseinheit
- mangelnde Kenntnis der Aufgaben/Probleme anderer Abteilungen
- fehlende Bereitschaft zu kooperativem Verhalten
- Abhängigkeit von den Leistungen anderer Abteilungen

Abb. 20: Ursachen für Effizienzverluste im Unternehmen

Es muß schon zu denken geben, daß ein so hoher Prozentsatz an Ineffizienz und Energieverschwendung im Unternehmen aus der mangelhaften abteilungsübergreifenden Zusammenarbeit kommt. Genau hier setzt ja das Reengineering an. Alte Abteilungen werden aufgelöst zugunsten von Prozessen, die horizontal, vertikal und lateral das Unternehmen überziehen.

Doch die bisherige Betrachtung ist nur ein kleiner Teil dessen, worum es im Sinne der Entwicklung des Unternehmens vom Produktanbieter hin zum Problemlöser geht. Im sinnergetischen Modell ist das Unternehmen integraler Bestandteil eines lebenden Systems. Die Evolutionsfähigkeit hängt danach von der Wertschöpfung des Unternehmens für den Markt ab. Im Sinne der prozeßorientierten Betrachtung darf der Ansatz des Reengineering deshalb nicht innerhalb des eigenen Bereichs steckenbleiben. Vielmehr geht es darum, die Problemstellungen (vor allem auch diejenigen, die sich erst in Zukunft ergeben werden) geistig vorwegzunehmen und die Prozesse nach innen und nach außen so auszurichten, daß ein Mehrwert für alle entsteht.

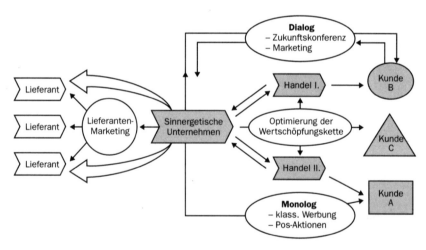

Abb. 21: Sinnergetische Unternehmen gestalten externe und interne Wertschöpfungssysteme ihrer Partner mit

Ziel muß es also sein, dem Unternehmen eine höhere Wertschöpfung für den Markt zu ermöglichen, um damit die langfristige Wettbewerbsfähigkeit zu erhöhen. Wenn es gelingt, durch einfachere, schnellere, individuellere, effektivere und auch ökologischere Abläufe nicht nur das Unternehmen besser zu organisieren, sondern auch dem Markt permanent verbesserte Problemlösungen anzubieten, dann entsteht eine Win-Win-Situation, von der alle Beteiligten profitieren.

Lassen Sie uns dazu einige Beispiele aus der Praxis anführen, die unsere Überlegungen verdeutlichen sollen. Jeder Rechtsanwalt bietet zunächst eine austauschbare Leistung an, die nur sehr schwer zu differenzieren ist. Beginnt der Anwalt aber in Problemlösungen zu denken, so wird er sich vielleicht zum Spezialisten für Unternehmensnachfolge, Unternehmenssicherung oder etwas Vergleichbares entwickeln. Er wird damit zum Problemlöser, der sich und dem Markt eine höhere Wertschöpfung bietet.

Das gleiche gilt für einen Apotheker, der zunächst kaum originäre Differenzierungsmöglichkeiten hat. So lautet denn auch heute noch das Konzept der meisten Apotheker: möglichst viele ältere Menschen im Umfeld, möglichst viele Ärzte – und möglichst wenige Wettbewerber. Aber ein sinnergetisch denkender Apotheker würde einen anderen Weg einschlagen. Seine erste Frage würde lauten: Welche Marktprobleme lösen wir sichtbar besser als andere? Und vielleicht würde er dann über ein Konzept nachdenken, wie man das Kernproblem Gesundheit (oder natürlich auch Krankheit) besser lösen kann als dies bisher durch die bestehenden Anbieter gelöst wird.

Vielleicht wäre es eine sinnvolle Lösung, zusammen mit Kooperationspartnern ein «Haus der Gesundheit» zu schaffen. Zusammen mit den traditionellen Systempartnern würde dann dem Kunden ein Gesundheitszentrum angeboten, in dem er alles, von der Ernährung über die Körperpflege, von der Beratung (einschließlich eines entsprechenden Seminarangebotes) bis hin zu Wellnessangeboten (und noch viel mehr), aus einer Hand beziehungsweise unter einem Dach bekommen könnte.

Natürlich läßt sich die Denkweise der wertschöpfenden Problemlösung (sei es allein oder gemeinsam mit Kooperationspartnern) praktisch auf alle Bereiche übertragen.

Auf diese Weise wird dann aus einem Heizungsbauer ein intelligenter Energielieferant, der gemeinsam mit verschiedenen Systempartnern intelligente Wärmesysteme anbietet. Und aus einem Möbelspediteur wird ein Logistikarchitekt, der Problemlösungen anbietet, die der Markt vorher gar nicht kannte. Dieses Beispiel möchten wir Ihnen gerne ausführlicher aufzeigen.

Beispiel Logistikarchitekt

Ausgangspunkt unserer Betrachtung ist eine Möbelspedition, die wie alle anderen Wettbewerber mit der Problematik der Austauschbarkeit, des Verdrängungswettbewerbs und erheblichen Ertragsdrucks konfrontiert wird. Anders als die meisten Mitbewerber beginnt unser Unternehmen nun, sich die folgenden (richtigen) Fragen zu stellen:

1. *Was ist unsere Kernkompetenz?*
2. *Wer sind unsere Partner im Wertschöpfungsprozeß?*
3. *Was sind deren Kernprobleme?*
4. *Welche Problemlösung würde unseren Marktpartnern den größten Nutzen bieten?*

Die Kernkompetenz des von uns betrachteten Spediteurs ist die Erbringung besonderer Logistikleistungen innerhalb der speziellen Branche Möbel. Das Kernproblem der Herstellers ist innerhalb der Logistik sicherlich zum einen die zeitgenaue Lieferung, aber auch die Tatsache, daß die Möbelfahrzeuge im günstigsten Fall voll beladen das Unternehmen verlassen, aber in der Regel leer wieder zurückfahren. Daß ein solcher Prozeß weder wirtschaftlich noch ökologisch sinnvoll ist, liegt auch ohne tiefgehende Berechnungen auf der Hand.

Ähnlich stellt sich die Situation beim Möbelhandel dar. Dort wird ein erheblicher Teil der Energien dafür benutzt, die Warenannahme und auch die Lagerung der ankommenden Möbel zu organisieren. Doch wofür ist ein Möbelhändler eigentlich da? Doch nicht dafür, den Logistikprozeß optimal zu organisieren, sondern dafür, die richtigen Möbel in einem ansprechenden Ambiente zu einem optimalen Preis-Leistungs-Verhältnis anzubieten. Logistik und Lagerung sind bestenfalls Randfunktionen, die aber bedauerlicherweise einen erheblichen Zeit- und Kostenaufwand auslösen.

Und wie stellt sich die Situation beim Konsumenten dar? Eigentlich möchte er doch nichts anderes als die Möbel seiner Wahl zu einem guten Preis-Leistungs-Verhältnis möglichst schnell (vor allem auf diesem kleinen Punkt der Wertschöpfungskette hat Ikea seinen Welterfolg aufgebaut) bekommen.

Wie aber schaut die Realität aus? Der Hersteller hat Logistikkosten, die ihn betriebswirtschaftlich erheblich belasten, die aber dem Markt keine Wertschöpfung bieten. Der Händler hat erheblichen Aufwand mit der Lagerung und Logistik der Möbel, ohne dadurch einen entsprechenden Mehrwert zu schaffen. Und last but not least wartet unser Endverbraucher zwei bis drei Monate auf seine Möbel, deren Bestellung er vielleicht schon wieder vergessen hat. Ein einziges Desaster.

Unser Möbelspediteur, der sich dieser Problematik intensiv gewidmet hat, entwickelt nun die folgende Problemlösung: anders als seine Mitbewerber wird er zum Logistikarchitekt, also zum Anbieter von Problemlösungen im Logistikbereich.

Durch den Bau eines Möbelfeinverteilzentrums bietet er dem Hersteller eine überlegene Lösung für die Feinverteilung von Möbeln. Der Hersteller liefert seine Möbel per Bahn. Der teure (leere) Rücktransport unterbleibt. Die Einsparungen liegen nachweislich in einem Bereich von bis zu 50 %.

Dem Händler bietet der neue Logistikarchitekt an, einen Grossteil der Lagerfunktion zu übernehmen. Durch die gemeinsame Verknüpfung des Warenwirtschaftssystems (Symbiose) bekommt der Händler eine Just-in-Time-Lieferung und kann erhebliche Einsparungen realisieren. Durch die Auslagerung der Lagerfunktion steht ihm darüber hinaus mehr Verkaufsfläche zur Verfügung.

Auf Wunsch übernimmt der Logistikarchitekt auch die Auslieferung an den Letztkunden (inkl. Service und Montage), was den Prozeß auch für diesen einfacher, schneller, individueller, effektiver und auch ökologischer gestaltet.

Auf diese Weise gewinnen alle dieses Spiel, es entsteht eine Win-Win-Situation im wahrsten Sinne des Wortes. Daß auch der vom Möbelspediteur zum Logistikarchitekt veränderte Unternehmer erheblichen Nutzen aus dieser verbesserten Wertschöpfung und Problemlösung zieht, liegt nicht nur auf der Hand, es ist auch völlig gerechtfertigt. Dieser Fall zeigt nicht nur die Richtigkeit des Ansatzes, in Problemlösungen statt in Produkten zu denken, es bestätigt auch, daß die von uns aufgestellten Überlegungen direkt und erfolgreich in die Unternehmenspraxis umzusetzen sind.

10.4 Die Stufen des problemlösenden Lernens

Grundsätzlich gehen wir in unserem sinnergetischen Führungsmodell davon aus, daß das erfolgreiche Führen von Unternehmen auf Dauer die Entwicklung besserer Problemlösungen erfordert. Führungskräfte sollten also eine Kunst pflegen, die sonst nur Kindern und Philosophen vorbehalten ist: die Fähigkeit, sich zu wundern. Je höher die Fähigkeit zum Wundern und zum Erstaunen ausgeprägt ist, um so höher ist die Chance, echte Probleme frühzeitig zu erkennen und entsprechende Lösungen anbieten zu können.

Auf dieser Grundlage entsteht dann etwas, was man provozierend die Kunst des Hellsehens nennen könnte. In jedem Fall entsteht eine besondere Form der selektiven Wahrnehmung für Probleme und Bedürfnisse des Marktes. Was versteht man dabei unter selektiver Wahrnehmung? Zunächst einmal das Anerkennen der Tatsache, daß es eine objektive Wahrnehmung nicht geben kann. Wir Menschen nehmen immer nur einen subjektiv wahrgenommenen Ausschnitt der Wirklichkeit auf. Dabei nehmen wir natürlich die Bereiche besonders aufmerksam wahr, für die wir in besonderer Weise sensibilisiert sind.

Weitsichtige, vorausschauende Unternehmer haben die Fähigkeit, zukünftige Marktsituationen und Problemstellungen besonders sensibel wahrzunehmen.

In einem sinnergetischen Unternehmen, in dem die Organisationsform auf möglichst hohen und breiten Kundenkontakt ausgerichtet ist, gilt eine hohe Sensibilität vieler Mitarbeiter für Marktprobleme als Grundlage für die Unternehmensentwicklung. Wenn immer ein Kunde einen Satz sagt wie «Es wäre gut, wenn es das gäbe» schaltet das Unterbewußtsein auf Empfang. Die Botschaft wird dann als das aufgenommen, was sie ist, nämlich eine klare Bedarfsäußerung. Und mit solchen Signalen werden wir laufend konfrontiert.

Wenn man also sein Unternehmen konsequent auf «Problemlösung» umstellen möchte, so braucht man eine verfeinerte Wahrnehmung. Zur Lösung der erkannten Probleme sollten Unternehmer dann grundsätzlich die gleiche Methode anwenden, die der gesunde Menschenverstand verwendet: die Methode von Versuch und Irrtum.

Um es präziser zu formulieren: es ist die Methode, eine Vielzahl von versuchsweisen Lösungen des erkannten Problems vorzuschlagen und diese solange durchzuprobieren, bis eine geeignete Lösung übrigbleibt.

Auch wenn wir schon wieder die Klage der Unternehmer hören, eine solche Vorgehensweise sei nicht effizient und auch nicht für Unternehmen geeignet, so scheint doch auf der anderen Seite dieses Verfahren das einzig logisch mögliche zu sein. Jeder niedrige oder höhere Organismus, sogar die einzellige Amöbe, verwendet dieses Verfahren, wenn sie versucht, ein Problem zu lösen. In einem Unternehmen als Form eines höheren Organismus können wir durch Versuch und Irrtum lernen, ein bestimmtes Problem zu lösen. Unser Lernen besteht dann im Grunde aus geistigen Probierbewegungen, die wir solange durchführen, bis sich eine findet, die das Problem löst.

Wir möchten im folgenden einmal einen solchen *Problemlösungsprozeß* zeigen und ihn als einfachen Leitfaden für evolutionäre Entwicklung anbieten.

1. Problemdefinition

«In der Art, wie wir die Probleme sehen, liegt das Problem.»
S. Covey

Ein Problem entsteht im Kopf des Betrachters. So liegt es an diesem, ob er ein Problem hat oder nicht. Der subjektive Blickwinkel wird entweder zum Problemgefängnis oder zur Plattform von Lösungsmöglichkeiten. Diese subjektive Vorstellungsfreiheit gilt vornehmlich bei geistigen Problemen und nicht auf der rein physischen Ebene. Denn die Welt ist mehr als nur «Wille und Vorstellung». Und in dem Sinne gilt es mit Epiktet zu sagen: «Es sind nicht die Ereignisse, die uns beunruhigen, sondern unsere Einstellungen dazu.»

Die Problemdefinition legt die Lösung fest oder in der Frage liegt die Antwort.

Um auf das Problem in Ruhe blicken zu können, muß man sich von ihm trennen. Oder besser sich vom Problem lösen und es von verschiedenen Perspektiven aus betrachten und sich nach möglichen Ursachen fragen. Dann erst ist die Definition möglich.

2. Lösungsversuche

«Das Mögliche legt das Wirkliche fest.»
Wenn man sich von dem Problem getrennt hat, kann man nach Möglichkeiten zur Lösung suchen. Man nimmt eine lösungorientierte Hal-

244

tung ein und versucht nicht mehr das Problem durch Anhaften zu stabilisieren. Man sieht nicht die Welt von Problemen, sondern von Lösungsmöglichkeiten erfüllt. Daher auch der Spruch: «Man ist entweder Teil der Lösung oder Teil des Problems.»

Für uns als Unternehmer und Menschen macht es Sinn, so viele Lösungsversuche oder Ideen zu entwickeln, um eine möglichst hohe Lösungschance zu erreichen. *Denn das Mögliche legt das Wirkliche fest.* Dies ist der natürliche Weg. Biologische, aber auch soziale Systeme entwickeln sich so, daß weitere Lebensmöglichkeiten entstehen; oder sie sterben aus. Diesen Prozeß nennt man *Trial and error.*

3. Elimination

Als letztes werden die Lösungversuche von den relevanten Umfeldern, bei Produkten sind es die Kunden, bei Projektideen der Vorgesetzte, selektiert oder eliminiert. Selektiert wird die Lösung, die dem Umfeld Werte schafft. Für Unternehmen sind Lösungsversuche ihre Produkte für ihre Kunden. Es werden also nur Produkte selektiert, die Probleme oder Wünsche der Kunde lösen. Ein Unternehmen ist nur dann überlebensfähig, wenn es die Probleme seiner Kunden sichtbar besser löst als seine Mitbewerber. Ansonsten macht es keinen Unterschied bei den Kunden und schafft damit keinen Mehrwert.

4. Lösung

Nun haben Sie die Lösung Ihres alten Problems. Es ist unmöglich zu erkennen, ob etwas optimal ist, sondern nur, ob etwas hinreichend funktioniert. Sie erinnern sich an den ersten Leitgedanken. Alte Probleme werden überwunden, neue entstehen auf anderen Ebenen. So ist Entwicklung, d.h. die Evolution von Unternehmen, eine wiederkehrende Schleife von Problem und Problemlösung. Auf jeder Ebene erreicht der Mensch ein feineres und erweiterte Wahrnehmung, eine Erweiterung seines bewußten Seins.

Fassen wir zusammen: Der Weg des Problemlösens ist ein Pfad der Überwindung von Problemen bei gleichzeitiger Erweiterung des bewußten Seins. Die aktive Auseinandersetzung mit Problemen bringt qualitatives Wachstum und erhöht damit die Überlebensfähigkeit.

10.5 Der Weg ist das Ziel und entsteht durch das Gehen

Wir gehen oft von scheinbar unverrückbaren Zielen aus, die wir unbedingt erreichen wollen. Wenn allerdings alle Anstrengungen nur auf die Zielerreichung ausgerichtet sind, dann berauben wir uns erheblicher Potentiale. Sinnergetisches Denken ist Denken in Problemlösungen und Prozessen. Wenn wir unterstellen, daß unsere Umwelt in ständiger Veränderung ist, daß die Turbulenz der Märkte, die Vielfalt und Menge an Wissen exponentiell zunehmen, dann werden Begriffe wie Lernen lernen, bewußte Prozeßgestaltung, also das Gehen des Weges, immer wichtiger gegenüber dem Ansteuern eines einmal festgelegten Zieles.

Es gilt also, auch hier zum Denkmuster des Sowohl-Als-auch zu wechseln. Natürlich werden wir auch in Zukunft klare Ziele, Visionen und Planung in unseren Unternehmen brauchen. Woran sollte man sich sonst in Zeiten starker Veränderung ausrichten? Gleichzeitig aber sollten wir den Weg, insbesondere das Gehen des Weges als etwas dem Ziel Gleichwertiges und damit in Wechselwirkung Stehendes betrachten.

«Die Gestaltung des Weges und die Formulierung einer Vision werden somit auch als ein Prozeß der Koevolution von Unternehmen und Umwelt gesehen».
Fritjof Capra

Lernen lernen bedeutet dann unter anderem die Fähigkeit, aus dem Prozeß zu lernen, und hat damit die Rückkopplung des Prozesses zum

246

Ziel. Die Entwicklung eines Unternehmens ist ein sich ständig weiterentwickelnder Lern- und Bewußtseinsprozeß, bei dem eine möglichst hohe Übereinstimmung zwischen der eigenen Unternehmensidentität und dem Markt herbeigeführt werden soll. Und deshalb geht es bei der Entwicklung der Unternehmenskultur auch nicht um die Formulierung von markigen Aussagen, die oft genug den Charakter von Leerformeln tragen, sondern um Lernen im Prozeß der Anpassung (Koevolution).

Vielleicht wird das sinnergetische Verstehen von Unternehmen und ihrer Funktionalität innerhalb eines lebenden Systems der Gesellschaft leichter, wenn man sich vor Augen führt, daß es bei den meisten unserer Hypothesen nicht um eine Verwerfung alter, sinnvoller Denkweisen und Erkenntnisse geht, sondern um das Loslassen von veralteten, überlebten Werten zugunsten der Integration neuer Sichtweisen.

Auch in Zukunft werden die Zielformulierung, Planung, rationale Ursachenanalyse und logisches Denken ihren hohen Stellenwert behalten. Sie werden aber ergänzt um neue Grundannahmen und Grundhaltungen (wie Intuition, Synthese, ganzheitliche Betrachtung, Kooperation, Qualität, Miteinander, Integration), die eine ganzheitliche Betrachtung ermöglichen.

Der sinnergetische Manager braucht keine revolutionären Veränderungen. Natürlich ergeben sich Veränderungen in der Grundhaltung, im Bewußtsein und im Welt- und Selbstbild. Aber diese Entwicklungen sind eher evolutionär als revolutionär.

Die Sprache der Sinnergie ist deshalb auch nicht «laut», vermeidet Ausdrücke wie radikal, dramatisch, revolutionär (wie sie bei manchen der neueren Management-Modelle üblich geworden sind). Wenn Führungskräfte «bei der Evolution in die Lehre gehen», dann verstehen sie sich ja auch viel mehr als «Gärtner» denn als «Macher». Ihre Aufgabe ist es, die langfristige Überlebensfähigkeit ihres Unternehmens zu erhöhen, und dies geschieht durch die frühzeitige Wahrnehmung und die Mitgestaltung notwendiger Änderungsprozesse.

Und damit ergibt sich eine qualitativ andere Auffassung von Unternehmensführung. Wenn die zentrale Aufgabe die Entwicklung der Evolutionsfähigkeit des Unternehmens ist, dann ist es die Hauptaufgabe, die im System Unternehmen vorhandenen Energien freizusetzen, Zwischentöne zu beachten, Prozesse zu gestalten, durch Visionen und Sinn Orientierung zu geben, die Flexibilität zu erhöhen und in letzter Konsequenz einen Beitrag zu leisten, daß durch eine «lernende Organisation» die Fähigkeit zur Veränderung und zur permanent verbesserten Problemlösung konsequent gesteigert wird. Und dies geschieht nicht nur zum eigenen Nutzen, sondern unter dem Aspekt des Nutzens für alle Teile des gesamten Systems.

Für viele Unternehmer und Führungskräfte, die unter hohem Leistungsdruck stehen, erscheinen diese Überlegungen oft fremd und unrealistisch. Die bestehenden Strukturen in den meisten Unternehmen, die Angst vor eventuellen Machteinbußen und natürlich auch die Angst vor Veränderungen, die «Resistance to change», die in uns allen steckt, erschweren die Realisierung weiter. Doch steht auf der anderen Seite ein zunehmender Leidensdruck und auch eine steigende Bereitschaft zur Annahme der Erkenntnis, daß wir neue Wege beschreiten müssen, um die von uns oft selbstgeschaffenen Probleme lösen zu können.

10.6 Zusammenfassung

Alles Leben ist Problemlösen

Unter diesen Satz von Karl Popper haben wir unseren letzten Leitgedanken gestellt. Sinnergetisches Management heißt Denken in Problemlösungen und Prozessen.

Der Problemlöser gewinnt den Wettlauf um die Zukunft

Auch in Zukunft wird für erfolgreiche Unternehmen gelten, daß sie «zentrale Probleme ihres Marktes sichtbar besser lösen als andere».

Dabei wird das Denken in Wertschöpfungsketten, die weit über das eigene Unternehmen hinausgehen und die Vernetzung aller am Wertschöpfungsprozeß Beteiligten berücksichtigen, eine der wichtigsten Veränderungen im Denk- und Handlungsmuster sinnergetischer Führungskräfte.

Die Frage wird dann für viele lauten: «Wie können wir die verschiedenen Wertschöpfungsstufen allein oder in Kooperation mit symbiotischen Partnern proaktiv gestalten?»

Wachstum durch problemlösendes Lernen

Unternehmer, die diesen Weg einschlagen wollen, werden sich mit den von Karl Popper formulierten vier Stufen des problemlösenden Lernens auseinandersetzen müssen, dem Erkennen des Problems, den möglichen Lösungsversuchen und dem Annähern an die Lösung durch die Eliminierung ungeeigneter Ansätze.

Auf dieser Grundlage schaffen wir uns ein erweitertes Bewußtsein für das Führen von Unternehmen und seine Rolle im gesamten System.

11. Zusammenfassung und Ausblick

Ziel dieses Buches ist es, Unternehmern und Führungskräften eine Leitlinie anzubieten, die mehr ist als nur eine Modeerscheinung. Mit Argumenten und Überlegungen aus verschiedensten Wissenschaftsbereichen haben wir gezeigt, daß die Managementlehre (noch) vor einem Quantensprung steht, der in seiner Bedeutung kaum zu überschätzen ist. So wie Einstein und Heisenberg oft fassungslos vor den Ergebnissen ihrer Arbeit standen, so wird es vielen Managern gehen, wenn sie beginnen, die veralteten Sichtweisen über Bord zu werfen und sich auf ein neues Denken einzulassen. Lassen wir die Kernthesen unserer Arbeit noch einmal Revue passieren:

Koevolution oder die Kunst des gemeinsamen Wandels

Nur Unternehmer, die wirklich verstehen, daß sie ihre Zukunft nur absichern können, wenn sie beginnen, gemeinsam mit ihren Marktpartnern diese Zukunft zu entwickeln, haben eine echte Perspektive. Nicht Größe oder heutige Marktmacht, sondern die Evolutionsfähigkeit des Unternehmens entscheidet.

Gestalten ohne zu steuern

Aus unserer Erfahrung mit Führungskräften hat sich gezeigt, daß von unseren zehn Leitlinien dieser Punkt oft am schwersten zu akzeptieren ist. Zu lange haben wir es quasi mit der Muttermilch aufgesogen, daß es die wichtigste Aufgabe des guten Managers ist, sich durch eine klare Steuerung seines Unternehmens oder auch seines Teams zu profilieren. Und doch zeigt uns der Blick in die Natur, daß es oft besser ist, auf Selbstorganisation und Selbststeuerung zu setzen. So wie sich eine Pflanze am besten entwickelt, wenn die zum Wachstum notwendigen Nährstoffe im richtigen Verhältnis vorhanden sind, so gilt dies auch für Unternehmen. Und dabei sollten wir nicht vergessen, daß die Pflanze ihr Wachstum selber organisiert, ohne daß der Mensch dabei einzugreifen braucht. Ja, wir müssen noch nicht einmal wissen, wie dieses Wachstum funktioniert. Wir müssen nur für die richtigen Rahmenbedingungen sorgen, und dann darauf achten, daß wir diesen Prozeß nicht unnötig stören.

Win-Win: Das Geheimnis des gemeinsamen Erfolgs

Eines der Schlüsselprinzipien unseres sinnergetischen Modells ist das Prinzip Win-Win. Dahinter steht die uralte Lebensweisheit, daß nichts den persönlichen Erfolg mehr fördert als die Fähigkeit, andere erfolgreich zu machen. Es ist nicht der pure Eigennutz, der den Erfolg bestimmt, sondern die Ausrichtung am Erfolg des anderen bestimmt unseren eigenen Erfolg. In diesem Sinne ist der egoistische Altruismus, das Nutzenbieten aus persönlichem Interesse nicht nur von hohem Wert für den einzelnen, sondern auch für die Gesellschaft.

Immer besser: Das Prinzip Kaizen

Viel ist in den letzten Jahren über die Anwendbarkeit japanischer Managementmethoden in unserem Kulturkreis philosophiert worden. Inzwischen scheint sich hier die Einsicht gefestigt zu haben, daß wir die japanischen Ansätze eher kapieren als kopieren sollten. Einer der wichtigsten Ansätze aus dem asiatischen Kulturkreis läßt sich aber mit Sicherheit auf unser Denken und Handeln übertragen: das Prinzip Kaizen. In der wörtlichen Übersetzung erschließt sich uns die ganze Weisheit dieses Denkens: Kaizen heißt «Wende zum Besseren». Und auch das werden wir lernen müssen: zum einen drückt Kaizen aus, daß es nichts gibt, was man nicht verbessern könnte. Und es zeigt uns, daß Verbesserung ein Weg, ein Prozeß ist, ohne Anfang und Ende.

Intern konzentrieren – extern differenzieren: Das Geheimnis der Evolutionsmethodik

Wir konnten zeigen, daß dieses einfache Prinzip die Grundlage für die Vielfalt und damit für das Wachstum aller natürlichen Systeme ist. Die Evolution hat im Laufe der Geschichte eine ungeheure Vielfalt an Arten produziert. Vielfalt ist das «Wachstumsprinzip Nummer eins». Und gerade hier ist die Evolution unsere beste Lehrmeisterin, denn sie hat uns gezeigt, daß die Veränderungen in aller Regel an der Peripherie und nicht im Kern stattfinden. Für Unternehmer, die diese Erkenntnis für sich nutzen wollen, bedeutet dies, sich nach innen systematisch zu beschränken und die Komplexität auf das geringstmögliche Niveau zu bringen, aber nach außen, an der Peripherie, ein Höchstmaß an Differenzierung zu schaffen. Und diese Überlegungen führen uns direkt in den nächsten Leitsatz.

Einfacher ist genialer

Eigentlich ist auch diese Erkenntnis ziemlich alt. Einstein sagte, man soll die Dinge so einfach wie möglich machen, aber nicht einfacher. Und in Amerika kennt jeder die Bedeutung von KISS im Sinne von «Keep it strictly simple». Und doch brauchte es das Buch von der zweiten Revolution in der Automobilindustrie, um uns zu zeigen, daß eines der großen Geheimnisse der japanischen Managementerfolge in der Einfachheit liegt. Zwar fand man mit dem «Lean Management» einen anderen Begriff, doch es ist eine Tatsache, daß der Kern des schlanken Managements eine Gemeinsamkeit hat: sie lautet Einfachheit!

Think future – act now

Wie einfach wäre doch unser Leben, könnten wir die Zukunft aus der Vergangenheit ableiten. Schon der gesunde Menschenverstand und unsere Lebenserfahrung zeigen uns, daß dies nur sehr selten funktioniert. Und doch hängen wir dem mechanistischen Weltbild noch so nach, daß wir es immer und immer wieder versuchen. Da lernt man in Managementkursen, daß man Lebenspläne für Unternehmen (und auch für sich selbst) aufstellen soll. Und immer weiter verfeinerte statistische Verfahren bringen uns dazu, dies dann auch noch als wahrscheinlich anzunehmen.

Doch so funktioniert dieses System einfach nicht. Auch wenn es unserer Denkgewohnheit widerspricht, so kommen wir der Sache doch schon näher, wenn wir akzeptieren, daß man die Zukunft nicht planen, sondern nur möglich machen kann.

Und deshalb empfehlen wir hier einen Perspektivenwechsel: es macht mehr Sinn, die Zukunft geistig vorwegzunehmen und dann von diesen möglichen «Zukünften» die Gegenwart zurückzuprojizieren. Wenn man erst einmal eine Vorstellung hat, wie verschiedene Zukunftsvisionen sein könnten, dann wird es viel realistischer und klarer, was wir heute zu tun haben, um morgen erfolgreich am Markt agieren zu können.

Vom Entweder-Oder zu einem Sowohl-Als-auch

Eine Sache kann niemals die eine und gleichzeitig eine andere sein. Diese Aussage gehörte noch bis weit in dieses Jahrhundert hinein zu den Grundannahmen wissenschaftlicher Arbeit. Doch wie die Physiker erkennen mußten, daß am Beispiel des Lichts eben dieses Licht in Abhängigkeit von der Perspektive (und der Versuchsanordnung) des Beobachters sowohl als Welle als auch als Teilchen in Erscheinung treten kann, so werden Unternehmer erkennen müssen, daß auch für die Kunst der Unternehmensführung das Sowohl-Als-auch oft der bessere Ansatz ist.

Eine andere Betrachtung der Zeit: Chronos und Kairos

Kaum ein Bereich wurde in den letzten Jahren in der Management-literatur so ausgiebig behandelt wie der Faktor Zeit als Quelle für Wettbewerbsvorteile. Unter dem Oberbegriff des Time-based Competition sind zahlreiche Modelle entstanden, die Unternehmen helfen sollen, sich durch schnellere Prozesse (Time optimizing processing) zu differenzieren. Ziel unserer Ausführungen ist es, zu zeigen, daß die einseitige Ausrichtung auf die Beschleunigung Nebeneffekte auslöst, die erheblichen Schaden auslösen können.

Ganz im Sinne des Sowohl-Als-auch macht es Sinn, sich die verschiedenen Polaritäten der Dimension Zeit bewußt zu machen. Die Griechen hatten bereits zwei Götter der Zeit, die sowohl die materiellen (Chronos) als auch die immateriellen Aspekte (Kairos) der Zeit berücksichtigt haben. Es würde uns allen gut tun, wenn wir neben den immer weiter voranschreitenden Beschleunigungsaspekten versuchen würden, auch die Aspekte der Langsamkeit, der Ruhe und der Besinnung wieder mehr zu beachten.

Leben heißt Probleme lösen

Als Schlußpunkt haben wir den letzten, postum veröffentlichten Titel von Sir Karl Popper gewählt. Funktionslösungen verändern sich, Aufgaben werden überflüssig, aber Problemlösungen werden immer gebraucht. Seit langem wissen wir, daß dauerhaft erfolgreiche Unternehmen zentrale Probleme ihrer Kunden sichtbar besser lösen als ihre Mitbewerber.

So macht es für jeden Unternehmer Sinn, sich die Frage zu beantworten, welche denn die zentralen Herausforderungen sein werden, die sich ihm und seinem Unternehmen von Markt- und Kundenseite aus stellen werden – und welche Antworten er auf Fragen geben möchte, die heute vielleicht noch gar keiner stellt.

Systemisch-organische Unternehmensentwicklung

Die zehn Leitgedanken, die den inneren Kern des sinnergetischen Managementmodells darstellen, brauchen natürlich eine gemeinsame Klammer, die sie zusammenhält. Aus unserer Sicht ist diese Klammer das Verständnis, daß Unternehmen, wie alle anderen Systeme auch, ein Energiesystem darstellen. Es wird Zeit, daß wir die alten Sichtweisen gerade in diesem Punkt aufgeben und lernen, ein systemisch-organisches Unternehmensleitbild zu entwickeln. Und so ergibt sich aus den zehn Leitgedanken zur sinnergetischen Unternehmensführung ein Ansatz zur Unternehmensentwicklung, der dem folgenden Bild entspricht:

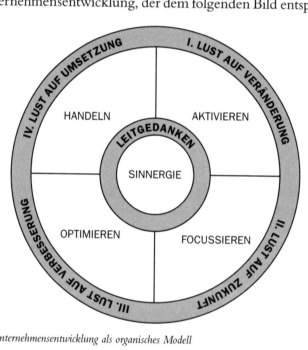

Abb. 22: Unternehmensentwicklung als organisches Modell

Versteht man ein Unternehmen als Energiesystem, so gilt es in der *ersten Phase (erster Quadrant)* diese Energien, die im Unternehmen vorhanden sind, zu aktivieren. Mitarbeiter müssen für Veränderungspro-

256

zesse geöffnet werden, damit Veränderung überhaupt möglich sein kann. Es versteht sich von allein, daß diese Aktivierung der Unternehmensenergien – man könnte sie vielleicht auch Aufbruchstimmung nennen – kein einmaliger Akt ist, sondern eine permanente Aufgabe darstellt. Nur wenn es gelingt, Mitarbeiter sachlich und emotional für die notwendigen Veränderungen zu öffnen und zu gewinnen, besteht die Möglichkeit, im Wettlauf um die Zukunft an der Spitze dabeisein zu können.

Der zweite Quadrant bezieht sich auf die Fokussierung der Unternehmensenergien. Wir wissen aus der Natur, daß die Fokussierung von Energien (wie zum Beispiel die Bündelung von Licht) eine wesentlich verstärkte Wirkung haben kann. Dabei ist «keine strategische Ausrichtung zu haben» genauso gefährlich wie die Orientierung an zu vielen verschiedenen Zielen, die sich vielleicht sogar noch widersprechen können. Wie sagte doch schon Goethe:

«Hüte Dich vor Deinen Wünschen, sie könnten Wirklichkeit werden.»

Die Natur ist ein Energiesparsystem und darauf ausgerichtet, so wenig Energie wie möglich für die Erreichung der erstrebten Resultate zu verbrauchen. Wenn wir diese Gedanken auf die Führung von Unternehmen übertragen, so ergibt sich die Aufgabenstellung, mit einer klaren Strategie, die zugleich aber hochflexibel aufgebaut ist, das Unternehmen und seine Mitarbeiter auf gemeinsame Zielpunkte auszurichten. Dabei sollten wir uns allerdings davor hüten, nach der besten Strategie zu suchen, denn die gibt es in aller Regel nicht.

Vielmehr geht es darum, ausgehend von erstrebenswerten Zielen und den verschiedenen Wegen, die dafür in Frage kommen, einen gangbaren Weg auszusuchen, der im Einklang mit der Philosophie und den sachlichen Rahmendaten des Unternehmens steht – und diesen Weg dann auch konsequent zu gehen.

Aus unserer Sicht beschreiben die folgenden zehn Stufen einen solchen methodischen Weg, der sich neben seiner theoretischen Fundierung auch in der Praxis vielfach bewährt hat:

Stufe 1: Analyse der Unternehmensphilosophie und der Unternehmenskultur
Stufe 2: Analyse des relevanten Umfeldes
Stufe 3: Analyse des relevanten Wettbewerbsumfeldes
Stufe 4: Analyse der Kundensituation und der relevanten Problemstellungen
Stufe 5: Analyse der Eigensituation (biographische Struktur)
Stufe 6: Analyse der Positionierungsoptionen
Stufe 7: Formulierung der strategischen Ziele
Stufe 8: Visualisierung der Zukunftskonzeption
Stufe 9: Projektmanagement/Umsetzung
Stufe 10: Steuerung/Controlling der Unternehmensentwicklung

Im dritten Quadranten der sinnergetischen Unternehmensentwicklung geht es um die kontinuierliche Verbesserung des Unternehmens. Ausgehend von der Prozeßanalyse und dem Denken in miteinander verflochtenen Wertschöpfungsketten stellt sich hier die Frage: Wie können wir unser Unternehmen systematisch verbessern und den sich ständig wechselnden Anforderungen des Marktes anpassen? Dies bedeutet vor allem sinnvoll

- vereinfachen
- beschleunigen
- effizienter gestalten
- individualisieren
- ökologischer gestalten.

Auf einen Nenner gebracht bedeutet dies die Aufgabe, permanent Prozesse des Unternehmens kundenorientiert zu optimieren. Im Grunde lassen sich unter diesem Ansatz der «Kundenorientierten Prozeßoptimierung» (KUPOS) eine Vielzahl der neueren Managementmodelle wie das Total Quality Management (TQM), ISO 9000, die lernende Organisation und alle Ansätze zum Change Management subsumieren. Wenn es gelingt, durch systematisches Verbessern der

organisatorischen Strukturen und Abläufe jede Form von Energieverschwendung in den Griff zu bekommen, dann ist das Unternehmen
zumindest auf diesem Wege sinnergetisch auf dem richtigen Weg.

Der vierte Quadrant befaßt sich mit der Umsetzung und der Realisierung. Während die Quadranten eins und zwei eher die geistig-strate-
gische Dimension der Unternehmensführung zum Gegenstand haben,
geht es in den Quadranten drei und vier verstärkt um die operative
Entwicklung im Unternehmen.

*Wie sagte Ayn Rand: Es gibt nur zwei wirkliche Sünden im Leben der
Menschen: zu wünschen ohne zu handeln und zu handeln ohne Ziel.*

*In einem ganzheitlich-sinnergetischen Unternehmen kommen beide Aspekte
zum Tragen: sowohl die geistige Zukunft des Unternehmens als auch die
operative Umsetzung werden ausgiebig berücksichtigt. Wenn dies dann auf der
Basis einer Unternehmensphilosophie geschieht, die nicht nur auf dem Papier
existiert, sondern die auch gelebt wird, dann leistet dieses Unternehmen nicht
nur einen Beitrag zur eigenen Sicherung, es bietet auch seiner gesellschaftlichen
Umgebung einen hohen Nutzen. Mehr können Sie nicht erreichen.*

Weiterführende Literatur

Axelrod R: Die Evolution der Kooperation, Oldenbourg 1991

Baecker D.: Fehldiagnose «Überkomplexität». Komplexität ist die Lösung, nicht das Problem. In: gdi impuls, Nr. 4\1992, S. 55–62

Baecker D.: Postheroisches Management, Merve: Berlin 1994

Bateson G.: Geist und Natur, Suhrkamp: Frankfurt a. M. 1987

Bea F. X., Haas J.: Strategisches Management, UTB 1995

Beck U., Beck-Gernsheim E.: Riskante Freiheiten, Suhrkamp: Frankfurt a. M. 1994

Beck U., Beck-Gernsheim E.: Das ganz normale Chaos der Liebe, Suhrkamp: Frankfurt a. M. 1992

Beck U.: Risikogesellschaft. Auf dem Weg in eine andere Moderne, Suhrkamp: Frankfurt a. M. 1986

Belz C.: Realisierung des Marketing – Band 2, Auditorium 1986

Belz C.: Schlanke Führungsorganisation, WRS Verlag Wirtschaft, Recht und Steuern 1995

Bitzer M.: Intrapreneurship – Unternehmertum in der Unternehmung, Haupt: Bern 1975

Bolz N.: Chaos und Simulation, Wilhelm Fink Verlag: München 1992

Bolz N.: Das Design der Chaos-Gesellschaft. In: gdi impuls, Nr. 1/1993, S. 14–20

Bolz N.: Das kontrollierte Chaos, Econ: Düsseldorf 1994

Bourdieu P.: Die feinen Unterschiede, Kritik der gesellschaftlichen Urteilskraft, Suhrkamp: Frankfurt a. M., 1982

Brauchlin E., Heene R.: Problemlösungs- und Entscheidungsmethodik, Haupt 1995

Bretz H.: Unternehmertum und fortschrittsfähige Organisation, Münchener Schriften zur angewandten Führungslehre 1988

Carnegie D.: Der Erfolg in dir! Scherz Verlag 1983

Carlzon J.: Alles für den Kunden, Campus 1990

Cohen J., Stewart I.: Chaos-Antichaos, Byblos Verlag Berlin 1995

Conlow R.: Spitzenleistung im Management, Ueberreuter: Wien

Crescenzo L.: Alles fließt, sagt Heraklit, Albrecht Knaus: Berlin 1995

Csikszentmihaly M.: Dem Sinn des Lebens eine Zukunft geben, Klett-Cotta 1995

Csikszentmihaly M.: FLOW – Das Geheimnis des Glücks, Klett-Cotta 1992

Cube F. von: Kybernetische Grundlagen des Lernens und Lehrens, Stuttgart 1982

Cube F. von: Fordern statt verwöhnen, Piper Verlag 1993

Davidow W. H., Malone M. S.: Das virtuelle Unternehmen, Campus Verlag 1994

Elias N.: Die Gesellschaft der Individuen, Suhrkamp: Frankfurt a. M. 1991

Enzensberger H. M.: Mittelmaß und Wahn, Suhrkamp: Frankfurt a. M. 1991

Ernst H.: Psychotrends, Piper Verlag 1995

Exner A., Königswieser R., Titscher S.: Systemische Unternehmensberatung. Theoretische Annahmen und Interventionen im Vergleich zu anderen Ansätzen. In: Die Betriebswirtschaft, Jg. 47, 1987, S. 265–284

Fisch R.: Vom Umgang mit Komplexität in Organisationen, Band 5, Universitätsverlag Konstanz GmbH: Konstanz 1990

Fischer H.-R.: Managerie. 1. Jahrbuch für systemisches Denken und

Handeln im Management, Auer Verlag: Heidelberg 1992

Fischer T.: Wu Wei, ro ro ro 1992

Foerster H. von: Kausalität, Unordnung, Selbstorganisation, in: Kratky W. Wallner F., Grundprinzipien der Selbstorganisation, Wissenschaftliche Buchgesellschaft: Darmstadt 1990, S. 77–81

Foerster H. von: Wissen und Gewissen, Suhrkamp: Frankfurt 1993

Gausemaier, Fink, Schlake: Szenario-Management, Hanser 1995

Geisselhart R., Zerbst M.: Das perfekte Gedächnis, Orell Füssli Verlag Zürich

Gergen K. J.: The Saturated self, dilemmas of identity in contemporary life, USA, Basic Book: USA 1991

Gester P.-W.: Managerie, Systemisches Denken und Handeln im Management, 2. Jahrbuch, Auer Verlag: Heidelberg 1993

Gomez, P., Probst G. J. B.: Vernetztes Denken, Gabler 1991

Gouillard F. J., Kelly J. N.: Business Transformation, Wirtschaftsverlag Carl Ueberreuter 1995

Guntern G.: Im Zeichen des Schmetterlings, Bern 1992

Hamel G., Prahalad C. K.: Wettlauf um die Zukunft, Wirtschaftsverlag C. Ueberreuter 1995

Hammer M., Champy J.: Business Reengineering, Campus 1994

Hanks R.: Die Kunst der Motivation, Crips Publications 1992

Hirschhorn L., Gilmore T.: Die Grenzen der flexiblen Organisation, in: Harvard Business Manager, Nr. 1/1993, S. 29–39

Hitzler R.: Sinnwelten, Westdt. Verlag: Opladen 1988

Hoff B.: Tao Te Puh, Synthesis 1984

Horx M., Wippermann P.: Trendbuch 1, Econ 1994

Horx M.: Trendbuch 2, Econ: Düsseldorf 1995

Horx M., Wippermann P.: Markenkult, Econ 1995,

Horx M.: Vom Deuten kultureller Zeichen, in: Modern Times, Lebensstil und Inszenierungen, Zukunft und Kulturwerkstätte: Wien 1995, S. 146–148

Jantsch E.: Die Selbstorganisation des Universums, Hanser 1982

Kieser A., Kubicek H.: Organisation, 2. Aufl., Berlin/New York 1983

Kieser A., Kubicek H.: Organisationstheorien I, Stuttgart 1978

Kirsch W.: Zur empirischen Bedeutung des kommunikativen Handelns in Organisationen, zitiert in: Betz H., Unternehmertum und fortschrittsfähige Organisation, Verlag Barbara Kirsch: München 1988, S. 252

Kohn A.: Mit vereinten Kräften, Beltz 1989

Königswieser R.: Das systemisch-evolutionäre Management, Orac Verlag: Wien 1992

Kramer J., Alstad D.: Die Guru-papers, Masken der Macht, Zweitausendundeins: Frankfurt a. M. 1993

Kuntzel A.: Aufgefächerte Wirklichkeiten, in: Modern Times, Lebensstile und Inszenierungen, Zukunfts- und Kulturwerkstätte: Wien 1995

Laszlo E.: Evolutionäres Management, Paidia: Fulda 1992

Lendi A. O., Marxer D. P.: Das 1–8 Prinzip, Orell Füssli Zürich 1997

Luhmann N.: Die Wirtschaft der Gesellschaft, Suhrkamp: Frankfurt 1988

Luhmann N.: Die Wissenschaft der Gesellschaft, Suhrkamp: Frankfurt a. M. 1992

Luhmann N.: Soziale Systeme, Grundriß einer allgemeinen Theorie, Suhrkamp: Frankfurt 1988

Lutz C.: Leben und arbeiten in der Zukunft, Langen Müller Herbig: München 1995

Lynch D., Kordis, P.: Die Delphin-Strategien, Paidia 1992

Lyotard J.-F.: Das postmoderne Wissen, Passagen Verlag: Wien 1986

Magyar K. M., Prange, P.: Zukunft im Kopf, R. Haufe Verlag 1993

Malik F.: Strategie des Management komplexer Systeme, 4. Auflage, Paul Haupt Bern: Wien 1992

Mehdorn H., Töpfer A.: Besser–Schneller–Schlanker, Luchterhand 1994

Münch R.: Dynamik der Kommunikationsgesellschaft, Suhrkamp: Frankfurt a. M. 1995

Nippa M., Picot A. (Hg.): Prozeßmanagement und Reengineering, Campus 1995

Peat D.: Die Entdeckung des Chaos. Eine Reise durch die Chaostheorie, Hanser-Verlag: München 1990

Peat D.: Der Stein der Weisen, Hamburg 1991

Pedler M., Burgoyne J., Boydell T.: The learning company, London: McGraw-Hill, 1991

Peters T.: Das Tom Peters Seminar (Management in chaotischen Zeiten), Campus Verlag Frankfurt 1995

Peters T.: Kreatives Chaos, Campus, Frankfurt a. M. 1989

Popper K.: Alles Leben ist Problemlösen, Piper: München 1994

Porter M. E.: Wettbewerbsstrategie (Competitive Strategy), Campus 1983

Porter M. E.: Wettbewerbsvorteile (Competitive Advantage), Campus 1985

Prigogine I.: in: Schmidt N., Die Evolution des Geistes, Walter-Verlag AG: Olten 1991, S. 77–79

Pümpin C.: Strategische Erfolgspositionen, P. Haupt, Bern 1992

Pümpin C.: Das Dynamik-Prinzip, Econ 1992

Pury D. de: Mut zum Aufbruch, Orell Füssli Verlag, Zürich 1995

Schmitt N.: Die Evolution von Geist und Gesellschaft – Hoffnungen, Chancen und Aufgaben, Walter-Verlag: Olten 1991

Schmitz C.: Managerie – Systemisches Denken und Handeln im Management, 1. Jahrbuch, Auer 1992

Schulte G.: Der blinde Fleck in Lumanns Systemtheorie, Campus Verlag 1993

Schulze G.: Die Erlebnisgesellschaft, Campus Verlag 1993

Senge P.: Die fünfte Disziplin, Klett Cotta 1996

Servatius H.-G.: Reengineering-Programme umsetzen, Schäffer-Poeschel 1994

Servatius H.-G.: Vom strategischen Management zur evolutionären Führung, C. E. Poeschel Verlag: Stuttgart 1991

Steinmann H., Löhr, A.: Grundlagen der Unternehmensethik, Schäffer-Poeschel: Stuttgart 1991

Steinmann H., Schreyögg G.: Management, Grundlagen der Unternehmensführung, 2. Auflage, Dr. Th. Gabler Verlag: Wiesbaden 1991

Thornheim G.: Chaos und Management, Gabler: Wiesbaden 1993

Varela J. F., Thompson E.: Der mittlere Weg der Erkenntnis, Scherz Verlag 1992

Von Oetinger, B.: Das Boston Consulting Group Strategie-Buch, econ 1993

Watts A.: Im Lauf des Wassers, Suhrkamp, 1968

Watzlawick P.: Abschied von der Wirklichkeit, in: Manager Magazin, 1989, Nr. 10, S. 351

Watzlawick P.: Die erfundene Wirklichkeit. Wie wissen wir, was wir zu wissen glauben, Piper München 1981

Watzlawick P.: Lösungen: Zur Theorie und Praxis menschlichen Wandels, 4. Auflage, Huber Bern/Stuttgart/Toronto 1988

Weick, K. E.: Der Prozeß des Organisierens, Suhrkamp: Frankfurt 1985

Weissman A.: Marketing-Strategie – 10 Faktoren für den Erfolg, Verlag Moderne Industrie, 1994

Weissman A.: Persönliche Strategie – 7 Stufen zum Erfolg, Verlag Moderne Industrie 1994

Weissman A.: Management-Strategie – 5 Faktoren für den Erfolg, Verlag Moderne Industrie, 1994

Weizsäcker, E. U. von, Lovins A. B.: Faktor Vier, Droemer Knaur 1995

Welsch W.: Unsere postmoderne Moderne. VCH: Weinheim 1988

Wilber K.: Eros, Kosmos, Logos, Krüger-Verlag: Frankfurt/Main 1996

Willke H.: Systemtheorie entwickelter Gesellschaften: Dynamik und Riskanz moderner Selbstorganisation, Juventa: München 1989

Die Dynamik der Veränderung nutzen

Michael Mary
Change-Management als Chance
Wandel ist die einzige Konstante
173 Seiten, gebunden
Fr./DM 49.–/öS 358.–
ISBN 3 280 02356 4

Im zunehmend krisengeschüttelten Wirtschaftssystem reagieren Unternehmens-
manager häufig hilflos oder hektisch. Sie sehen die Vorteile grosser Krisen
nicht und tun wenig oder nichts, die Veränderungsprozesse in ihr Tätigkeits-
feld miteinzubeziehen. Die Leser erfahren praxisnah, wie konsequentes ver-
änderungsorientiertes Prozessmanagement Wettbewerbsvorsprung schafft,
bevor die nächste Krise kommt.

Orell Füssli Verlag

Der Zeit voraus

Hugo Tschirky / Jürg Abt / Stefan Koruna (Hrsg.)

DER ZEIT VORAUS

Neuartige
Unternehmenskonzepte
in der Praxis

Verlag Industrielle Organisation Zürich

Hugo Tschirky/Jürg Abt/
Stefan Koruna
Der Zeit voraus
Neuartige Unternehmens-
konzepte in der Praxis
130 Seiten, broschiert
Fr. 56.–/DM 58.–/öS 423.–
ISBN 3 85743 977 7

Persönlichkeiten aus der Schweizer Wirtschaft, aus Schweizer Hochschulen und Schweizer Verwaltungen berichten über die Herausforderungen, die sich ihnen in den Unternehmen stellten. Sie schildern die spezifische Ausgangslage, die Lösungssuche, die eingeleiteten Massnahmen sowie erste Erfahrungen mit dem gewählten Neukonzept. Dem Praktiker wird Einblick gewährt in individuell erarbeitete Unternehmenskonzepte. Er erhält Anregungen für die eigene Tätigkeit auf den verschiedenen Stufen der Unternehmensgründung in einer Zeit des rasanten Wandels.

Orell Füssli Verlag

Maximen für die Personalführung

Alex O. Lendi/
Donat P. Marxer
Das 1–8-Prinzip
Motivationen und Maximen für
das Management der Zukunft
160 Seiten, gebunden
Fr./DM 49.–/öS 358.–
ISBN 3 280 02610 5

Das 1–8-Prinzip, in jahrelanger Praxis entwickelt, erweist sich als unentbehrlicher Ratgeber sowohl für den betrieblichen Alltag als auch für die strategische Neuausrichtung des Personalmanagements.

Orell Füssli Verlag